Marie-Louise von Franz:
Die Suche nach dem Selbst

Individuation im Märchen

Knaur

Dr. Marie-Louise von Franz, geboren 1915 in München, lebt seit 1918 in der Schweiz. Sie promovierte in klassischer Philologie in Zürich. 28 Jahre arbeitete sie bei C. G. Jung mit. Seit knapp vier Jahrzehnten ist sie als Analytikerin in ihrer privaten Praxis tätig, ferner als Trainingsanalytikerin am C.-G.-Jung-Institut in Zürich. International bekannt wurde Marie-Louise von Franz durch ihre Bücher zu Themen der Jungschen Psychologie.

Von Marie-Louise von Franz sind außerdem erschienen:

Wissen aus der Tiefe (Band 4017)
Erlösungsmotive im Märchen (Band 4018)
Der Schatten und das Böse im Märchen (Band 4019)
Traum und Tod (Band 4021)
Psychologische Märcheninterpretation (Band 4022)

Dieses Buch wurde auf chlor- und säurefreiem Papier gedruckt.

Vollständige Taschenbuchausgabe November 1992
Droemersche Verlagsanstalt Th. Knaur Nachf., München

Titel der Originalausgabe »Individuation in Fairytales«
Aus dem Englischen von Gisela Schoeller
Umschlaggestaltung Manfred Waller
Umschlagfoto Zefa/Orion Press
Druck und Bindung brodard & taupin
Printed in France 5 4 3 2 1
ISBN 3-426-04020-4

Inhalt

Vorwort zur deutschen Ausgabe

Diesem Buch liegt eine Vorlesungsreihe zugrunde, die ich vor etwa zwanzig Jahren am C. G. Jung Institut Zürich auf Englisch frei gehalten habe. Für die ausgezeichnete Übersetzung ins Deutsche möchte ich Frau Gisela Schoeller danken.

Der Begriff der Individuation ist vielleicht das Wesentlichste an der Jungschen Psychologie, das aber noch wenig verstanden wird, weil es dabei um einen Prozeß geht, der in eine Tiefe reicht, die man als die religiöse Dimension der Seele bezeichnen könnte. Diese Dimension ist von der heutigen Psychologie lange geleugnet worden, fängt aber nun an, mehr und mehr Menschen, besonders der jüngeren Generationen, zu faszinieren. Die Entdeckung eines transpersonalen Unbewußten oder, nach Jung, des kollektiven Unbewußten stellt aber auch Probleme und enthält tödliche Gefahren, deren sich viele heute noch nicht bewußt sind. Die Annäherung an den göttlichen Seelenkern im Unbewußten ist jedoch in Mythen schon immer als die Suchfahrt nach der schwer erreichbaren Kostbarkeit mit ihren Abenteuern und Gefahren geschildert worden. In dem nachfolgenden Text sind Märchen verschiedener Länder zusammengefaßt, in deren Mitte ein magischer Vogel als die Kostbarkeit oder als das die Kostbarkeit Verdeckende steht. Wie alle großen Symbole hat also auch dieser Vogel einen gut-bösen Doppelaspekt, denn es gibt auch eine Verführung durch das innere Selbst. Vögel stellen im allgemeinen geistige Ahnungen dar, die sich aus dem Unbewußten offenbaren. In den vorliegenden Geschichten wird gezeigt, wie man diese Ahnung ergreifen oder »erfassen« muß, um sie integrieren zu können.

Um den magischen Vogel gruppieren sich noch andere typische Bilder des Seelenzentrums, wie eine Vierergruppe von Personen, ein mandalaförmiges Gebäude, der Paradiesgarten, usw. Die Märchen wurden ausgewählt in der Hoffnung, dem Leser eine Ahnung von der Vielfalt und Subtilität der Symbole des Selbst zu vermitteln.

Küsnacht, im Mai 1985 Marie-Louise von Franz

1 Der weiße Papagei

Individuation wird oft mit Selbstverwirklichung übersetzt, doch suggeriert dieses Wort leicht falsche Zusammenhänge. Man denkt dabei an Stärkung der Ich-Persönlichkeit und der eigenen Identität. Jung versteht aber unter Individuation etwas ganz anderes, nämlich die Begegnung mit einem göttlichen inneren Seelenkern, den Jung das Selbst nennt, und die Unterordnung unter ihn. Der Initiationsweg des Schamanen, die Queste des Helden und der innere Weg der Mystiker beschreiben das, was unter Individuation gemeint ist.

Im Folgenden sollen deshalb Märchen, in denen Symbole des Selbst zentral sind, gedeutet werden. Symbole des Selbst sind Vierergruppen (Quaternionen), die »schwer erreichbare Kostbarkeit« wird durch Kreis, Kugel, den »Stein der Weisen«, den Stern oder den Diamant usw. dargestellt. Dieses Seelenzentrum ist von Gefahren umlauert, und die Begegnung mit ihm wird zum erschütternden Ereignis. Es ist das letzte Ziel der Suchwanderung des Helden oder der Heldin in Märchen und Mythen, und meistens auch der Hochreligionen. In der inneren Erfahrung ist es etwas Lebendiges, das in immer wieder neuer Form dem Menschen gegenübertritt, und zugleich etwas Unauflösliches, Ewiges.

Unser erstes Märchen, »Der weiße Papagei«, stammt aus Spanien. Das zentrale Motiv dieses Märchens ist aus dem Orient entliehen. Es ist ein iranisches Märchen, das seinerseits wieder auf indischen Einfluß zurückgeht, so daß man hier sehen kann, wie nicht nur die Geschichte als solche, sondern auch die einzelnen Motive wandern, sich verändern und sich in ein neues Gebilde einbauen. Zuerst schauen wir ganz naiv auf die Erzählung, die kein Kunstmärchen ist, sondern vom einfachen spanischen Volk herstammt und im 17. Jahrhundert aufgezeichnet wurde. Sie lautet folgendermaßen:

Der weiße Papagei

Ein reicher Graf liebte ein sehr schönes, aber armes junges Mädchen so sehr, daß er sie heiratete, aber später, als er weggehen mußte, um an einem Krieg teilzunehmen, unterstellte er die Gräfin, die schwanger war, dem Schutz des obersten Dieners, damit er auf sie achte. Doch dieser verliebte sich in sie und versuchte sie zu verführen. Sie verweigerte sich ihm, und darüber war er so zornig, daß er, als sie zwei Kinder gebar, beschloß, sie zu verleumden. Die Zwillinge waren ein Junge und ein Mädchen, und jedes hatte auf der Stirn einen wunderschönen Stern. Der Diener schrieb an den Grafen, er habe eine lange Zeit gedacht, die Gräfin habe ein Verhältnis mit einem Neger, aber nun sei klar geworden, daß dies tatsächlich so sei, da sie zwei halbschwarzen Kindern das Leben geschenkt habe.

Der Graf wurde wütend und schrieb zurück, daß der Neger und die Kinder getötet und seine Frau gefangengesetzt werden sollten. Da der Diener die Kinder nicht zu töten wagte, setzte er sie in einen Glaskasten, den er in einen Fluß versenkte, und warf die Gräfin ins Gefängnis.

Es geschah jedoch, daß ein alter Mann, der gerade im Fluß fischte, den Glaskasten entdeckte, ihn mit seinem Netz herauszog und mit nach Hause nahm, wo er die Kinder in wunderbare Seide eingehüllt fand. Er und seine Frau entschlossen sich, die Kinder großzuziehen, aber um die Sterne auf ihrer Stirne zu verbergen, banden sie ein Leinenband darum. Als der Alte und seine Frau starben, hinterließen sie all ihre Habe den Kindern.

Als der Graf aus dem Krieg zurückkehrte, ohne Ahnung, was wirklich geschehen war, fühlte sich der Diener sehr unwohl, und als er ein Gerücht von zwei wunderbaren Kindern im Dorf hörte, die ständig ein Leinenband um ihre Stirn trugen, beschloß er, sie zu entfernen, denn er hegte den Verdacht, daß es die Kinder seien, die er hatte töten sollen. Er heuerte daher eine teuflische Hexe an, die zu jedem Verbrechen fähig war, versprach ihr eine gute Bezahlung und befahl ihr, die Kinder zu töten. Die Hexe ging hin, um das kleine Mädchen zu sehen, als der Junge auswärts war und fragte sie, wo er sei. Das Mädchen antwortete, er sei weggegangen.

Dann sagte die Hexe, ihr Haus sei sehr schön. Als das Mädchen fragte, ob sie es sehen wolle, bejahte die Hexe. Sie sah sich darin um und meinte, es sei wunderschön, aber etwas fehle: ein Brunnen mit Silberwasser. Wenn aber ihr Bruder ihn haben wolle, solle er gleich gehen und ihn holen. Er müsse nur mit einem kleinen Krug zur Quelle gehen und etwas vom Silberwasser holen, und wenn er es dann im Hof ausschütte, hätten auch sie eine Silberquelle.

Die alte Frau ging weg, und als der Bruder zurückkam, sagte ihm

seine Schwester, sie wolle die Quelle mit Silberwasser. Der Junge antwortete, das sei Unsinn, sie brauchten das wirklich nicht, und er wolle es nicht holen. Aber das Mädchen schrie so lange danach und schimpfte, daß er schließlich einen Krug nahm und sich aufmachte, die Silberquelle zu suchen. Als er in die angegebene Richtung ging, traf er einen alten Mann, der ihn fragte, wer ihn so sehr hasse, daß er ihn dorthin schicke. Der Junge erwiderte, eine alte Frau habe zu seiner Schwester gesagt, er solle dorthin gehen und das Silberwasser holen, und dorthin sei er unterwegs. Der alte Mann gab zu, daß die Sache mit dem Silberwasser stimme, daß dabei aber viele Gefahren zu überwinden seien, weil es von einem Löwen bewacht werde. Bevor er sich dem Löwen nähere, müsse er ihn sorgsam beobachten: denn wenn er seine Augen geschlossen halte, dürfe er sich ihm nicht nähern, wenn aber seine Augen offen wären, schlafe er. Dann könne er das Wasser holen und wegrennen. Aber er müsse sehr schnell sein, denn der Löwe habe einen sehr leichten Schlaf. Der Junge ging hin, und gerade als der Löwe seine Augen offen hatte, füllte er schnell seinen Krug mit Wasser. Als er ihn im Hof ausleerte, entsprang dort ein wunderschöner Springbrunnen mit silbernem Wasser, und beide Kinder waren sehr entzückt.
Am nächsten Tag kam die Hexe wieder und fragte, wo der Junge sei. Das Mädchen antwortete, er sei nicht da, aber die Frau solle hereinkommen und die wunderschöne Springquelle sehen. Sie kam herein und biß sich vor Zorn auf die Lippe, als sie sah, was geschehen war. Dann sagte sie, wie wunderbar alles sei, es gebe aber einen Eichenbaum mit silbernen Eicheln, deren Deckelchen aus Gold seien, den müßten sie haben. Der Bruder müsse einen Zweig der Eiche holen, die er an einem bestimmten Ort, den sie bezeichnete, finden werde, diesen dann in den Hof pflanzen, und alles wäre in Ordnung.
Es ereignete sich alles wie beim ersten Mal, und das Mädchen belästigte ihren Bruder so lange mit Schreien und Szenen, bis er sagte: »Wer weiß, was mir zustößt, wenn ich gehe?« Aber schließlich ging er, und wieder traf er den alten Mann, der ihm sagte, er sei auf der Straße zu seiner eigenen Zerstörung, was er denn da wolle. Wieder erzählte ihm der Junge den Anlaß, und der Alte gab ihm sein Pferd. Mit dem solle er reiten. Aber bevor er absteige, solle er nach der Schlange schauen, welche die Eiche bewache: sie schlafe, wenn sie ihren Kopf verberge, so daß der Junge schnell den Zweig nehmen und weglaufen könne. Der Junge tat genauso, fand die Schlange, und als sie ihren Kopf verbarg, nahm er einen Zweig, lief weg, eilte nach Hause und pflanzte ihn in den Hof, wo ein wunderschöner Eichbaum wuchs.

Als die alte Hexe wieder erschien, biß sie sich auf die Lippen vor Zorn, da die Kinder ihr zweimal entkommen waren, und diesmal sagte sie dem Mädchen, alles sei wirklich vollkommen in ihrem Haus. Es fehle nur noch ein wunderschöner Papagei, der ganz fantastisch wertvoll sei. Jeder, der ihn fangen könne, sei reich für sein Leben und für immer glücklich, und sie müsse ihren Bruder aussenden, ihn zu holen. Als der Bruder nach Hause kam, begann das Mädchen ihn wieder so lange zu plagen mit ihrem Wunsch nach dem weißen Papagei, bis er ihr sagte, ihre Grillen kämen ihn am Ende teuer zu stehen, und dies sei das letzte Mal. Er ließ sie dies versprechen und machte sich dann auf den Weg.
Als er wieder den alten Mann traf, sagte dieser ihm, er werde in dieser Richtung auf einen wunderschönen Garten stoßen mit einer Menge Vögeln auf den Bäumen. Aber er dürfe sich keinem von ihnen nähern. Nach einer Weile werde ein wunderschöner weißer Papagei kommen und sich auf einen runden Stein setzen, der sich um seine eigene Achse drehe. Dann werde er sagen: »Will niemand mich fangen? Ist niemand da, der mich ergreifen will? Wenn niemand mich mag, dann sollen sie mich in Ruhe lassen.« Er wird sich verschiedene Male im Kreise drehen, bis er müde ist und den Kopf unter seinen Flügel steckt, und erst dann kann man ihn fangen. Aber der Junge müsse sehr, sehr vorsichtig sein und ihn keine Minute eher berühren, sondern warten, bis er kräftig schlafe, mit dem Kopf unter seinem Flügel. Wenn er ihn eine Minute zu früh nehme, werde er aufschauen und ihn versteinern. Er werde dort eine Menge Menschen finden, die bereits das gleiche Schicksal erlitten hätten.
Der Junge machte sich auf den Weg und fand alles genauso, wie der alte Mann es beschrieben hatte, auch den runden Stein, der von versteinerten Menschen umgeben war. Nach einiger Zeit erschien der weiße Papagei, der schöner war, als man es sich vorstellen kann. Er setzte sich auf den runden Stein und sagte: »Gibt es niemand, der mich fangen will? Ist da niemand, der mich ergreifen möchte? Wenn niemand mich mag, dann werden sie mich alleinlassen.« Dann steckte er seinen Kopf unter seinen Flügel. Der Junge hat furchtbare Angst, ihn zu berühren, aber ist gerade ein wenig zu eifrig und um eine Sekunde zu früh, so daß der Papagei ihn sieht, wegfliegt und ihn in Stein verwandelt.
Als das Mädchen merkt, daß der Junge nicht zurückkommt, hat sie Angst, ihm könnte etwas zugestoßen sein, und schämt sich. Als am nächsten Tag die alte Hexe kommt, ist sie in Tränen aufgelöst. Doch die Alte verbirgt ihre Befriedigung und sagt, sie solle sich nicht beunruhigen, der Junge werde schon zurückkommen. Er sei nur so

entzückt von all den Dingen, die er in dem Garten gesehen habe, deshalb habe er für eine Weile das Wiederkommen vergessen. Das Beste, was sie tun könne, sei, selbst hinzugehen und zu schauen, was geschehen sei, und ihn zurückholen. Vielleicht habe er den Weg vergessen. So überredet die Hexe das Mädchen, das so sehr danach verlangt zu wissen, was dem Bruder zugestoßen ist, daß es sich aufmacht und geht. Sie trifft ebenfalls auf den alten Mann, der sie fragt, wer sie so sehr hasse, daß er sie dorthin schicke. Sie erzählt ihm, daß sie nach ihrem Bruder schauen wolle, der ausgeschickt worden war, den weißen Papagei zu holen, aber nicht zurückgekehrt sei. Der Alte berichtet ihr, daß ihr Bruder in einen Stein verwandelt worden sei, weil er nicht gehorcht habe. Sie müsse nicht traurig sein, sie könne ihn retten, aber sie müsse genau tun, was er ihr sage, und dann erzählt er ihr das gleiche wie ihrem Bruder und warnt sie, wirklich achtsam zu sein und den Papagei nicht zu früh zu ergreifen, sondern zu warten, bis er tatsächlich schlafe, und ihn dann zu ergreifen. Sie geht und wartet, bis der Papagei schläft, und ergreift ihn erst dann. In diesem Moment kommt Leben in alle Steinstatuen, ihr kleiner Bruder und eine Menge von Menschen, unter denen ebenfalls der Vater der Kinder war, der Graf, der auch vor einiger Zeit den Papagei zu ergreifen versucht hatte und versteinert worden war.

Alle sind glücklich, daß die kleine Schwester sie erlöst hat, und die Kinder laden alle zu einem großen Essen ein, bei dem sie erklären, daß sie ihre Eltern nicht kennen, sondern von einem Fischer in einem Glaskasten gefunden worden seien. Dann will der Graf das Stück Seide sehen, in das sie eingewickelt waren, und da erkennt er, daß sein eigenes Wappen in die Seide eingestickt ist, und er schöpft mehr und mehr den Verdacht, daß es seine eigenen Kinder sein könnten, wird sehr nachdenklich, will nicht mehr essen und starrt auf seinen Teller.

Dann macht plötzlich der Papagei, der immer auf der Schulter des kleinen Mädchens sitzt, zum Grafen die Bemerkung, daß er sehr nachdenklich sei, und wenn er die Wahrheit über die Dinge, über die er nachdenke, wissen wolle, dann solle er seine Frau aus dem Gefängnis holen lassen. Sie werde ihm sagen, wer die Kinder seien.

Der Graf geht nach Hause, holt die Gräfin aus dem Gefängnis und hört genau, was sich zugetragen hat; sie sagt ihm, er könne seine Kinder an dem Stern auf ihrer Stirne erkennen. Sie erkennt die Kinder sofort, als sie sie erblickt, nimmt ihnen das Band von der Stirne und zeigt die Stirnen dem Grafen. Dann ist er überzeugt von der Bosheit seines Dieners und sagt, er müsse getötet werden. Die alte Hexe jedoch, die bereits gehört hat, was sich ereignete, entkommt. Danach leben Graf und Gräfin glücklich mit ihren Kindern und trennen sich nie von dem weißen Papagei.

Bevor man mit der Interpretation einer Geschichte beginnt, ist es immer gut, die vorkommenden Figuren zu zählen. Am Anfang haben wir einen Quaternio, bestehend aus Graf, Gräfin und zwei Kindern. Aber diese Gruppe wird durch die Intrigen des Dieners auseinandergerissen, der selbst sich mit der Hexe verbündet. Aus irgendeinem Grund hat er Hemmungen und wagt es nicht, die Kinder zu töten, sondern wirft sie ins Wasser und heuert erst später die Hexe an, die sie töten soll. So werden die Kinder beseitigt und die Gräfin ins Gefängnis geworfen. Die Sternenkinder werden dann von dem Fischer aus dem Wasser geholt und von ihm und seiner Frau aufgezogen. Jetzt gibt es am Hof noch drei Personen: den Grafen, den Diener, und die Hexe im Hintergrund, während im Unbewußten ein neuer Quaternio entsteht: die Sternenkinder und der Fischer mit seiner Frau. Diese sterben später.
Immer besteht also eine Tendenz, um die beiden Kinder herum eine Vierheit aufzubauen, das Symbol der Ganzheit. Im Anfang ist der Diener im Hintergrund, hinterher jedoch heuert er die Hexe an, die als handelnde Figur die getrennten Handlungen zusammenfügt. Dann taucht als absolut neue Figur der weiße Papagei auf und stellt den ursprünglichen Quaternio wieder her. So gibt es am Schluß wieder Graf, Gräfin und die beiden Sternenkinder, aber jetzt um den Papagei zentriert, und der letzte Satz hebt als Besonderheit hervor, daß sie sich nie wieder von ihm trennen. Er scheint die Garantie dafür zu bieten, daß diesmal der Quaternio nicht mehr aufgelöst wird, denn, wie wir hinterher in der Amplifikation erfahren werden: er ist allwissend. Der Diener wird vernichtet, und die Hexe wartet auf weitere Gelegenheiten, um irgendwo Unheil anzurichten, hat aber keine Absicht, es innerhalb dieser Verbindung noch weiter zu tun. Sie wurde angeheuert, was zu bedeuten hat, daß sie nicht eigentlich daran interessiert war, diese Familie zu zerstören, sondern es nur um

des Geldes willen tat, während der Diener ein emotionales Motiv für seine Handlung hatte.
Erkennbar ist also eine Bewegung, die bei einer Ganzheit von vier Personen ihren Ausgang nimmt, dann zerstört, im Unbewußten erneuert, abermals zerstört und schließlich auf der bewußten menschlichen Ebene erneut wiederhergestellt wird.
Der weise alte beratende Mann nimmt den Gegenpart zur Hexe ein, die stets zerstört, während er das Gegengift vermittelt und beim Auffinden und Fangen des Papageis behilflich ist.
Schauen wir die Geschichte zunächst einmal von einem rationalen Standpunkt aus an, so haben wir, literarisch gesehen, eine Mischung vor uns: Im ersten Teil geht es um eine Frau, die Kinder zur Welt bringt, während ihr Gatte abwesend ist, und die dann von jemand verleumdet wird, so daß der Ehemann schreibt, sie solle vernichtet und ins Gefängnis geworfen werden, usw. Dieses Thema findet sich in ungezählten europäischen Märchen wieder. Es stammt aus der mittelalterlichen Legendenwelt, wo heilige Frauen in dieser Weise verleumdet wurden. In den meisten mittelalterlichen Parallelen, wie in »Marienkind« und anderen Märchen, wird die unschuldige Frau, welche die wundersamen Kinder gebiert, verleumdet und ins Gefängnis geworfen wird, direkt von einer Hexe oder irgendeiner bösartigen weiblichen Gestalt verfolgt, während hier die seltsame Verwicklung auftaucht, daß zuerst der Diener auftritt, der dann durch die Hexe ersetzt wird.
Das Motiv des Papageis, der eine Art Geist der Wahrheit darstellt, ist nicht europäisch, sondern ist von Indien über eine persische Sammlung nach Spanien gewandert.
Die Motive vom Silberbrunnen und der goldenen Eiche stammen aus alchemistischen Quellen und müssen über irgendeine alchemistische Parabel ins Märchen gelangt sein, vielleicht die des Bernard von Tarvis aus dem 16. Jahrhundert. Das ist jedoch nur eine Vermutung, es kann genauso gut aus einer anderen Quelle stammen, da es ein weitverbreitetes alchemistisches Motiv ist. Die Alchemie wurde durch die Araber bereits im 10. und 11. Jahrhundert in Spanien eingeführt, und einige der frühesten

arabischen Abhandlungen über Alchemie wurden in Spanien ins Lateinische übersetzt.

Wenn wir das Märchen wie einen Traum oder eine symbolische Geschichte interpretieren, ist es dennoch durchaus ein Ganzes und ergibt einen vollständigen Sinn, obwohl es aus einer Gruppe verschiedener Elemente zusammengefügt wurde. Diese Tatsache hat stets eine Menge Kontroversen über Märchen verursacht, weil die Literarhistoriker immer der Ansicht sind, daß es – wenn sie bewiesen haben, ein Teil stamme aus einem bestimmten Land und ein anderer von woandersher – kein Originalmärchen mehr sei, sondern eine Anhäufung von Geschichten ohne Bedeutung. Ich möchte jedoch aufzeigen, daß sogar eine Geschichte, die aus verschiedenen Elementen zusammengesetzt ist, dennoch einen Sinnzusammenhang hat, der besonders kompensatorisch zur Bewußtseinshaltung in demjenigen Land ist, in dem sie erzählt wird. Die Tatsache, daß Motive wandern und daß eine solche Geschichte ein unbewußtes Produkt darstellt, das eine spezifische Bewußtseinshaltung kompensiert, ist letztlich kein Widerspruch. Das sehen wir jedoch besser, nachdem wir das Märchen gedeutet haben.

Die Ausgangslage begegnet uns nicht, wie so oft, an einem Königshof, sondern im Schloß eines Grafen. Die wesentlichen Elemente der Märchen ereignen sich ja meistens entweder in den untersten und ärmsten Volksschichten, bei desertierten Soldaten, Krüppeln oder Bettlern oder die Helden eines Märchens sind Menschen von königlichem Blut oder Barone, Grafen usw., gehören also der obersten Bevölkerungsschicht an.

Der König repräsentiert ganz allgemein den zentralen Inhalt des kollektiven Bewußtseins und, da dieses Element vitale Bedeutung für eine Kulturperiode und eine menschliche Gruppe oder Nation hat, ist es auch ständig dem verwandelnden Einfluß des kollektiven Unbewußten ausgesetzt.

Ein reicher Graf hat nicht die gleiche Bedeutung, da er keine so stark repräsentative Funktion in bezug auf die herrschende Bewußtseinshaltung besitzt, aber man könnte ihn als Musterbeispiel des allgemeinen »guten Benehmens« ansehen. In einem

Land mit aristokratischer Gesellschaftsordnung schaut das einfache Volk zu den Grafen auf als Menschen, die ihnen als Vorbild für ihr Verhalten dienen. In England muß das Ideal des Gentleman von denjenigen, die es erstreben, aufrechterhalten werden. In Spanien gibt es den »Grande« mit all seinen übertriebenen Regeln für Verhalten und Ehrerbietung gegenüber Frauen usw., die eine Art von nationaler Vorstellung von einem Edelmann, dem Musterbild für Benehmen, bilden – man denke an Don Quichote. Ein solches Idealbild stellt unser Graf dar, aber er tut etwas Ungewöhnliches: er heiratet nicht um des Geldes willen oder um sein Wappen zu vergolden, er heiratet keine reiche Amerikanerin, sondern ein armes Mädchen. Damit erweist er sich als fähig, einem individuellen Gefühl und nicht nur sozialen und konventionellen Überlegungen zu folgen, den Anweisungen seines Herzens anstelle kollektiver Regeln. Vermutlich wird er dafür mit der Geburt der Sternenkinder belohnt, und diese Vermutung wird noch dadurch unterstützt, daß er im Schlußquaternio nicht hinausgeworfen wird, sondern mit seiner Frau und den beiden Kindern zusammen wieder erscheint, womit angedeutet wird, daß nicht der Graf Erneuerung oder Entfernung benötigt, wie der alte König, weil er im Gegensatz zu den alten Königen vieler Märchen nicht irgendwie im Unrecht ist und durch den Sohn ersetzt werden muß. Die zentrale Ausgangslage ist hier durchaus in Ordnung und wird daher nicht verändert, was sicher der Tatsache zu verdanken ist, daß der Graf eine echte, normalmenschliche Gefühlsbeziehung zum weiblichen Prinzip hat.

Es herrscht aber ein Krieg außerhalb, der ihn von seiner Familie trennt. Aber an dieser Stelle müssen wir eine Frage einschalten: etwas muß ja in der Anfangssituation nicht in Ordnung sein, denn dieser Graf hat zumindest keinen sehr guten menschlichen Instinkt, wenn er einen solchen Diener besitzt und ihm seine Frau und sein ganzes Haus während seiner Abwesenheit anvertraut. Er muß einen Mangel an Menschenkenntnis aufweisen, und im allgemeinen ist das, psychologisch gesehen, so bei Menschen, die ihren eigenen Schatten und ihre dunkle Seite zu wenig

kennen, wodurch sie leicht äußeren bösen Einflüssen zum Opfer fallen.
Wenn man all seine eigenen bösen Möglichkeiten kennt, entwickelt man eine Art zweite Sicht oder Fähigkeit, mit der man einen Hauch der gleichen Möglichkeiten bei anderen wahrnimmt. Eine eifersüchtige Frau, die ihre eigene Eifersucht erkannt hat, wird im Blick anderer Frauen stets die Eifersucht erkennen. Die einzige Möglichkeit, nicht wie ein unschuldiger, wohlerzogener Narr durchs Leben zu spazieren, von Vater und Mutter vor dem Bösen dieser Welt beschützt und daher geschlagen, belogen und bestohlen an jeder Ecke, besteht darin: in die Tiefen des eigenen Bösen hinabzusteigen, was einen dann in die Lage versetzt, instinktiv die korrespondierenden Elemente in anderen Menschen zu erkennen.
Was auch immer wir über diesen perfekten Grafen am Anfang sagen konnten, so ist er doch leider ein unschuldiger Narr – erstens, weil er einen solchen Diener hat und zweitens, weil er dem Diener sofort glaubt, als dieser ihm einen verleumderischen Brief über seine Gattin schreibt. Er kommt gar nicht auf die Idee, zuerst an seine Frau zu schreiben, um ihr mitzuteilen, daß er schreckliche Dinge über sie gehört habe, und sie zu fragen, was sie dazu zu sagen habe. Man kann also sagen, er sei ein edler Gentleman, eine Vorbildfigur kulturellen und sozialen Verhaltens, jedoch mit der Ausnahme eines bemerkenswerten Mangels an instinktivem Erfassen der wahren Lage. Daraus wird ersichtlich, warum er am Schluß der Geschichte gesichert ist durch den Besitz eines Papageis, der all das Wissen besitzt, das ihm abgeht. Dieser Papagei ist ein dämonisches, eher zweifelhaftes Geschöpf, denn er ist nicht so schön weiß, wie sein Federkleid glauben läßt, worüber wir aus Parallelen noch erfahren werden. Seine Integration in die Familie ist wesentlich, und das gesamte Märchen bewegt sich auf dieses Ziel zu.
Wie wir wissen, ermahnte Christus seine Jünger, klug zu sein wie die Schlangen. Das wird im allgemeinen vergessen. Ein englisches Sprichwort sagt: »Der Regen regnet täglich auf Gerechte

und Ungerechte, jedoch hauptsächlich auf die Gerechten, denn der Ungerechte nimmt sich den Schirm des Gerechten.«
Der Diener ist vielleicht nicht ganz so teuflisch, wie es zunächst scheint, denn er verliebt sich einfach in die einsame, wunderschöne Gräfin, was nur allzu menschlich ist. Aber seine Leidenschaft raubt ihm die Besinnung, und alles Böse, was er hinterher tut, ist nur die Folge des ersten falschen Schritts, als er die Gräfin zu verführen sucht. Er ist kein direkter Mörder. Er wagt es nicht, die Kinder selbst zu töten. Es scheint ihn allmählich in seine bösen Taten hineinzuziehen. Zuerst wird er von einer erotischen Leidenschaft getrieben. Diese muß er dann zudecken, und allmählich gerät er immer mehr ins Dunkle. Er ist von leidenschaftlicher Natur, die ihn in alle möglichen Schwierigkeiten hineintreibt. Dies ist mehr ein Problem der südeuropäischen Länder, wo die erotischen Leidenschaften sehr stark sind und die bewußten Ideale eines Mann sehr leicht hinweggefegt werden können. Der nicht integrierte Schatten sexueller Leidenschaft bei den Männern öffnet dem dunklen Einfluß des Mutterarchetyps Tür und Tor.
In den südeuropäischen Ländern ist der Archetyp der Großen Mutter heute noch viel lebendiger als in unseren Breiten, und er spielt eine große Rolle im Hintergrund der Kultur und des Unbewußten der mediterranen Menschen. Da sie lange vor dem Christentum der beherrschende Archetyp mittelmeerischer Kultur war, ist sie dort noch immer wirksam. Wo eine Kultur stark matriarchal gefärbt ist, sieht man den Männern ihre tierhafte Impulsivität nach und pflegt sie dort auch mehr als in patriarchalen Gesellschaften.
In den meisten patriarchalen Gesellschaften, wo es im allgemeinen ein Ideal der Treue und eines spirituellen Ziels gibt, sind gewöhnlich Initiationen und Gesetze vorhanden, welche die animalische und sexuelle Impulsivität des Mannes zähmen und überwinden sollen, z. B. mit militärischer Selbstdisziplin. Solche starken Impulse setzen nämlich jede geistige Ordnung und militärische Organisation sowie alle vom männlichen Logos erdachten Institutionen außer Kraft. Wo dagegen mehr das weib-

liche Element vorherrscht, steht das Ideal militärischer Selbstdisziplin weniger im Vordergrund, weshalb sogar die Impulsivität weniger unterdrückt wird. Sie schafft jedoch ein anderes Problem, und davon hören wir in diesem Märchen. Damit hat auch zu tun, daß die Spanier als letzte in Europa noch Stierkämpfe brauchen. Durch sie wird in symbolischer Form die Überwindung sexueller Impulsivität durch Selbstdisziplin ausgedrückt.
Wir im nördlichen Europa sollten, wie Jung sagte, eher die Stiere wieder gut füttern auf saftigen Weiden, da wir im Zeitalter der bequemen Lehnstühle leben und die Männer sogar zu faul sind, um unter dem Fenster eines Mädchens die Gitarre zu spielen. In Spanien scheint die symbolische Erreichung einer Selbstdisziplin, die der Torero braucht, um den Stier überwinden zu können, noch ihre Bedeutung zu haben. In unserem Märchen erliegt der Diener dem Drang des Stiers und wird so negativ. Er erfindet: die Gräfin habe eine Affäre mit einem Neger gehabt und zwei teilweise farbige Kinder geboren. Der Neger wird hier benützt, damit der Diener seine eigene schwarze Seite auf ihn projizieren kann. Er erfindet einfach einen Neger, der nie existierte, um alle Schuld auf ihn abzuschieben. Die Erfindung eines Negers als Schattenfigur ist typisch für spanische Märchen, weil viele Araber und Mauren im Mittelalter dort einwanderten und ihre Kultur mitbrachten. Die Spanier taten das gleiche wie andere weiße Nationen: sie projizierten die eigene primitive Schattenseite auf die »Mohren«.
Der Graf in seiner Dummheit, um es beim richtigen Namen zu nennen, glaubt dem Diener und ordnet an, den Neger und die Kinder zu töten, die Gräfin dagegen ins Gefängnis zu werfen. Der Diener wagt jedoch die Kinder nicht zu töten, sondern wirft sie in einem Glaskasten in den Fluß. Wenn wir an König Sargon, Moses, Perseus, Ramses III. usw. denken, so ist dieser Mythos des wunderbaren Kindes, das nicht getötet, sondern in einem Glaskasten in den Fluß ausgesetzt wurde, in unzähligen Geschichten über die ganze Welt hin wiederholt worden. Eine gründliche Sammlung dieses Motivs findet sich im Buch von Otto Rank »Der Mythos von der Geburt des Helden«. Manchmal

werden die Kinder in ein Körbchen gelegt, oder in einen Sarg oder auch direkt ins Wasser versenkt.

Psychologisch ist es sehr interessant zu sehen, wie solche Menschen, die die Kinder entfernen möchten, in einer seltsamen, – wir würden sagen: neurotischen – doppelten Weise handeln: sie möchten die Kinder vernichten, tun aber gleichzeitig etwas, um sie zu retten. Ihre linke Hand weiß nicht, was die rechte tut, und handelt etwas besser, als die rechte Hand beabsichtigt. Es wirkt, als ob sie sich nicht so ganz entschließen könnten, das Kind zu vernichten, das sie doch weg haben möchten.

Psychologisch entspricht Töten der totalen Unterdrückung eines seelischen Inhalts. Sehr oft träumen Menschen, daß sie einen Menschen oder ein Tier töten, oder es kommen jene schrecklichen Traummotive vor, die fast jeder einmal hat: daß ein Toter lebendig erscheint, oder daß ein Leichnam plötzlich seine Augen öffnet oder sich bewegt. Man kann dann annehmen, daß der damit gemeinte seelische Inhalt, der als »tot« charakterisiert wurde, sehr weit aus dem Bewußtsein dieses Menschen geschwunden war, so weit, wie ein Toter vom Leben entfernt ist. Man könnte von völliger Unterdrückung sprechen in dem Sinn, daß er sich nicht einmal mehr indirekt durch neurotische Symptome oder sonstwie kundtun kann. Alle Kulturen fürchten die Wiederkehr der Toten, der Geister. Daher sind diese ein weitverbreitetes psychologisches Motiv, und solche total unterdrückten Faktoren kommen manchmal aus ihren »Gräbern« zurück und belästigen die Menschen.

Es gelingt dem Diener nicht, seinen Plan auszuführen. Er legt die Kinder in einen Glaskasten – auch dies erscheint eigenartig: warum nimmt er nicht einen Holzkasten, der billiger und leichter zu bekommen wäre? Außerdem bestünde dann weniger Gefahr, daß die Kinder wieder herausgefischt würden. Wenn er sie in einen Glaskasten legt, so daß jeder aus einer Entfernung von 20 Fuß erkennen kann, daß Kinder darin sind, lädt er direkt dazu ein, daß jemand sie wieder herausfischt. Hier haben wir diese seltsame Weise einer doppelten Handlung:

einerseits will er die Kinder töten, andererseits nicht. Das ist nicht wirklich böse, sondern seine linke Hand handelt gegen ihn selbst.
Ein Glaskasten ist ein typisches Märchenmotiv, man denke an den Glassarg bei Schneewittchen. Wir müssen also fragen, warum gerade Glas, zumal es im 15. oder 16. Jahrhundert noch äußerst selten war.
In vielen alchemistischen Schriften galt Glas als eine wunderbare Substanz. Es war nicht »materiell«, weil man hindurchsehen konnte, als ob es keine Materie sei. So galt es, wie der Kristall, als Symbol *»geistiger Materie«*. Glas hat außerdem den großen Vorteil, daß es isoliert und innen einen warmen Raum schafft. Es ist noch heute eines der besten Isoliermaterialien und daher so nützlich. Aber Glas schneidet einen von seiner animalischen Handlungsfähigkeit ab, trennt einen von etwas, an das wir nicht herankommen können und was uns Wärme schenkt, man kann durch Glas keinen Kontakt aufnehmen, aber man kann hindurchsehen. Geistig ist man nicht abgeschnitten, nur in bezug auf jegliche Berührung.
Da Glas also nicht intellektuell, sondern nur von Körperberührung abtrennt, wird es von Menschen so oft als Analogie benutzt, wenn sie sich emotional von ihrer Umgebung abgeschnitten fühlen. Sie sagen: »Es ist, wie wenn eine Glaswand zwischen ihm und mir wäre« oder »zwischen mir und meiner Umgebung«. Das bedeutet: »Ich sehe sehr gut, was vor sich geht, ich kann zu Menschen sprechen, aber der körperliche und der Gefühlskontakt, der Wärmekontakt ist durch eine Glaswand abgeschnitten.« Deshalb hört man oft von Menschen, die kalt durch die Welt gehen oder von Frauen, die einhergehen, als hätten sie eine Glaswand um sich. Man kann intellektuelle Diskussionen mit ihnen führen, sich aber nicht vorstellen, einen wirklich warmen Kontakt mit ihnen haben zu können.
Nun werden hier die Kinder in eine solche isolierte Situation gebracht, die sie von menschlichem Kontakt entfernt, und sie werden ins Wasser geworfen. Letzteres heißt soviel wie: dem Schicksal überantwortet werden. Dann kann man irgendwohin

verschlagen und vernichtet oder auch gerettet werden. Man ist dem Fluß des Lebens überlassen. Hier fällt wieder die seltsame Verhaltensweise des Dieners auf: er hätte sie ja in dem Glaskasten beerdigen können. Aber wie Pilatus wäscht er lieber seine Hände in Unschuld und sagt: »Gut, ich werde sie ins Wasser werfen, und dann trage ich keine weitere Verantwortung für das, was sich weiterhin ereignet.« Natürlich unterstützt der Strom des Lebens die Kinder und bringt sie in die richtigen, rettenden Hände.

Bis hierher haben wir jetzt die Geschichte ganz gut interpretiert, ohne uns zu fragen, was die Kinder zu bedeuten haben. Die Bedeutung einer Gestalt ist jedoch leichter zu erfassen, wenn man zunächst einmal mehr über ihre Rolle innerhalb der Geschichte weiß. Die Tatsache, daß die Kinder in einem Glaskasten ins Wasser geworfen werden, setzt sie in Parallele zu vielen mythologischen Helden der verschiedensten Kulturen. Demnach müssen sie etwas Ähnliches repräsentieren wie die Helden jener Mythen, auch wenn sie zu Beginn der Geschichte noch keine Heldentaten vollbringen.

Daß beide Kinder einen Stern auf der Stirn tragen, ist ein weiteres typisches Kennzeichen eines Helden. Viele mythologischen Helden tragen von Geburt an ein besonderes Merkmal, das sie als Träger eines besonderen und ungewöhnlichen Schicksals ausweist. Manche tragen einen Mond auf der Stirn, andere ein verborgenes Kennzeichen irgendwo am Körper, andere haben irgendeine Entstellung, wie z. B. Ödipus, oder sie haben sonst irgendeinen leichten Fehler, der sie als ungewöhnlich kennzeichnet. Das Motiv des Sterns weist stets auf ein besonderes oder auserwähltes individuelles Schicksal hin. So sah z. B. der Schweizer Heilige, Niklaus von Flüe, gemäß der Legende bereits im Mutterschoß einen Stern und sprach im späteren Leben immer davon, daß er aufgrund dessen wisse, er müsse etwas Licht in die Dunkelheit seines Zeitalters bringen. Er verstand seine Vision sehr gut.

In Ägypten hatte der König (in späteren Zeiten auch einfache Leute) verschiedene Seelen. Eine war die Ka-Seele, die mehr die

angeborene Vitalität meint, die sexuelle Potenz und die Geschicklichkeit. Die Ba-Seele dagegen ist der unsterbliche Teil, die vorbewußte Individualität und der Teil, der nach dem Tod überlebt. Der Ba wird in den Hieroglyphen entweder als Vogel dargestellt oder als Stern. Hier bedeutet also der Stern auch den unsterblichen und den besonderen individuellen Kern der Persönlichkeit. Wie Helmuth Jacobsohn in seinem Kommentar zum ägyptischen »Gespräch eines Lebensmüden mit seinem Ba« ausführt, ist der Ba nicht ganz identisch mit dem, was wir »Selbst« nennen, denn er enthält auch viele Elemente, die wir der bewußten Persönlichkeit zuschreiben. Das rührt jedoch daher, daß vor 4000 Jahren vieles, was wir heute der Ichpersönlichkeit und unserem Ichbewußtsein zuschreiben, noch Teil dessen war, was wir heute das Selbst nennen.
Im Römischen Reich hatte jeder männliche Römer einen Genius und jede Römerin eine Juno, eine Art innerer Schutzgottheit. Ein Genius wurde dargestellt als strahlender Jüngling, mit einem Füllhorn voller Früchte, tanzend. An seinem Geburtstag opferte jeder Römer seinem Genius für sein eigenes Wohlergehen. Er war das, was einen sich wohlfühlen und gesund sein ließ und einem half, trinken zu können, ohne gleich betrunken zu sein. Er machte den Mann potent und vital, gab ihm aber auch glänzende und gute Ideen ein. Und wenn er z. B. in der Klemme saß und plötzlich eine gute Idee hatte, wie er herauskommen könne, dann wurde er nicht eingebildet, wie das bei uns der Fall wäre, daß wir uns gratulieren, wie großartig wir sind, sondern er pflegte seinem Genius zu danken, daß er ihm eine so gute Idee in den Kopf gesät hatte. Später nannte man den Genius auch den »Stern« eines Mannes.
Es galt also noch in römischer Zeit viel von dem, was wir heute der bewußten Persönlichkeit zuordnen, als dem unbewußten Kern zugehörig. Unser Ich hat sich zunehmend mehr entwickelt und viele Elemente assimiliert, die Menschen früherer Zeiten als autonome Anteile der unbewußten Persönlichkeit erlebten. Darum müssen wir sehr vorsichtig sein und nicht Begriffe wie Ich und Selbst usw. unüberlegt in altes historisches Material

einsetzen. Wir müssen immer bedenken, daß damals die Situation völlig anders war. So kann man also sagen, daß der Stern oder die Ba-Seele, die in Ägypten durch einen Stern dargestellt wird, das kennzeichnet, was wir heute als das Selbst bezeichnen, aber ebenso einen Teil von dem, was wir jetzt die bewußte Individualität einer Person nennen.

Im Mittelalter charakterisierte das Symbol des Sterns hochgestellte Persönlichkeiten. So wurde z. B. Christus oft als »Morgenstern« oder »Sonne« bezeichnet, aber auch höhergestellte kirchliche Persönlichkeiten wurden »Sterne« genannt, die die Sonne (Christus) umkreisen. In manchen Texten werden Sterne in der Weise interpretiert, daß erkennbar wird, wie die alte ägyptische Idee von hochstehenden und führenden Persönlichkeiten noch in einer neuen Kulturform weiterlebt. Römische Kaiser wurden bekanntlich postmortal in Sterne verwandelt, und wenn ein Kaiser im Sterben lag, suchten alle Astrologen den Himmel nach dem neuen Stern ab, der die Seele des Kaisers verkörpern würde.

Die Kinder in unserem Märchen sind in dieser Art ausgezeichnet. Über das Kind-Symbol des Selbst hat Jung ausführlich geschrieben in: »Das göttliche Kind«. Es ist hier aber wichtig, auf die *besondere* Natur jedes Selbstsymbols hinzuweisen, da z. B. ein goldener Ball, ein Stern, ein Kristall, ein Baum oder ein runder Gegenstand alle als Symbol des Selbst gelten könnten. Mir scheint daher immer wesentlich, sich zu fragen, was es bedeutet, wenn das Selbst unter dem Symbol des Kindes in Erscheinung tritt, im Gegensatz z. B. zu einem unbelebten Gegenstand oder einem hilfreichen Tier. Warum wird gerade dieses spezielle Symbol vom Unbewußten ausgewählt?

Das Symbol des Kindes enthält das Element der Jugendlichkeit. Eine ganze Zukunft liegt vor ihm, es beginnt ein neuer Lebensstart, etwas, was noch die Fülle des Anfangs in sich trägt mit all den unausschöpfbaren Möglichkeiten. Das Kind besitzt im allgemeinen jenen Geist der Wahrhaftigkeit, den wir gemeinhin durch den Einfluß der Erziehung verlieren. Es sagt noch: »Oma, du bist alt, wann wirst du sterben?« und andere solcher verbotenen Dinge, und damit drückt es absolute Spontaneität und Echtheit

der Persönlichkeit aus, was zum Entstehen jenes Sprichwortes beitrug, daß Kinder und Narren die Wahrheit sprechen. Sie sind noch ganz einfach sie selbst, völlig ursprünglich, wenigstens wenn sie ganz jung sind, und von daher weist das Symbol des Kindes in einem Erwachsenen auf jene geheimnisvolle Fähigkeit hin, die ihm manchmal bewußt wird und von der er nie weiß, ob er jetzt recht oder unrecht tut.
Manchmal kommen wir in Situationen, in denen alles ungeschickt läuft, und dann entschlüpft plötzlich so etwas unserem Mund oder will es zumindest, und wir sind uns nicht ganz im klaren, ob wir jetzt ein enfant terrible sind, ob unser Schatten die ganze Situation verderben will, ob wir unter allen Umständen die Idee unterdrücken oder ob wir sie aussprechen müssen. Dann kann man nur noch das Wagnis auf sich nehmen und sprechen, das rettet vielleicht die Situation, so daß alles wieder an seinen richtigen Ort kommt. Zitternd vor Furcht entdeckt man dann, daß man das »erlösende Wort« gesprochen hat. Man kann dann nur sagen, daß es nicht die eigene Idee war, sondern daß man selbst nicht weiß, wie man dazu kam, es aber einfach aufgrund einer Eingebung sagen mußte. Unglücklicherweise repräsentiert das Symbol des Kindes jedoch nicht nur jene Fähigkeit des Selbst, die den Nagel auf den Kopf trifft, sondern es kann ebensogut den infantilen Schatten bedeuten. Und das ist die peinliche Angelegenheit, in die man immer gerät, wenn das Symbol, der Archetyp oder das Kind in einem aufsteigt und sich in eine Situation einmischen möchte.
In der Zen-buddhistischen Tradition gibt es ein berühmtes Koan, in dem zwei Gruppen von Mönchen in einem Kloster um den Besitz einer Katze streiten. Sie geraten völlig außer sich, und statt zu meditieren und sich auf ihre Buddhanatur zu konzentrieren, streiten sie nur um die Katze. Der Abt wollte dem ein Ende setzen, versammelte die Mönche, nahm die Katze und ein Schwert und sagte, jemand solle etwas sagen oder tun, um die Katze zu retten, andernfalls würde er sie töten. Niemand tat etwas, und so tötete er sie und entfernte auf diese Weise den störenden Komplex. Als später der Lieblingsschüler des Abtes,

der im Dorf gewesen war, zurückkam, fragte ihn der Abt, was er getan haben würde. Der Schüler zog seine Sandalen aus, legte sie auf seinen Kopf, und der Abt rief aus: »Du hättest die Katze gerettet!«
In allen buddhistischen Koans geht es darum, diese Haltung des Kind-Selbstes deutlich zu machen. Es ist ursprüngliche Spontaneität, die Fähigkeit, das Richtige zu tun. Symbolisch betrachtet, ist die Bedeutung, wenn wir sie auf unsere westliche Weise ausdrücken wollen, sehr einfach. Schuhe stellen den Standpunkt dar: man muß nur seinen Standpunkt umkehren, und dann wird die Katze nicht länger zum Problem, weil man sein Ichstreben aufgegeben hat. Nur in der illusionären Einstellung des Ich existierte der Besitz der Katze wirklich, darum wäre durch eine Umkehr dieser Einstellung die Katze gerettet worden. Der Schüler drückte das durch eine unmittelbare und spontane Geste aus, die der Abt sofort verstand.
Das ist das Kind: jene absolut spontane Fähigkeit in uns, eine Situation zu retten. Wenn man z. B. in eine Diskussion verwikkelt ist und merkt, daß alles schief läuft und daß jemand das richtige Wort sagen müßte, verfehlt man es um so mehr, je mehr man sich mit seinem Ich darauf konzentriert. Wenn man unbedingt das Richtige sagen *will,* ist man schon verloren. Nur, wenn man mit Gottes Hilfe im Tao ist, dann wird das Kind in uns das Richtige tun oder sagen.
Laurens van der Post beschrieb in einem seiner Bücher, daß er in einem japanischen Konzentrationslager einen schrecklichen Konflikt miterlebte, bei dem eine Menge entsetzlicher Exekutionen vorherzusehen war. Plötzlich sagte ein Mann, der neben ihm stand und vorher gefoltert worden und jetzt sehr krank war, mit leuchtenden Augen zu ihm, er wolle jetzt das Rettende tun. Keiner hatte eine Vorstellung, was er meinen könnte, aber im schlimmsten Augenblick ging er plötzlich aus der im Hof aufgestellten Reihe von Gefangenen heraus, ging zum Gouverneur des Lagers – das war eine solche Unerhörtheit, daß jeder viel zu verblüfft war, um ihn daran zu hindern – und küßte ihn. Aus japanischer Sicht war das eine so heimtückische Beleidigung und

aus westlicher Sicht eine so schockierende Handlung, daß jeder außer sich geriet. Die ganze Diskussion wurde fallengelassen, die Gefangenen gingen zurück zu ihren Zellen und die japanischen Offiziere an ihre Plätze. Der Mann bezahlte mit seinem Leben dafür, aber er hatte die ganze Situation gerettet, und der japanische Offizier hob sich nachher eine Locke vom Haar dieses Mannes auf, um sie zu Hause im Schrein seiner eigenen Ahnen zu opfern, was den tiefen Respekt beweist, den er vor jemand hatte, welcher den Mut besaß, etwas so Närrisches, Kindisches oder Verrücktes, aber Rettendes im entscheidenden Moment zu tun.

Das war eine solche Inspiration des »göttlichen Kindes«, etwas, was man sich nie hätte ausdenken können. Hätte man beschlossen, etwas Verrücktes zu tun, um den Angelpunkt der Situation zu verändern, man wäre nicht darauf gekommen. Aber in dem Zustand herabgeminderter Bewußtheit, in dem der Mann sich in seiner Krankheit befand, wurde er vom Unbewußten inspiriert zu einer Idee, die er als eine Geste der Liebe oder Versöhnung ansah. Sie wirkte nicht in dieser Richtung, aber trotzdem hatte sie die richtige Wirkung, indem sie das Leben vieler Menschen rettete.

Aus diesem Grund gibt es so viele Mythen, in welchen das »göttliche Kind« unter Tigern und Löwen einhergeht. Tiger und Löwen verbildlichen negative, destruktive Triebe. Meistens entstehen destruktive menschliche Situationen, weil destruktive Emotionen sich angesammelt haben, und dann findet niemand einen Weg heraus. Im Mythos legt das Kind seine Hand auf den Löwen oder streichelt eine Schlange, d. h. es ist nicht in der negativen Emotion befangen. Etwas ist noch ursprünglich und spontan und kann daher in einer rettenden Weise handeln. Wir alle haben so etwas in uns, und manchmal wissen wir, daß wir gerettet wären, wenn wir genau das hervorrufen könnten. Aus diesem Grund ist das Kind ein Symbol des Selbst. In Trauminterpretationen ist das Kind jedoch ebensooft ein Symbol für den infantilen Schatten, und dieser sollte manchmal mit aller Strenge ans Licht gebracht werden.

In unserem Märchen besteht kein Zweifel, denn durch ihr Sternzeichen sind die Kinder deutlich als ein Aspekt des Selbst charakterisiert. Daher können wir sie hier als diesen Kern der

Spontaneität ansehen, den Kern des Lebendigseins, der Ursprünglichkeit und der rettenden Ideen. Diese Seite der Psyche sowie die Erneuerung des Lebens sind hier im Märchen durch das Kind dargestellt.

Hier haben wir einen Bruder und eine Schwester. In ausführlichen Mythologien und alchemistischen Schriften ist das Kind manchmal ein Hermaphrodit. Aber das käme nie in ein Märchen, in dem solche »perversen« Gestalten nicht existieren. Statt eines Hermaphroditen als Symbol für die Vereinigung aller Gegensätze, einschließlich der Gegensätze männlich-weiblich, gibt es in Mythen und Märchen oft ein Paar, einen kleinen Bruder mit seiner kleinen Schwester, die zusammen die hermaphroditische Ganzheit des Selbst in seinem männlich-weiblichen Aspekt darstellen. Dennoch können wir sie nicht einfach als den männlich-weiblichen Doppelaspekt einer Sache betrachten, da sie in einer späteren Phase der Erzählung gespalten sind. Tatsächlich handelt gegen Ende die kleine Schwester unter dem Einfluß der Hexe ihrem Bruder gegenüber sehr destruktiv. Dreimal jagt sie ihn in den Tod, aber schließlich rettet sie ihn, als sie beim vierten Mal selbst geht und den Papagei fängt. Das Mädchen hat eine sehr zwiespältige Haltung dem Männlichen gegenüber. Auch ist sie schlauer und dem Bösen näher, da sie auf die Einflüsterungen der Hexe hört.

Wir müssen uns also das Kinderpaar noch differenzierter anschauen und sie, als Ganzes gesehen, als Symbol der Lebenserneuerung betrachten, einer neuen Persönlichkeit, wobei jedoch die weibliche Seite der Dunkelheit und dem Prinzip des Bösen, das im herrschenden Bewußtsein etwas zu sehr abgelehnt wird, näher zu sein scheint. Wir wissen, daß im Haus des Grafen das Böse zu wenig ernstgenommen wird, während das Mädchen eine Fähigkeit besitzt, zur dunklen Seite Kontakt aufzunehmen und am Schluß die gesamte Situation zu retten. Ohne die kleine Schwester wäre das gesamte Märchen völlig schief gelaufen. Dies ist ein allgemeiner Zug in der christlichen Mythologie; er begegnet uns auch bei Eva und der Schlange im Paradies: das weibliche Prinzip steht der dunklen Seite des Lebens und damit dem Bösen und dessen Einflüsterungen näher.

Seit dem Mythos der Jungfrau Maria gilt das Weibliche jedoch als Symbol der Rettung. In mehreren Hymnen ist davon die Rede, daß z. B. Eva Sünde und Tod in die Welt brachte, Maria uns dagegen vom Tod errettete, indem sie uns den Erlöser brachte. Maria ist verantwortlich für die Menschwerdung Gottes – man könnte das als eine Herabminderung des Göttlichen ansehen, was jedoch nicht gemeint ist. Allerdings könnte man auch sagen: weil sie Gott in den menschlichen Bereich hinabzog, brachte sie uns die Erlösung.

Im Mittelalter galt Maria als besonders den Sündern zugewandt, indem sie diese unter den Mantel ihrer Barmherzigkeit nahm. Wo Gott etwas zu streng erscheint und die Sünder verdammen möchte, nimmt sie sie unter ihren Mantel und sagt: »Sie sind meine Kinder!« Auf diese Weise schützt sie sie vor der rächenden Seite Gottes. Maria ist menschlich und kann daher unsere Fehltritte besser verstehen. Sie schaut die Dinge von einem relativeren Blickwinkel aus an und wird auf diese Weise zu unserer Fürsprecherin. Darin zeigt sich die typische Vorstellung vom weiblichen Prinzip als demjenigen, das Göttliches und Menschliches, Geistiges und Irdisches, Gutes und Böses miteinander versöhnt.

Frauen denken eben lieber in Ausnahmen als in Regeln. Wenn sie Regeln aufstellen oder sich an solche halten, ist es ihr Animus. Als Frauen jedoch haben sie stets das Gefühl, daß das was sie denken, stimmig sein soll, ohne sich um Regeln zu kümmern. Das entspricht ihrer naturgemäßen Neigung. Die folgende Geschichte von Anatole France charakterisiert diese Art weiblichen Geistes:

Einst fuhr ein kurzsichtiger Heiliger auf eine Insel zu, um die Menschen dort zu bekehren, und zu seinem Entzücken strömten sie alle in ihren besten Kleidern – schwarzen Anzügen und weißen Hemden – zur Küste, so daß er wirklich glaubte, sie seien begierig, getauft zu werden. Da er jedoch etwas scheu war und nicht allzu nahe an sie herangehen wollte, taufte er sie von seinem Boot aus und aus sicherer Distanz – anscheinend hatte er seine Brille vergessen – alle auf einmal. Unglücklicherweise waren sie jedoch Pinguine. Daraufhin gab es im Himmel einen großen Aufruhr, denn jeder Getaufte besitzt eine unsterbliche Seele und muß daher zum Himmel zugelassen werden. Nun mußten sie, entsprechend ihren eigenen männlichen Regeln, Pinguine zulassen. Das verstieß jedoch gegen eine andere Regel: Tiere durften nicht ebenbürtig im Himmel zugelassen werden. Was also war zu tun? Sie riefen alle Spezialisten für Kanonisches Recht, alle Heiligen, Gottvater und alle Engel zusammen, um stundenlang diese Frage mit allen Pro und Kontra zu diskutieren, jedoch ohne eine Lösung zu finden. Schließlich hatte Gott die Idee, Katharina von Siena zu fragen. Als sie die ganze Geschichte vernahm, schüttelte sie ihren Kopf und sagte: »Aber das ist doch ganz einfach! Gebt ihnen eine Seele, aber nur eine kleine!« Das ist die weibliche Weise, zu denken und unmögliche Probleme zu lösen!

Wie wir am Anfang in unserem Märchen drei Quaternionen sahen, so können wir nun zusätzlich auch von vier »Stationen« sprechen, die sowohl ein Raum- wie ein Zeit-Muster zeigen. Bei der ersten »Station« gibt es den Löwen, der das Lebenswasser bewacht, an der zweiten eine Schlange unter dem Baum mit den Eicheln aus Silber und Gold. Der Papagei befindet sich sowohl bei der dritten wie bei der vierten Station, da er zunächst dem Jungen Vernichtung bringt und hinterher Erlösung durch das Mädchen. Demnach hat er eine doppelte Funktion und agiert auf zwei »Stationen«. Nachdem das Mädchen alles ins Lot gebracht hat, verschwindet die Hexe, und von da an wird der Papagei zum führenden Faktor, da er dem Grafen rät, seine Frau aus dem Gefängnis zu holen und das Geheimnis um die Kinder ausfindig zu machen. Nun ist er es, der die Menschen berät, mit dem Erfolg, daß der ursprüngliche Quaternio (Graf, Gräfin, zwei Kinder) wiederhergestellt wird – jetzt zentriert und geführt vom Papagei. Im letzten Satz des Märchens erfahren wir das eigentliche Ergebnis: sie wurden nie mehr vom Papagei getrennt. Diesmal ist der Quaternio gesichert und kann nicht mehr leicht gespalten werden, weil der Papagei als eine Art Geist der Wahrheit sich darum kümmert.

Zu Beginn gibt es einen menschlichen Quaternio, der vom Diener gespalten wird; der zweite Quaternio (Fischer, Frau und zwei Kinder) wird durch den Tod aufgelöst, sowie durch Diener und Hexe. Der dritte Quaternio ist ein naturhafter, bestehend aus Löwe, Schlange und dem Papagei in zweifacher Funktion. Man könnte also sagen, daß die beiden menschlichen Quaternionen heruntergezerrt wurden, bis sie auf den reinen Natur-Quaternio trafen, und von ihm her wurden sie erneuert, jedoch mit einem Schuß Tiergeist. Zuerst gab es nur den bösen Schattengeist des Dieners als Führer, jetzt ist es der weiße Papagei.

Als die Kinder bei den Fischersleuten leben, stehen sie nicht im Scheinwerferlicht des kollektiven Bewußtseins, weil sie dort in der Unterschicht gleichsam im Dunkeln leben und nahe der Natur. Diese Phase enthält das verborgene Geheimnis, das niemand kennt, und es bedarf einer gefährlichen Reise, um dorthin zu gelangen. Später kehren die Kinder in den Mittelpunkt des kollektiven Bewußtseins zurück, bringen jedoch das neue Zentral-Element in Form des Papageis mit sich.

Dies ist der Struktur-Rhythmus des Märchens. Wenn man ihn zeichnet, sieht man seine Bedeutung ganz praktisch. Es scheint, daß das Modell perfekten Verhaltens zu naturfremd war, und daß die gesamte Ereignisfolge eine relative und teilweise Integration der Natur bewirken soll. Warum »relativ und teilweise«, wird sich bei späteren Märchen zeigen, in denen die Integration weit vollständiger gelingt. Hier bleibt es noch etwas mehr an der Oberfläche.

Oft gibt es eine Art »bösen« Geist, der das Geschehen vorantreibt. Hier war es zunächst ein böser Mann, dann eine Hexe und zuletzt der Papagei. Es findet also eine Art Verwandlung des führenden Prinzips statt. Und dann gibt es als Gegenspieler der Hexe noch den weisen alten Mann. Während zunächst ein nur böser Führungsfaktor am Werk ist, steht an zweiter Stelle einer, der gegen sich selbst handelt: ein negativer und ein positiver Faktor. Der eine will die Kinder ins Verderben schicken, der andere will ihre Rettung. Die seelische Energie, die die Handlung vorantreibt, nimmt also langsam einen anderen Charakter an:

zuerst nur negativ, dann ambivalent und schließlich positiv – eine sehr subtile Struktur in diesem anscheinend so naiven Märchen!
Insofern der Papagei auch ein dunkles Element mit einschließt, ist der Quaternio am Schluß stabiler, denn ein gewisses Maß an Bösem, an Naturhaftigkeit ist auch ein Schutz gegen das Böse außen. Aber soweit ich sehe, gibt es im Märchen nie eine wirkliche Lösung, sondern eine zu statische Struktur wird jeweils zerstört, um einer relativ besseren Platz zu machen – wie eine ewige Melodie, die irgendwann wieder von vorn beginnt, Goethes »Gestaltung, Umgestaltung, des ew'gen Sinnes ewige Unterhaltung«.
Wir haben vorher erwähnt, daß das Mädchen die Erlösung bringt. Der Junge unterliegt an der gefährlichsten Stelle dem Trick der Hexe, während das Mädchen die Situation rettet. Von daher können wir die Kinder nicht nur als ein hermaphroditisches Symbol der Gegensatzvereinigung betrachten. Eine leichte Akzentverschiebung läßt das weibliche Prinzip besser auf die Situation reagieren als das männliche. Das entspricht der alten Idee, daß es dem Naturgeist näher ist, der hier ja gerade eingebaut werden muß. Insofern bildet hier das Weibliche den Erlösungsfaktor. Es ist weniger gefangen in seiner eigenen Bürokratie und seinen eigenen Regeln und daher der Natur näher. Jung sagte, diese Eigenart der Frau sei einerseits eine Art Rücksichtslosigkeit, andererseits eine Tatsachennähe, die den Männern fehle, die jedoch, wenn integriert, von großem Nutzen sein könne.
Das männliche Element, der Diener, bringt zunächst Zerstörung, aber als später das zerstörerische Element weiblich wird, hört das Mädchen darauf und bringt es sowohl hinein wie auch wieder heraus. Sie handelt wie Eva und Maria in einem: sie bringt die Zerstörung und führt auch wieder aus ihr heraus. Das Ergebnis ist die Integration des übernatürlichen weißen Papageis.
Insofern könnte man die Kinder als ein Selbst-Symbol in statu nascendi bezeichnen, das erst nur im Unbewußten konstelliert und aktiviert ist, aber noch in keiner Weise im Bewußtsein integriert oder realisiert wird. Dabei findet eine leichte Akzentverschiebung

in Richtung des Weiblichen statt, das der mehr aktivere und bedeutendere Teil ist. Brüderchen und Schwesterchen als Doppelheld eines Märchens kommen häufig vor, z. B. in »Hänsel und Gretel«, wo zunächst Hänsel eine positive Funktion innehat. Später jedoch ist er der Törichte und wäre von der Hexe verspeist worden, wenn nicht Gretel die gute Idee gehabt hätte, die Hexe in den Ofen zu stoßen und so sich und ihren Bruder zu retten. Hier liegt wiederum der Akzent auf dem Mädchen und seiner etwas hexenähnlichen Haltung. Wie sie mit der Hexe umgeht, ist nicht elegant, aber völlig angemessen und rettet die Situation.

Hier liegt eine ähnliche Konstellation vor, die wir kompensatorisch verstehen müssen. Wahrscheinlich liegt im herrschenden männlichen Bewußtsein zu viel Betonung auf maskulinen Werten, weshalb die kompensatorisch weiblichen Werte hervorgehoben werden. Die naturhafte Gesinnung der Frau und ihre anscheinende Bosheit – besser gesagt: ihre irrationale Annäherung an die Dinge – wird als der entscheidende Faktor herausgestellt.

Wenn ein Symbol in doppelter Form erscheint, bedeutet das im allgemeinen, daß der gemeinte Inhalt sich der Bewußtseinsschwelle nähert. In der Zahlensymbolik wird die Zwei stets als die Zahl der Unterscheidung beschrieben. Man streitet sich darüber, ob die Zwei überhaupt als Zahl anzusehen sei, und die meisten Zahlensymbolik-Systeme beginnen erst mit der Drei, da die Zwei nur das Andere gegenüber der Eins meint. Wenn ich nicht zwischen einem Objekt und einem anderen oder zwischen Objekt und Subjekt unterscheiden kann und noch ganz im Gefühl der Einheit bin, dann bin ich in einem relativ unbewußten Zustand. Bewußtheit läßt sich nicht trennen von der Fähigkeit zur Unterscheidung, d. h. zu sehen und fähig zu sein, den Unterschied zwischen den Dingen festzustellen. Wenn ein Inhalt noch völlig im Unbewußten ist, dann ist er wahrscheinlich auch sein eigenes Gegenteil, dann ist er alles. Nehmen wir z. B. an, jemand hat ein vages, unangenehmes Gefühl, daß etwas in seinem Unbewußten rumort. Er hat das nicht geträumt oder fantasiert, sondern hat einfach das Gefühl, daß sich seine Energie etwas anstaut. Er kann nur feststellen, daß es das Unbewußte ist, was da rumort oder ihn verfolgt, aber er kann nicht sagen, was es ist. Sobald es als Traumbild erscheint oder als unbewußter Impuls oder als nervöser Tick oder sonst etwas, dann kann er sagen, was es ist und es, wenigstens relativ, vom Rest der unbewußten Psyche abgrenzen. Dieses Anderssein hebt er ab vom Gesamt jenes Vagen, das wir unbewußte Psyche nennen. Das hängt wohl damit zusammen, daß Inhalte, die völlig unbewußt sind, mit dem gesamten Unbewußten kontaminiert sind. Erst wenn sie eine gewisse Ladung besitzen, werden sie differenziert, nähern sich dem Bewußtsein und unterscheiden sich vom Rest des Unbewußten.

Wenn wir über das Unbewußte sprechen, benutzen wir einen Begriff, nach dem es als eine Art Kontinuum gekennzeichnet wird, ähnlich einem magnetischen Feld. Dann taucht ein Inhalt auf, und in dem Moment, da er die Bewußtseinsschwelle berührt, wird er in zwei Teile geschnitten: in das eine und das andere. Das eine ist der Aspekt, den ich feststellen kann, während der andere im Unbewußten verbleibt. Das trifft im allgemeinen zu, wenn man Traumbilder von einer duplizierten Person hat, oder von zwei Hunden, zwei Katzen, zwei Bäumen, zwei ähnlichen Häusern usw. träumt. Wir können daraus dann nur schließen, daß sich jetzt etwas dem Bewußtsein nähert. Auf der nächsten Stufe wird dann der Inhalt ein bißchen mehr emporkommen und einen Gegensatz, einen Schatten haben, der auch umrissen ist. Sobald der Inhalt wirklich über der Schwelle ist, kommt auch das Anderssein nach. Es gibt viele mythologische und Traum-Motive von gegensätzlichen Dingen: der gute und der böse Hund, ein schwarzer und ein weißer Vogel, usw. Davon steht jeweils einer dem Bewußtsein näher und wird daher hell oder gut genannt, der andere steht ihm ferner und gilt im allgemeinen als der negativere.

In dieser Geschichte hier könnten wir vermutlich auch annehmen, daß das Mädchen die Schattenseite repräsentiert, weil sie dem Bereich des Unbewußten näher steht und für die Einflüsterungen der Hexe offen ist. Das alles spielt sich stark im Zustand von noch nicht realisierten Lebensprozessen ab, die noch nicht sehr in irgendeine kulturelle Wirklichkeit integriert sind.

Erscheint ein Selbst-Symbol als Kind, bedeutet das, daß es als Spontaneität eines Menschen und in Lebensprozessen auftaucht, aber ohne viel Weltanschauung oder geistige Verbildlichung im kollektiven Bewußtsein. Es meint mehr ein Ereignis als etwas Verstandenes, eine Möglichkeit, aber keine realisierte Tatsache.

Da der Graf unter seinem sozialen Niveau heiratete, als er ein armes Mädchen zur Frau nahm, drückt sich darin auch eine gewisse Notwendigkeit oder Tendenz aus, das Leben von den unteren Schichten her zu erneuern. Weil er diesen positiven Schritt tat, schenkt seine Frau zwei Sternen-Kindern das Leben, d. h. daß jetzt tiefere Inhalte konstelliert sind. Aber gerade in solchen Fällen besteht auch die Gefahr, daß das Bewußtsein sich dagegen versteift.

Manchmal kommen Menschen zur Analyse, um von bestimmten Problemen zu sprechen, haben jedoch irgendwo etwas in einer Schublade, wovon sie beschlossen haben, das sei in Ordnung und brauche nicht in der Analyse besprochen zu werden. Schließlich haben sie ein unheimliches Gefühl, und jedesmal, wenn Traumassoziationen zu der Schublade führen würden, brechen sie schnell das Assoziieren ab und bringen irgend etwas anderes, so daß man als Analytiker eine Zeitlang warten muß, um sie in flagranti zu erwischen. Dann muß man sie bitten, die Schublade zu öffnen, aber sie sagen, sie hätten das für völlig unwichtig gehalten. Bei einer solchen Reaktionsweise kann man sicher sein, daß dieser Inhalt hochexplosiv ist, sonst wären nicht solche Vorsichtsmaßnahmen nötig. Es handelt sich um einen noch nicht integrierten heißen Komplex.

Hinter der Geburt dieser beiden Kinder verbirgt sich eine erschreckende Möglichkeit neuer psychologischer Ereignisse und Verwirklichungen, welche den Grund für die Erstarrung der Bewußtseinsreaktion abgibt. Es gibt da eine doppelte Möglichkeit einer negativen Schattenreaktion des Bewußtseins in solchen Fällen: entweder die Schubladentechnik, die darin besteht, den neuen Inhalt herauszuschneiden und wegzustek-

ken, oder der Schatten selbst möchte ihn assimilieren, entsprechend seinen eigenen Wünschen.
Solche Schatten-Assimilation geschieht zu ichhaften Zwecken. Menschen nähern sich z. B. immer wieder dem Unbewußten mit wohlumrissenen nützlichen Absichten. Daß es einem besser gehe, man geheilt werden möchte, kann man in gewisser Weise auch als eine egoistische Annäherung ansehen, weil darin der Wunsch steckt, Hilfe vom Unbewußten zu erhalten. Gesund zu sein, ist bis zu einem gewissen Grad ein legitimer Ego-Wunsch, weshalb das Unbewußte im allgemeinen mit ihm zusammenarbeitet. Manchmal jedoch, wenn ein Mensch nur das vom Unbewußten möchte, tauchen nach einiger Zeit negative Träume auf, um zu zeigen, daß das Unbewußte den Menschen weiterführen und nicht nur sein Symptom heilen möchte. Oder: jemand ist von seinen Symptomen geheilt, aber das Unbewußte präsentiert ihm eine Rechnung: der Mensch muß dies und jenes tun, wenn er dem nicht entspricht, wird das Symptom wiederkehren. Das ist, als müßten Menschen dann den Pfad der Individuation um dieser selbst willen beschreiten und nicht, damit es ihnen besser gehe, sie wieder tatkräftiger seien usw.
Eine solche Rechnung muß bezahlt werden, denn wenn das Lebenswasser einmal angezapft ist, fließt es und kann nicht mehr abgedreht werden. Jede Annäherung ans Unbewußte aus Nützlichkeitsgründen hat destruktive Wirkungen, ähnlich wie in der äußeren Natur. Wenn wir nämlich nur unsere Wälder ausbeuten, ebenso Tiere und Minerale, zerstören wir das biologische Gleichgewicht, und entweder wir oder spätere Generationen haben dann eine große Rechnung zu bezahlen. Die Natur scheint ihr eigenes Gleichgewicht erhalten, ihre eigenen Absichten setzen und ihre eigene biologische Ganzheit haben zu wollen und möchte nicht von einseitigen Nützlichkeitskalkulationen ausgebeutet werden.
Der Diener würde demnach einer Art gieriger, einseitiger, egoistischer Haltung entsprechen, die eingreift und den ersten Quaternio, in dem der Graf nicht wach genug ist, auseinanderbricht. Der wertvolle Teil wird in einem Glaskasten in den Fluß des

Lebens geworfen, ins Unbewußte, jedoch die Fischersleute erneuern den Quaternio an einem verborgenen Ort. Sofern es Aufgabe eines Fischers ist, Dinge aus dem Wasser zu ziehen, ist er der Archetyp des Retters oder des weisen Mannes oder desjenigen, der Dinge aus der Tiefe ans Licht bringen kann. Denken wir nur an Christus, den »Menschenfischer«, oder den Fischerkönig in der Gralssage. Dieser große Archetyp erscheint in Märchen sehr oft ganz bescheiden in einer so unverdächtigen Gestalt. Wenn wir jedoch an den großen archetypischen Hintergrund der Fischer denken, sind sie von daher die ursprünglichen Eltern: Vater-Geist und Mutter-Natur, welche die unterdrückten Inhalte dieser Möglichkeit der Individuation in ihre Obhut nehmen.

Wenn es jedoch darum ginge, dort zu bleiben, würden die Kinder glücklich leben, aber nichts würde geschehen. Darum bedarf es eines anderen Ereignisses, um die Geschichte voranzutreiben. Daß die Fischersleute sterben, bedeutet, daß diese positiven archetypischen Schutzfiguren wieder im Unbewußten verschwinden, während der Diener mittels der Hexe erneut eingreift.

Das Alleinleben der beiden Geschwister ruft nach dem Eingreifen der Hexe und des weisen alten Mannes. Die Hexe erscheint, als der Junge unterwegs ist, und sagt: »Dein Haus ist wunderschön, aber du solltest auch den Brunnen mit Lebenswasser im Hof haben, dann wäre alles vollkommen.« Auf diese Weise weckt sie Gier in dem Mädchen, und der Junge muß das Wasser aus der Quelle holen, einer Quelle mit der seltsamen Eigenart, von einem Löwen bewacht zu sein, der schläft, wenn seine Augen geöffnet sind, und wach ist, wenn er sie geschlossen hat. Das Wasser muß also genommen werden, wenn er seine Augen geöffnet hält, und das gelingt dem Jungen.

Daß die Hexe die dunkle Seite der großen Erdgöttin repräsentiert, gilt für Märchen allgemein. In unseren Ländern ist der Kult dieser Göttin ausgestorben, und ihr positiver Aspekt ist in katholischen Ländern in der Gestalt der Jungfrau Maria aufgegangen, während der negative und destruktive ins Unbewußte abgeschoben wurde.

In protestantischen Ländern wurden beide Aspekte völlig aus dem religiösen Leben eliminiert. Aus diesem Grund spielt in europäischen Märchen der Archetyp der Mutter Erde und Natur in ihren verschiedenen Schattierungen eine so ungeheure Rolle. In anderen Märchen repräsentiert die Hexe einfach die destruktive Seite des archetypischen weiblichen Prinzips, das Prinzip des Todes, der Krankheit, der Auflösung oder auch das Böse im Unbewußten, welches der Bewußtwerdung widersteht: Intrigen, Gier, Triebhaftigkeit, die Eigenschaft, Menschen zu fressen oder sie zu verleumden, so daß Streit entsteht. Das sind die hauptsächlichsten Aktivitäten mythologischer und auch menschlicher Hexen.

Die Hexe wird aufgewogen durch den weisen alten Mann, der dem Jungen verrät, was sie will, und ihm weiterhilft. Man könnte es so sehen, daß der eigentliche Kampf sich zwischen Hexe und altem Mann abspielt, denn die beiden Kinder sind der Lage noch gar nicht gewachsen. Da sie ihre Fischer-Eltern verloren haben, bekommen sie jetzt andere, halb böse und halb gut, die in gewisser Weise die Fischersleute ablösen. Sie stehen jedoch im Gegensatz zueinander und suchen zwischen Bruder und Schwester einen Konflikt zu schaffen. Nach der harmonischen Familie haben wir also jetzt eine unharmonische, denn der alte Mann durchkreuzt die Pläne der Hexe, und diese versucht, das Mädchen gegen den Jungen aufzuwiegeln. Als das Mädchen ihn zum dritten Mal wegschickt, fühlt er sich von ihr bedroht und will zunächst nicht gehen. Jedoch seine Schwester macht eine Szene und schreit. Damit ist die harmonische Familie im Unbewußten auseinandergebrochen. Das Unbewußte scheint zur Disharmonie zu neigen, bevor etwas Neues ins Bewußtsein gelangen soll.

Wenn man mit Analysanden arbeitet, die sich selbst über längere Zeit analysiert haben und in gutem Gleichgewicht sind, auch fähig, sich mit ihren unbewußten Prozessen im Gleichgewicht zu halten, kommen sie plötzlich mit Träumen von Krieg oder einem schrecklichen Konflikt. Ein Analysand brachte mir einen solchen Traum, in dem er, seine Frau und noch jemand Selbstmord mit Schlaftabletten begangen hatten. Ich fragte: »Wo um Himmels-

willen ist das?« »Ich weiß nicht, ich versuchte es selbst schon herauszufinden, aber vergeblich!« In solchen Fällen kann man nur warten, denn das Unbewußte will die relativ harmonische Lage aufbrechen, damit eine höhere Ebene erreicht wird. Dieser Analysand z. B. füllte seinen eigenen Rahmen nicht vollständig aus, man fühlte deutlich, daß er mehr sein könnte. Er lebt ein weniger bedeutendes und weniger ausgefülltes Leben, mit einem begrenzteren Horizont, als er fähig wäre zu leben. Unter solchen Umständen bricht das Unbewußte die bisher erreichte Harmonie auf, um sie auf einer höheren Ebene wiederherzustellen. Dabei geschieht dann solch geheimnisvolles und plötzliches Aufflammen eines unbewußten Konflikts in den Träumen. Aber es bleibt nicht bei den Träumen, denn nach einiger Zeit ereignet sich außen etwas oder im Bewußtsein, das solch katastrophalen Motiven entspricht. Ich möchte hervorheben, daß der katastrophale Traum oft als erstes erscheint und deutlich nicht das Ergebnis eines bewußten Konflikts oder Fehlverhaltens ist, sondern der Konflikt ist wirklich eine spontane Schöpfung des Unbewußten, das ihn heraufbeschwört und eine zu klein gewordene Einheit auseinandersprengt, um sie dann zu vergrößern.
Man könnte meinen, das Wachstum des inneren Persönlichkeitskerns geschehe wie bei einem Baum, der immer wieder einen neuen Ring dazugewinnt, aber es ist viel eher ein Zerstören, um größer wieder aufzubauen. Im allgemeinen zeigen die Träume, daß die Entwicklung immer wieder völlig abgebrochen und neu aufgebaut wird. Es ist, als hätte die Natur ein Bild der Ganzheit hervorgebracht und es dann wieder zerstört, um ein differenzierteres Muster zu schaffen. Individuation ist kein additiver Prozeß, sondern hat einen viel komplizierteren Rhythmus, und wenn ein großer Fortschritt des Bewußtseins intendiert ist, nimmt einem das Unbewußte zunächst alles weg, so daß jemand, der sich engagiert auf diesen Weg begeben hat und nun total gestört wird, das Gefühl bekommt, er habe noch gar nichts erreicht, weil alles verloren scheint. Man fragt sich, ob man je etwas realisiert habe, je bewußt oder in Harmonie gewesen sei. Man hat das Gefühl, dort zu stehen, wo man zu Beginn der Analyse stand. Doch das ist

völlig normal und die niederdrückende Lage ist nicht wirklich, sondern sieht nur so aus, weil es eine Phase ist, in der die Harmonie verlorenging, damit ein neuer und differenzierterer Kernpunkt aufgebaut werden kann.

Das gleiche geschieht auch in den Märchen. Eine schreckliche Spannung zwischen dem weisen alten Mann und der Hexe wird hergestellt und in das Verhalten des Jungen und des Mädchen hineingetragen, die sich – indem das Mädchen auf die Einflüsterungen der Hexe hört – zum erstenmal gegeneinander stellen.

Das Lebenswasser, das der Junge aus dem Brunnen holen soll, ist magisches Wasser, da er nur ein wenig davon in den Hof schütten muß, um einen Springbrunnen entstehen zu lassen. Ein solches Wunder kann offensichtlich nur durch das magische Wasser des Lebens bewirkt werden. Dies ist ein überall anzutreffendes Motiv. Die Tatsache aber, daß dieser Brunnen silbernes Wasser hervorbringt, führt uns zur alchemistischen Symbolik. Nur dort findet man das Motiv des silbernen oder goldenen Wassers. Daraus müssen wir entnehmen, daß unser Märchen wahrscheinlich teilweise aus alchemistischen Quellen stammt.

Hier ist der Springbrunnen nicht einer von Silber und Gold, wie in manchen anderen Geschichten und normalerweise in der Alchemie. Dort ist Merkur, die geheimnisumwitterte Gestalt der prima materia, im allgemeinen eine geheimnisvolle Flüssigkeit, das Lebenselixier, das ewige Wasser, welches gewöhnlich Silber und Gold erzeugt; manchmal besteht es auch von Anfang an aus Silber und Gold. Hier aber wird nur das Silber betont, was wiederum den Akzent auf das weibliche Element legt, da in der alchemistischen Tradition Gold der Sonne und Silber dem Mond zugehört. Silber verkörpert das weibliche und verderbliche Metall: es wird bekanntlich leicht schwarz und muß – im Gegensatz zu Gold – ständig gereinigt werden. Damit entspricht es dem Mond, der sich ebenfalls ständig verandert und immer wieder schwarz und von Dämonen gefressen wird, bevor er im Himmel wieder seinen neuen Schein erhält. Nach Aristoteles herrscht der Mond über alle verderbliche Natur, über die Menstruation der Frau und über alles, was sich in der Natur verändert. Oberhalb

der ihm zugehörigen Sphäre beginnt die unverderbliche und göttliche Sphäre, die von der Sonne und dem Firmament beherrscht wird. Feuchtigkeit, Tod, das Weibliche, Frauenkrankheiten, Verderbbarkeit von Metallen – all das gehört zu dem vom Mond beherrschten Bereich, und Silber ist sein spezifisches Metall. Es ist die Braut des Goldes, die erst verwandelt werden muß, um selbst Gold zu werden.
Wenn also die Hexe die Aufmerksamkeit des Mädchens darauf lenkt, daß das Silberwasser fehlt, hat sie völlig recht. Wir wissen nämlich aus dem Anfang des Märchens, daß das weibliche Element vernachlässigt ist, und daß das, was fehlt, eben die Integration der Natur und des Weiblichen ist. So wirkt die Hexe, obwohl ihr Ziel Zerstörung ist, in Wirklichkeit, wie so oft, im Sinn des Guten, denn dieser Silberquell symbolisiert den weiblichen Aspekt des unbewußten Energieflusses.
Grundsätzlich kann man sagen, daß das Lebenswasser oder das, wofür es steht, dem entspricht, was der Mensch von jeher sucht. Im Paradies besaßen wir es, verloren es jedoch. Symbolisch steht es für diejenige psychologische Erfahrung, die man umschreiben könnte als das Gefühl, daß das Leben in sinnvoller Weise in Fluß ist. Manchmal antworten Menschen auf die Frage, wie es ihnen gehe: »Oh, eine Menge geschieht, nicht alles ist angenehm, aber ich fühle mich doch im Fluß des Lebens, soweit ist alles in Ordnung.« Es gibt das Auf und Nieder, dennoch hat man das Gefühl, um es durch ein Bild aus der modernen Technik auszudrücken, daß das eigene Flugzeug nahe dem Radarstrahl fliegt. Man ist, wo man hingehört, und hat von daher jenes wunderbare Gefühl, lebendig zu sein. Sogar die Wechselfälle und Schwierigkeiten des Schicksals und menschlichen Lebens können akzeptiert werden, wenn man in der Tiefe mit dem Fluß der psychischen Energie in Kontakt ist. Aus diesem Grund machen wir so viel Aufhebens von der Trauminterpretation, weil wir nur von ihr her sagen können, wo der Fluß der unbewußten Libido sich bewegt, und versuchen, ihm unsere bewußte Bewegung anzupassen. Denn dann fühlen wir uns lebendig, selbst wenn sich nicht viel in unserem Leben

ereignet oder wir einen langweiligen Job haben oder alle möglichen Frustrationen.
Wie wichtig ein solches Gefühl ist, kann man am besten sich vergegenwärtigen, wenn man je einen Millionär analysiert hat oder irgendeinen Menschen, der im Außen alles besitzt, was er sich wünscht, oder in der Lage ist, es zu erreichen. Wenn er jedoch nicht mit dem Fluß des inneren Lebens übereinstimmt, was nützt ihm das alles? Gewöhnlich projizieren die Menschen den Fluß des Lebens in äußere Objekte und denken, wenn sie eine andere Frau hätten oder mehr Geld oder ähnliches, dann wäre alles in Ordnung. Das ist pure Projektion, wie man feststellen kann, wenn jemand all das hat, denn dann erkennt man, daß es das nicht ist. Was der Mensch wirklich sucht, auch in der Projektion auf äußere Dinge, ist das Gefühl, lebendig zu sein. Es ist das Höchste, was man erreichen kann, zumindest in diesem Leben, und darum wurde es immer wieder zum Gleichnis für jede Art religiöser mystischer Erfahrung, weil diese am ehesten ein solches Gefühl vermittelt. Mittelalterliche Mystiker z. B. pflegten zu sagen, daß die innere Gotteserfahrung der »Brunnen des Lebens« sei, und die Zen-Buddhisten sagen, die Erfahrung der Erleuchtung gleiche einem Trunk kühlen Wassers nach dem Durst in der Wüste.
In allen Kulturen steht es für die Erfahrung vollkommener Erfüllung und der Fülle an Lebenserfahrung, und das trifft auch hier zu. Genau das fehlt in unserem Märchen, es ist aber speziell das silberne Wasser, also die weibliche Färbung solcher Erfahrung. Lebendigkeit im Bereich des Mondes, nicht im Bereich einer höheren spirituellen Erfahrung, sondern eine, die aus dem irdischen, vergänglichen Bereich menschlichen Lebens stammt.
Der Silberbrunnen wird von einem Löwen bewacht, und insofern das Silberwasser ein alchemistisches Symbol ist, liegt es nahe, auch den Löwen von dorther zu amplifizieren. Er spielt ja in der gesamten alchemistischen Symbolik eine ungeheuer große Rolle und ist vermutlich vom ägyptischen Begräbnisritual in die alchemistische Sprache gelangt. Die Sphinx von Gizé ist

bekanntlich in Wirklichkeit das Porträt eines ägyptischen Königs in seiner Löwengestalt, denn der König wurde nach seiner Auferstehung und in seiner postmortalen Gestalt sehr oft als Löwe dargestellt. Er ist eine Gottheit, die das Geheimnis von Tod und Wiedergeburt umschließt, weshalb die Ägypter dafür manchmal das Symbol des Doppel-Löwen wählten: der eine symbolisierte die im Westen untergehende, der andere die im Osten aufgehende Sonne. Der Löwe bezieht sich auf diesen mystischen Augenblick, in dem die Sonne den Mitternachtspunkt unter der Erde berührt und sich vom Todesabgrund abwendet. Die Ägypter verbanden nämlich die untergehende Sonne mit der Vorstellung von Altern und Tod. Diesen mystischen Augenblick zwischen Tod und Auferstehung verkörpert der Löwe.

Es rührt also wahrscheinlich aus ägyptischen Quellen her, daß der Löwe noch im Mittelalter als ein Symbol der Auferstehung angesehen wurde. Die Geschichte, daß die Löwenjungen, welche die Löwin zur Welt gebracht hat, so lange tot sind, bis der männliche Löwe kommt, über ihnen brüllt und sie so zum Leben bringt, wird in allen mittelalterlichen Bestiarien wiederholt. Es ist vermutlich ein später Widerhall jenes altägyptischen Mythos vom Löwen als Vertreter der Auferstehung und hat mit dem Geheimnis der Sonne und des Lebens mit seinem rhythmischen Wechsel zwischen Bewußtsein und Unbewußtem zu tun.

Wenn die Ägypter ihre Toten einbalsamierten, legten sie sie auf einen Marmortisch, der an beiden Enden – jeweils in die entgegengesetzte Richtung blickend – je einen Löwenkopf aufwies. Oft hatte er auch Füße aus Löwentatzen. Ein solcher Tisch, »Bett des Todes und der Auferstehung« genannt, hatte kleine Löcher, durch welche die Flüssigkeiten abfließen konnten. Wenn der Leichnam des Königs auf einem solchen Bett lag, war er in der tiefsten Unterwelt, während der Priester Gehirn und Innereien herausnahm und den Leichnam in Natriumchlorid wusch. Währenddessen wohnte die Seele des Königs gleichsam in der Unterwelt, und nach dem Prozeß der Mumifizierung erstand er neu.

Der Löwe ist damit auch Wächter der Unterwelt, Hüter jenes

geheimnisvollen unterirdischen Prozesses, der den Tod ins Leben zurückverwandelt.
Da die Symbolik der westlichen Alchemie hauptsächlich von Ägypten herkommt und in der hellenistischen, letzten ägyptischen Periode begann, benutzten die Alchemisten sie für die Beschreibung ihres Werkes, denn für sie bedeutete die Verwandlung ihrer Ausgangsmaterie in Gold eine Art Analogie zur Verwandlung des toten Körpers eines Königs in seine unsterbliche Mumiengestalt.
In späteren alchemistischen Texten, wo der König aufgelöst wird, um erneuert zu werden, wird er sehr oft von einem Löwen gefressen oder verwandelt sich selbst in einen Löwen. Im Kapitel »Rex« seines Werkes »Mysterium Coniunctionis« erwähnt Jung eine komplizierte alchemistische Geschichte, in der die Königin den König wiedergebiert. Während er in ihrem Leib wohnt, muß sie das Fleisch des Löwen essen, um dem Embryo in ihrem Schoß die richtige Nahrung zukommen zu lassen, bis der König als der neue »König der Könige« wiedergeboren wird. Dabei erwähnt er, daß der König für seine Erneuerung zuerst in seine chthonische Natur umgeformt werden muß. Wir können daraus schließen, daß der Löwe die chthonische Natur, den Unterweltsaspekt des Königs-Symbols, verkörpert. Betrachten wir den König als Vertreter des herrschenden Bewußtseins, bedeutet das, daß jedes zentrale Symbol des Selbst, das in einer kulturellen Epoche herrscht, von Zeit zu Zeit ins Unbewußte zurückfallen und dort erneuert werden muß. In primitiven Stämmen herrscht während des Todes des Königs völlige Verdunkelung, und in manchen Stämmen darf in diesem Interregnum sogar jeder stehlen und töten. Das heißt, daß alle kulturellen Regeln eines anständigen menschlichen Verhaltens über den Haufen geworfen werden. Drei Tage lang herrscht völlige Verdunkelung des Bewußtseins. Jedes Verbrechen kann in dieser Zeit begangen werden. In sehr milder Form existiert dieses Ritual noch in den mittelalterlichen und antiken Riten des Karnevals-Königs. Dabei regiert an einem Tag im Jahr nicht der König, sondern ein Narr oder ein verurteilter Verbrecher, der dann die Krone erhält und an diesem einen

Tag die ganze Stadt regieren und alle Parties, Frauen und was er sich noch wünscht, haben darf, bevor er hingerichtet wird. Er symbolisiert die chthonische, die Schattenseite des Königs, die während des Interregnums herrschen darf. Noch mildere Spuren existieren in den Amnestien vergangener Verbrecher bei der Ernennung eines neuen Herrschers. Gefängnisse werden geöffnet, damit das Vergangene annulliert und ein neuer Anfang gemacht werden kann.

Wir könnten sagen, daß in jenen wilderen Formen von Ritualen die dunkelste Seite des Unbewußten sich direkt in dem Augenblick manifestieren darf, wo nicht nur der König, sondern – in einem primitiven Stamm – damit auch Gott tot ist, denn der König ist die Inkarnation des göttlich-geistigen Prinzips eines Stammes. Es ist ein Augenblick völliger Desorientierung, der im Leben eines Einzelmenschen einer psychotischen Dissoziation, einer völligen Bewußtseins-Verdunkelung, entspräche. Wir hatten erst vor kurzem einen solchen kulturellen »blackout« und werden dergleichen vielleicht noch mehr bekommen, denn wir leben in einer Zeit, da der König gestorben ist und sich in den Tiefen erneuert. Während dieser »Verdunkelung« herrscht der Löwe, eines der dominierenden Schatten-Bilder des Königs.

In einem negativen Aspekt verkörpert daher der Löwe das Machtprinzip. Wo immer eine kulturelle Epoche kein religiöses Ziel mehr hat, entstehen politische Machtkämpfe unter Diktatoren und Gruppen, weil die Menschen nicht mehr durch ein gemeinsames geistiges Ziel, durch die Zusammenarbeit für ein höheres Interesse, verbunden sind. Aus diesem Grund überstanden kleine Gruppen wie z. B. die frühen Christen, die durch ein wirkliches spirituelles Band geeint waren und sich sogar Brüder und Schwestern in Christus nannten, die gesamten Machtkämpfe des römischen Imperiums. Siebzig Jahre nach Christi Tod sagte Plinius von ihnen: »Ich folterte ein paar Sklaven, konnte aber weiter nichts finden als einen lächerlichen Aberglauben.« Warum? Weil das römische Reich keinerlei spirituelles religiöses Leben mehr besaß, durch das es hätte zusammengehalten werden können, und daher in ständigen Machtkämpfen allmählich verfallen mußte. Jene kleinen Gruppen, die den »neuen Gott« auf ihrer Seite hatten, verkörperten den König, der sich erneuert hatte. Sie überlebten, weil sie Menschen waren, die um des Friedens und um eines höheren Zieles willen zusammenhielten. Der Löwe ist also nicht nur negativ, sondern er besitzt zwei Köpfe, zwei Aspekte. Nach ägyptischer Auffassung richtet er seinen Blick sowohl auf denTod als auch auf die Erneuerung. Er repräsentiert die Sommerhitze, die Sommersonnenwende in der Astrologie, Licht, Leidenschaft und Erneuerung. Jung erwähnt außerdem den Sexualtrieb, den der Löwe auch manchmal verkörpere. Der Löwe repräsentiert also einerseits jede Art von heißem leidenschaftlichem Trieb, sei es nun Macht oder Sex. Der »grüne Löwe« in der Alchemie, der mit Venus assoziiert wird, verkörpert nach Jung den sexuellen Impuls, Drang und Leidenschaft. Darin besteht sein mehr positiver Aspekt. Wir wissen jedoch, daß überall, wo der Löwe erscheint, die Persönlichkeit mit starken, leidenschaftlichen Impulsen, Affekten und Wünschen konfrontiert ist, die stärker sind als das Ich.

Ein Löwe kann aber auch für Zorn stehen. Eine Frau, die einen rasenden Zorn auf ein anderes Familienglied hatte, träumte, daß sie ihre Tür vor dem Löwen schließen müsse, der ständig ins Zimmer einbrechen wollte. Er war dort weder von Macht noch von Sex getrieben, aber von einem schrecklichen tierischen Affekt.

Wenn der Mensch seinen religiösen Mittelpunkt verloren hat, wird er leichter Beute seiner Affekte wie Sex, Macht und anderen Trieben oder Süchten. Das entspricht dem Interregnum, in dem das herrschende Ideal oder Symbol tot ist und Schlangen und Löwen die Szene beherrschen. Es ist jener Augenblick, wo eine Persönlichkeit von Gier überflutet wird. Ein Löwe ist jedoch ein höchst lebendiges Wesen, und bei einem kranken Menschen ist man manchmal überaus froh, wenn er einigen Ehrgeiz, sexuellen Drang oder Affekt ausdrückt, weil er damit zumindest etwas Lebendigkeit äußert.

Hinter den lahmen, passiven Zuständen der Melancholie geht oft solch ein brüllender Löwe einher. Menschen sitzen nur da, nehmen Pillen, und nichts bedeutet ihnen mehr etwas. Man bietet ihnen dies oder jenes an, aber sie wenden nur ihren Kopf in Ekel und tiefer Depression ab. In vielen Fällen, wenn auch nicht immer, kann man aber ziemlich sicher vermuten, daß sie ganz wahnsinnig nach etwas verlangen, es sich aber nicht einmal selbst eingestehen können. Sie halten es für verrückt, schieben es weg, und dann ist natürlich alles andere nichts. Von den Träumen her kann man im allgemeinen herausfinden, wonach sie so wahnsinnig verlangen, und dann verwandelt sich die tiefe Melancholie in einen »brüllenden Löwen«.

Darum ist es sehr gefährlich, eine tiefe Depression rasch aufzulösen, weil das manchmal den Augenblick eines Selbstmords konstelliert. Wenn der Affekt und die Gier nach Leben herauskommen und sofortige Erfüllung nicht möglich ist, können sich solche Menschen umbringen. Daher ist es sehr gefährlich, einen solchen Löwen aus seinem Käfig herauszulassen. Wenn man allerdings diese Krise überstehen kann, ist nun alles Leben da, das vorher fehlte. Eine lebendige Persönlichkeit ist da, die etwas möchte und sich leidenschaftlich dafür einsetzt. Es ist also nur die Frage, wie man den Löwen integriert, damit er nicht alles zerstört. Die Zähmung des Löwen wäre die nächste Stufe der Verwandlung. Darum sagen die Alchemisten: »Wenn der Löwe zum Vorschein kommt, muß man ein Schwert nehmen und seine Tatzen abschlagen«, denn er möchte alles an sich reißen, er muß gezähmt und unterworfen werden.

Man könnte sagen, daß überall dort, wo der Quell des Lebens liegt, auch der Löwe gegenwärtig ist, denn jede Perle wird von einem Ungeheuer bewacht, jeder Schatz von einer Schlange, die sich um ihn windet. Man kann dem Selbst und dem Sinn des Lebens nicht nahekommen, ohne in die kritische Situation zu geraten, daß man auch der Habgier, der Dunkelheit, dem Schattenaspekt der eigenen Persönlichkeit verfällt. Es ist nicht einmal sicher, ob es nicht manchmal notwendig ist, ihm zu verfallen, da er sonst nicht assimiliert werden kann. Darum mögen die Leute uns Analytiker oft nicht, weil durch die Analyse der allzu brave Junge und das zahme kleine Mädchen zu Hause – von einem gesellschaftlich-sozialen Aspekt aus betrachtet – absolut unmöglich werden. Vorübergehend werden sie zu Löwen oder Schlangen. Sie wünschen und greifen nach allen Dingen, machen Szenen, tun alles mögliche Böse, so daß andere sagen: »Und das ist jetzt das Ergebnis der Analyse?« – Aber das Leben kann nicht weitergehen, bevor man nicht erst einmal nach unten gegangen ist. Es gibt keinen neuen König, der nicht erst einmal auf dem Löwenbett lag und dort desintegriert wurde. Menschen, die ihre habgierigen Wünsche nicht vor sich selbst zulassen und sich statt dessen konventionell und korrekt zu verhalten bemühen, kann man fast abschreiben.

Der Löwe muß also zuerst entfesselt werden, dann wird er destruktiv und danach müssen seine Tatzen abgehauen werden. Hier im Märchen jedoch – und an dieser Stelle setze ich ein Fragezeichen an das Motiv und das Märchen – muß der Junge das Wasser *stehlen,* während der Löwe mit offenen Augen schläft. Der Junge selbst konfrontiert sich nicht mit dem Löwen. Es geht nicht darum zu beurteilen, ob das gut oder schlecht ist, wir werden nur insofern ein Urteil aussprechen, als wir aufgrund der älteren persischen Parallele sehen, wie diese Geschichte zu bewerten ist.

Hier liegt das rätselhafte Motiv vor, daß der Löwe schläft, wenn seine Augen geöffnet sind, und wach ist, wenn er sie geschlossen hält. Es brachte mich fast um, das herauszufinden. Wenn die leidenschaftlich gierige Natur ihre Augen offen hält, schaut sie auf das äußere Objekt. Wenn mein innerer Löwe mächtig ist, sucht er mit offenen Augen nach irgendeiner wichtigen Stellung; ist es ein Sexlöwe, dann schaut er aus nach einem Partner. Wenn mein Löwe nach einem äußeren Objekt Ausschau hält, verkörpert er das, was wir »blinde Leidenschaft« nennen. Leidenschaft und Habgier sind blind, und wenn man ihnen nachgibt, tappt man im allgemeinen in irgendeine Falle. Aus diesem Grund betonte Jung, daß es nur eine schreckliche Sache gebe, die einer Frau begegnen könne: wenn sie mit einer Machtintrige gewinne. Wenn diese dagegen vereitelt werde, sei alles in Ordnung, aber wenn sie bekomme, was sie wolle, sei sie verloren. Das gleiche

gelte für Männer. Wenn ein Mann Sieger sein möchte, soll er es haben. Das ist das Schlimmste, was man ihm antun kann, denn der Löwe, der nur nach äußeren Gütern schaut, schläft, d. h. er ist tief unbewußt und in gewisser Weise völlig blind.
Jede Leidenschaft besitzt allerdings auch einen symbolischen Aspekt. Am besten kann man das bei Leuten beobachten, die aufs Geld versessen sind. Es bedeutet etwas Symbolisches für sie: sie projizieren die Fülle des Lebens, der Macht oder Freiheit hinein. »Wenn ich Geld hätte, müßte ich mich keiner sozialen Verpflichtung unterwerfen.« Oder sie projizieren Sicherheit ins Geld – wo sie jedoch nicht zu finden ist – und darum sind sie so leidenschaftlich hinter ihm her. Das gleiche kann für sexuelle Leidenschaft gelten, denn ein Objekt, das man einmal erlangte, wird wieder abgestoßen, weil es nicht war, was man suchte; man glaubte es nur. Es war vielmehr etwas Symbolisches, wie wir das beim Neurosentyp des Don Juan sehen, wo der Mann ständig nach einer Mutter oder einer schönen Frau jagt. Wenn er jedoch einmal mit ihr geschlafen hat, entdeckt er, daß das Geheimnis, das er bei ihr suchte, dort nicht zu finden war. So verläßt er sie. Das geschieht immer wieder, weil das, wonach er sucht, etwas Symbolisches ist, das er vergeblich in der äußeren Projektion zu erjagen versucht.
Man kann daher grundsätzlich sagen, daß eine Leidenschaft, welche die Augen nach außen hin schließt, leichter bewußt wird. Das bedeutet: sobald man das *innere* Objekt eines leidenschaftlichen Triebes anschauen kann, sieht man, was gemeint ist. Und das ist das wirkliche Gold. Die Leidenschaft ist wach, jedoch nach innen gerichtet, während sie nach außen wie schlafend aussieht. Dann hört das Verlangen nach äußeren Dingen auf und beruhigt sich. Der Junge schleicht sich am Löwen vorbei, und als dieser erwacht, ist es zu spät.
Dies ist vielleicht eine weibliche Verhaltensweise. Ein klassischer Held wie z. B. Herakles hätte statt dessen den Löwen besiegt. Hier besteht eine mangelnde Selbst-Konfrontation. Aufgrund dieses Tricks kann die Hexe wiederkommen. Es ist

etwas zu billig, eine Leidenschaft auf Nebengleisen besiegen zu wollen.

Manche Menschen haben auf einer bestimmten Stufe der Analyse eine wilde, leidenschaftliche Übertragung auf den Analytiker und können sie nicht aussprechen, weil sie Angst haben, eins auf den Kopf zu bekommen, wenn sie sich wie ein Löwe aufführen. Da sie jedoch keine Qualen leiden möchten, behalten sie ihren Löwen schön in der Tasche und zeigen ihn nicht, d. h. sie bekennen ihre leidenschaftliche Übertragung nie. Frauen bewerkstelligen das mit Hilfe ihres Animus, indem sie zu sich sagen: »Ich weiß, er ist nicht in mich verliebt, daher muß ich vernünftig sein«, oder: »Mein Analytiker ist verheiratet« oder ähnliches. Und wenn sie sagen: »Ich weiß, daß das Hauptziel meines analytischen Prozesses nicht eine Liebesaffäre mit dem Analytiker ist; das weiß ich aus der Symbolik meiner Träume, warum also sollte ich mich da in etwas hineinbegeben?«, dann kann man das nicht einmal abstreiten. Sie möchten das Wasser des Lebens erhalten, lassen aber den Löwen draußen, und es gelingt ihnen sogar – bis zu einem gewissen Grad.

Das kann völlig erfolgreich verlaufen, wenn das wirkliche innere Lebensziel nicht dort liegt. Dann kann man es getrost außer acht lassen. Trotzdem wird dabei das Leiden übersprungen. Wenn man sich dagegen mit dem Löwen konfrontiert, obwohl man im voraus weiß, daß er zum Schluß getötet werden muß, geht man durch manches hindurch, was sonst fehlen würde. Von seiner Leidenschaft gequält zu werden, ist zwar bedeutungsvoll, aber nicht angenehm, und darum möchten die Leute das umgehen, weil sie im voraus wissen, was dabei herauskommt. Damit entziehen sie sich aber jenem garenden Feuer, das sie – ließen sie es nur unter sich brennen – besser durchkochen würde; so bleiben sie noch ungewandelt.

In unserem Märchen entgeht der Junge dem Löwen, indem er das Wasser holt, während jener die Augen offen hat. Auf diese Weise gelingt es ihm, im Hof des Hauses, wo er mit seiner Schwester wohnt, eine Silberquelle entspringen zu lassen. Die alte Hexe taucht jedoch wieder auf und träufelt aufs neue das Gift des

Verlangens in den Sinn der Schwester, indem sie ihr von einer Eiche mit Eicheln aus Silber und Kapseln aus Gold erzählt. In diesen Eicheln symbolisiert sich also die Vereinigung von Silber und Gold, von Mond und Sonne. Wieder macht sich der Junge auf, und wieder begegnet ihm der alte Weise. Diesmal gibt er dem Jungen ein Pferd, mit dem er zur Eiche reiten soll, sagte ihm aber, er solle sorgfältig auf die Schlange achten, von der sie bewacht werde. Nur, wenn sie ihren Kopf verberge und schlafe, könne er den Eichenzweig abbrechen. Auch das gelingt dem Jungen, und er pflanzt ihn im Hof.

Hier finden wir bei der Amplifizierung noch mehr alchemistische Symbolik und – in den »Paradoxa« in Jungs »Mysterium Coniunctionis«, wo er über eine geheimnisvolle Inschrift auf einem angeblich antiken Grabstein aus der Renaissance spricht – sogar eine Verbindung zwischen ihr und der Silberquelle. Entsprechend einer zeitgenössischen Theorie erscheint, so Jung, Agathos Anima, projiziert in eine Eiche der Juno. Nymphen und alle anderen weiblichen Baumgeister sind allzumal Animaprojektionen. Interpretationen dazu finden sich in den »Dendrologia« des Ulysses Aldrovandus, wo sich auch eine wunderschöne Beschreibung dessen findet, was die Anima tut, vor allem wenn ein Mann sich allein in der Natur ergeht und sie ihn mit Phantasien zu reizen beginnt. Sie ist eine sehr unverläßliche Geliebte.

Ein anderer Alchemist führt folgendes Gedicht über eine Sonnen- und Mondeiche an:

> In einem Garten, geschmückt mit herrlichsten Blumen,
> wuchs eine rot-weiße Rose,
> in der Mitte eine große Eiche,
> aus der vier Sonnen entsprangen.

In einer lateinischen Variation heißt es, daß sowohl Sonne wie Mond als Blumen aus ihr entspringen. Vermutlich steht dahinter eine ungenaue Erinnerung an jene berühmte Eiche im Weltbild des antiken Philosophen Pherecydes, der die gesamte Welt als Eiche interpretierte, über die man einen Mantel gebreitet hatte, in den alle Dinge hineingestickt waren, so daß unsere Welt der Stickerei entspräche, die über die Eiche gebreitet ist.

Einen Text des berühmten Alchemisten Bernard von Tarvis führt Jung an:

Er berichtet die Parabel von einem Adepten, welcher eine klare Quelle entdeckt, eingefaßt von herrlichstem Stein und festgemacht am Stamm einer Eiche, das Ganze von einer Mauer umgeben. Das ist das Bad des Königs, in welchem er Erneuerung sucht. Ein alter Mann, Hermes, der Mystagoge, erklärt die Bauweise dieses Königsbades: er plazierte es in eine alte Eiche, die in der Mitte gespalten war. Die Quelle war von einer dicken Mauer umgeben, und »zuerst war sie in einen harten, leuchtenden Stein eingeschlossen, dann in eine hohle Eiche«.

In dieser Parabel fehlt, laut Jung, die Königin. Ich habe das an anderer Stelle dahingehend interpretiert, daß der Autor wahrscheinlich homosexuell war, da das weibliche Element nur in einer relativ unmenschlichen und primitiven Weise auftritt. Von diesem Aspekt her findet es Jung interessant, daß die Eiche, welche die Königin vertritt, hohl und gespalten ist und ein Gefäß bzw. einen Brunnen in sich enthält. Auf diese Weise repräsentiert sie die Mutter in einer doppelten Form, denn der Baum steht für ein mütterliches Prinzip und für die Quelle des Lebens. Das Bad des Königs ist sozusagen ein mütterlicher Schoß, in dem er sich erneuert.

Ich vermute, daß diese Parabel sogar direkten Einfluß auf unser Märchen hatte. Wir hatten ja festgestellt, daß das weibliche Element fehlt und daß die Mutter das Problem zu sein scheint, so daß Brunnen wie Eiche Muttersymbole darstellen, aus denen sich Erneuerung vollzieht. Im Gegensatz zur Silberquelle, die nur das weibliche Element enthält, umschließt die Eiche beide, Silber und Gold, Mond und Sonne, weiblich und männlich.

Steigen wir also hinab ins tiefere Zentrum des Unbewußten, so wird das Symbol, das der Junge zurückzubringen hat, immer wesentlicher und bedeutungsvoller. Auch die geheimnisvolle Welteiche, die Matrix und Ort der Erneuerung im Unbewußten verkörpert, hat ihren Wächter – eine Schlange. Der Zweig muß wiederum gestohlen werden, wenn sie ihren Kopf verbirgt. Das klingt nicht so paradox wie beim Löwen, denn für die Schlange ist es normal, daß sie schläft, wenn sie ihren Kopf versteckt.

Was die Eichelhütchen angeht, die ja wie kleine Schalen sind, so fällt auf, daß sie, trotz ihrer weiblichen Form, golden sind. Man würde erwarten, daß die Eichel golden und das Deckelchen silbern wäre. Vielleicht hängt es damit zusammen, daß in diesem Märchen alles ein bißchen verändert oder nicht ganz verstanden ist, d. h. also nicht tief genug in die alchemistische Symbolik hineinreicht. Soweit ich es beurteilen kann, könnte man vom psychologischen Aspekt her auch sagen, dieses Deckelchen ließe sich auch als »Auffassung« betrachten, die etwas in den Griff bekommt, nämlich den psychischen Assimilationsprozeß. In den Mittelmeerländern wurden das vorchristliche Heidentum und seine Ausläufer vorwiegend in einer weiblichen Weise assimiliert, d. h. ästhetisch und poetisch, ohne daß es von einem philosophischen und religiösen Standpunkt her ernst genommen wurde. Das ist eine Weise, die Dinge wirken zu lassen, ohne ein Logosproblem aus ihnen zu machen – »gebt ihnen eine Seele, aber eine kleine« – die weibliche Weise, unverträgliche Dinge zu vereinigen. Man könnte also sagen, daß das Gold, als Ergebnis des alchemistischen Prozesses, in einer weiblichen Weise aufgenommen wird. In der Renaissance geschah das gleiche, als man die heidnische Antike erneuern wollte, doch mit der Ausnahme einiger Philosophen verblieb diese Wiederbelebung nur im Bereich ästhetischer und poetischer Spielerei, und wenngleich einige Päpste sehr eifrig mithalfen, machten sie kein religiöses Problem daraus. Nur einige stellten gewisse Fragezeichen auf, aber es wurde daraus nie ein Kampf oder Spaltung. Denn die Anima ist die Versöhnerin der Gegensätze, und vom Fühlstandpunkt aus lassen sich solche Dinge vereinen. Im Mittelmeerraum herrscht der Mutter- und Animatyp viel mehr als in Nordeuropa, und dort gibt es Gegensatzverbindungen, die uns im Norden unverträglich scheinen, die man jedoch im Süden elegant und ästhetisch zufriedenstellend übergeht. Vielleicht hat das mit dem goldenen Behälter zu tun: das Behältnis, das Umgreifende für das Ziel des Philosophen ist weiblich, ist nicht auf der Logos-, sondern auf der Eros-Seite.

Den Zweig abzubrechen, während die Schlange es nicht sieht,

wiederholt das Motiv der Umgebung des Wichtigsten, im Gegensatz zu jenen alchemistischen Parallelen, wo der Held den Drachen tötet. Hier muß die Schlange im Schlaf überlistet werden, so daß abermals die Konfrontation mit dem Geist des Unbewußten vermieden und nur die Frucht des Unbewußten gepflückt wird.
Diese Oberflächlichkeit hat vielleicht damit zu tun, daß Held und Heldin noch fast Kinder sind und das ganze Märchen sich auf einer kindlichen Ebene abspielt. Der Held, als Symbol für die Erneuerung der Persönlichkeit, befindet sich erst *in statu nascendi*. Der alte Weise zeigt ihm diese Möglichkeit, und daher müssen wir sie so akzeptieren. Es entspricht auch einer Art Weisheit, einen Konflikt nicht aufzugreifen, wenn man ihm nicht gewachsen ist.
Das kommt häufig auch in analytischen Situationen vor, denn es bringt nichts, tiefere Schichten des Unbewußten aufzuwühlen, wenn das Bewußtsein nicht entsprechend vorbereitet ist. In solchen Fällen besteht im allgemeinen eine natürliche instinktive Neigung, die Konfrontation zu vermeiden, und der Analytiker sollte da auch nicht eingreifen. Wenn der Analysand die Neigung hat, bestimmten Grundproblemen zu entfliehen, muß man die Möglichkeit bedenken, daß er sich mit dieser tieferen Schicht vielleicht nicht konfrontieren *kann*. Dann ist es Weisheit, das Problem zu umgehen.
Die alchemistische Symbolik führt in große Tiefen. Sie steht für eine Art geheimer religiöser Kompensation zur offiziellen christlichen Lehre, so wie unsere Träume sich zum Bewußtsein teils komplementär, teils kompensatorisch verhalten. Das Problem von Löwe und Schlange aufzugreifen, bedeutet daher eine heidnisch-religiöse Haltung ernsthaft in Betracht zu ziehen. Man kann sich vorstellen, was das im katholischen Spanien bedeutete! Die spanische katholische Einstellung steht also bis zu einem gewissen Grad für das Vermeiden einer Konfrontation mit dem Löwen- und Schlangen-Problem. In der ursprünglichen persischen Quelle existiert das Problem der kirchlichen Lehre nicht, aber das Märchen wurde dem Land angepaßt, in dem es erzählt wurde.
Auch die relative Sanftheit und der undramatische Verlauf dieser

Geschichte sagen etwas aus über die psychologische Situation des Landes, in dem sie entstand, nämlich daß die Hauptquelle religiöser Erfahrung in der katholischen Kirche und ihrer Lehre gesehen wurde und infolgedessen die darunterliegenden heidnischen Tendenzen ziemlich entmachtet waren, so daß die tieferen Schichten des Unbewußten im Märchen nicht berührt werden dürfen.

Die Hexe ist immer noch nicht zufrieden und träufelt dem Mädchen abermals das Gift der Habgier in den Kopf: »Warum solltest du nicht auch einen weißen Papagei haben!« Diesmal hat der Bruder eine deutliche Vorahnung, fühlt, daß die Aufgabe zu schwierig für ihn wird, und versucht sich wirklich zu wehren, greift seine Schwester sogar mit den Worten an: »Du bringst mich noch um, wenn du weiterhin solche Grillen im Kopf hast.« Aber die Schwester besteht darauf, und er geht. Wieder sagt ihm der alte Mann, was er zu tun habe: »In einem wunderschönen Garten wirst du eine Menge von Bäumen finden und von Vögeln. Nach einiger Zeit wird ein wunderschöner weißer Papagei sich auf einen runden Stein setzen (wieder der runde Stein der Parabel des Bernard von Tarvis!), wird sich im Kreis drehen und sagen: ›Will niemand mich fangen? Wenn niemand mich mag, sollen sie mich allein lassen.‹ Dann wird er den Kopf unter seinen Flügel stecken, und du kannst ihn fangen, wenn du nicht zu eilig bist; denn wenn du ihn ergreifst, bevor er völlig schläft, wird er entkommen, und du wirst versteinert werden, wie alle anderen vor dir.«

Alles ereignet sich, wie der Alte sagte, jedoch war der Junge etwas nervös und daher ein wenig zu eifrig und streckte seine Hand zu schnell nach dem Papagei aus. So flog dieser weg, und der Junge wurde versteinert und kehrte nicht zurück.

Bevor ich den Papagei amplifiziere, möchte ich dieses tiefere Problem noch ein wenig verhüllen, da es uns zum Gesamtproblem der weiteren Geschichte führt. Zunächst einmal nur dies, daß der Papagei in gewissen arabischen Geschichten eine Art Hermes-Merkurius darstellt, einen Psychopompos, der die Wahrheit spricht, wenn auch in zweideutiger Weise, und so alle

möglichen dramatischen Geschichten zu einem positiven Ende führt.
Es gibt ein berühmtes Buch in persischer und türkischer Fassung, mit dem Titel: »Tuti-Nameh – Das Papageienbuch«, eine arabische Sammlung von Novellen, ähnlich denen von »Tausendundeine Nacht«. Ein junger Kaufmann ist schrecklich verliebt in seine junge Frau, und sie sind sehr glücklich zusammen, bis er zum Markt geht, wo ein Papagei angeboten wird. Er sagt, er könne keine tausend Goldmünzen für so einen dummen Vogel bezahlen, jedoch der Eigentümer behauptet, daß dieser sogar den Koran auswendig kenne. Der junge Kaufmann fragt, welchen Sinn ein Vogel haben könne, der die Bedeutung der Worte, die er spreche, nicht verstehe, und selbst wenn er die Gebete spreche, bedeute das nicht, daß jemand, der das höre, beten solle. Warum dann also so viel Geld dafür ausgeben! Der Papagei, der stets in Versen spricht, hob daraufhin »an wie das Meer zu tosen – und wie die Nachtigall zu kosen«, und sagte:

Ich lobe, Sâïd, und preise – deine Klugheit und dein Urteil, das hochweise – deine Rede ist keine nichtige – und deine Worte trefffen das Richtige. – Indessen paßt, was du sagst, doch nur auf andere Vögel und Tiere und nicht auf mich. Mit Weisheitsperlen, kostbaren – und mit Edelsteinen der Erkenntnis des Wahren – ist mein Herz erfüllt bis zum Rand – ja selbst das Zukünftige ist mir bekannt, und das Außernatürliche erfaßt mein Verstand. – Wer handelt nach meinem Rat – der wandelt auf gedeihlichem Pfad . . .

So möchte der Papagei von dem Kaufmann erstanden werden, um nicht in die Hände eines Narren zu fallen, der seinen Wert nicht begreift und ihn daher quälen wird. Sâïd antwortet: »Ich bin allmählich sehr geneigt, dich zu kaufen, aber, wie du siehst, besteht mein ganzes Vermögen in tausend Münzen.« »Solche Rede geziemt einem Mann von deiner Einsicht und Intelligenz«, sagt der Papagei, »ich habe jedoch einen Vorschlag: es gibt eine Art Gewürz, das man jetzt sehr preiswert auf dem Markt kaufen kann, aber in drei Tagen werden die Kaufleute aus der gesamten Umgebung kommen, und dann wird sich sein Preis enorm erhöhen. Wenn du es also jetzt kaufst, wirst du eine Menge Geld verdienen«. Sâïd nimmt den Rat an und gewinnt auf diese Weise weitere fünf tausend Goldmünzen, so daß er den Papagei kaufen kann. Er kauft ihm auch ein Weibchen, und sie leben dann als Quaternio zusammen: Sâïd, seine Frau und das Papageienpaar.

Eines Tages betont der Papagei den Vorteil einer Übersee-Reise, und der junge Mann ist so beeindruckt, daß er seiner Frau seine Absicht kundtut. Sie weint und klagt, jedoch Sâïd erzählt ihr, um sie zu trösten, wie nützlich das sein werde. Sie aber erwidert, früher habe er sie nicht einmal für eine Sekunde verlassen wollen. Dennoch gelingt es ihm, sie zu beruhigen, und er reist ab. Nach seiner Abreise geht sie oft zum Papagei und beklagt sich. Aber nach einem Jahr verliebt sie sich in einen wunderschönen jungen Mann aus der Nachbarschaft und beschließt nach einigen kleinen moralischen Konflikten, sich mit ihm zu treffen. Sie fühlt sich allerdings etwas unwohl dabei und erinnert sich daran, daß ihr Mann ihr gesagt hatte, wenn sie je eine Verbindung zu einem anderen Mann aufnehme, solle sie wenigstens den Rat des Papageis einholen. Sie geht zu dessen Weibchen, da sie sich ihr mehr verwandt fühlt, und berichtet ihr von ihrem Plan. Doch die Papageienfrau sagt: »Um Gottes willen, das ist unmoralisch, das darfst du nicht tun, du mußt deinem Gatten treu bleiben!« Das macht die Frau so wütend, daß sie den Vogel nimmt, ihm den Hals umdreht und ihn tötet. Dadurch ist sie jedoch in solche Wut geraten, daß sie keine Lust mehr hat, den jungen Mann zu treffen, und bis zum nächsten Abend wartet, an dem sie sich erneut zurechtmacht. Wiederum empfindet sie Gewissensbisse und geht diesmal zum Papagei selbst, und er denkt: »O weh, jetzt bin ich in einer Falle! Wenn ich ihr sage, sie soll nicht gehen, wird sie mich umbringen, wie sie es mit meiner Frau tat. Auf der anderen Seite muß ich sie daran hindern, zu gehen.« Daher sagt er zu ihr: »Oh, du hast vollkommen recht!« Und dann macht er ihr eine solche Menge von poetischen Komplimenten und ebensolche über ihren künftigen Liebhaber, stimmt der ganzen Sache sehr zu, sagt jedoch, er müsse alles noch einmal sorgfältig überdenken. So beruhigt er sie und verbringt die Nacht mit der Überlegung, was

zu tun sei. Als die Frau sich am nächsten Abend wieder fertig gemacht hat und zu ihm kommt, schmeichelt er ihr wiederum, indem er sagt: Obwohl Sâïd ihn gekauft habe, habe sie ihn gefüttert, aber sie müsse aufpassen, daß es ihr nicht gehe wie So-und-So. »Was war das«, fragt die Frau, und er sagt: »Ach, das ist eine lange Geschichte, die ich dir nicht erzählen kann, denn die Nacht ist zu weit fortgeschritten, und da ich die ganze vorige Nacht wach lag und überlegte, kann ich jetzt kaum meine Augen offen halten.« Dann geht sie zur Ruhe, kommt jedoch am nächsten Abend wieder, gekleidet und mit Juwelen geschmückt, und der Papagei erzählt ihr eine lange Geschichte auf orientalische Weise, bis der Morgen kommt und es wieder zu spät ist.
So geht es weiter: jede Nacht erzählt ihr der Papagei eine andere schöne Geschichte und hindert sie dadurch am Ehebruch, bis zu dem Tag, an dem ihr Gatte zurückkehrt. Dann berichtet der Papagei die ganze Geschichte, und es findet eine große Versöhnung statt, und als Gunst dafür, daß er die gesamte Situation gerettet hat, erbittet sich der Papagei, frei zu sein und herumfliegen zu dürfen, wie er möchte. So leben sie für immer glücklich, und von Zeit zu Zeit besucht sie der Papagei. Es endet mit der moralischen Ermahnung, diese Geschichten ernstzunehmen und über sie nachzudenken.

Hier wird der Papagei als ein paradoxer, zweideutiger Geist erkennbar, der jedoch positive Absichten hat. Er ähnelt hier Khidr, Allahs »erstem Engel«, der ebenfalls für eine Art paradoxer höherer Moral einsteht. Naiv betrachtet, sieht es wie Moral aus, meint aber in Wirklichkeit das Streben nach einer höheren Form der Erfüllung göttlichen Willens, sowie eine höhere Form ethischer Verwirklichung. Der Papagei verhält sich etwas zweideutig, da er scheinbar die Liebesaffäre billigt und auf unehrenhafte Art der Frau Komplimente macht, sie aber dadurch zu ihren eigenen Gunsten überlistet.

In einem türkischen Märchen kann derselbe Papagei aber auch absolut zerstörerisch auftreten. Auch in unserem spanischen Märchen hat er eine durchaus merkuriale, zweideutige Qualität, wenn er sich dreht und fragt: »Will niemand mich fangen? Wenn niemand mich mag, sollen sie mich in Ruhe lassen!« Er drängt sich nicht auf, er ist der Geist der Natur: wenn man ihn ergreift, ist alles in Ordnung. Aber er besitzt auch jene Flüchtigkeit, über welche die Alchemisten klagten, wenn der Merkurius, nach dem sie suchten, sich ihnen entzog.

Diesen Aspekt sieht die Hexe nicht, sondern sie sagt nur, daß der, der den Papagei fange, für sein ganzes Leben reich werde. In »Tuti-Nameh« haben wir gesehen, daß der Papagei sehr konkreter Geschäfts-Tricks fähig ist und Marktprobleme versteht. Er ist also modern und kann gute finanzielle Ratschläge geben, obwohl das nicht sein Hauptzweck ist. Die Hexe sieht nur den materiellen Vorteil, was ein bereits erwähntes Problem wieder aufgreift: die ewige menschliche Neigung, die Natur auszubeuten und genauso das Unbewußte, soweit es Natur ist, in Form eines Nützlichkeitsdenkens auszunutzen. Das paßt in den Mund einer Hexe, die von ihren Zielen her ausgesprochen destruktiv ist.

Solches Gift bemerkt man häufig bei Menschen, die z. B. Jung in einer infantilen Weise lesen und dann feststellen, daß man sich offenbar wohler fühlt, wenn man sich mit dem Unbewußten abgibt. Dann gehorchen sie ihren Träumen mit der Nebenabsicht, ein Topdog in der Gesellschaft zu werden, der attraktivste Mann für alle Frauen und was ihnen sonst noch wünschenswert scheint. Wenn sie jedoch erkennen müssen, daß das nicht dabei herauskommt, sind sie enttäuscht.

Individuation jedoch heißt: sich selbst werden und nicht: glücklich werden in einem Kindergarten. Jedoch die Hexe, die die Reinheit der Absicht in unserer Beziehung zum Unbewußten durchkreuzt und uns falsche Absichten einflüstert, taucht immer wieder auf.

In diese Bedeutung müssen wir noch tiefer eindringen. Wir wollen aber jetzt einmal für einen Augenblick annehmen, der Papagei verkörpere so etwas wie die schwer faßbare Wahrheit, die sich uns aus dem Unbewußten anbietet. Sie wird uns z. B. in Träumen und Visionen, in unbewußten Reaktionen mit dieser zweideutigen Färbung angeboten, die nicht ganz mit der bewuß-

ten Sicht übereinstimmt, aber auch nicht im Gegensatz zu ihr steht.
Was das Ergreifen des Papageis angeht, findet sich hier ein anderes Motiv: das Objekt selbst muß schlafend ergriffen werden, während bei Wasser und Zweig die *Wächter* schlafen mußten. Der Papagei als solcher ist sehr flüchtig und hat einen leichten Schlaf, und wenn man ihn nicht genau in dem Moment packt, in dem er unbewußt ist, fliegt er davon. Das Hauptmotiv ist also die Volatilität, und sie ist es, die den Jungen nervös und hastig macht, als er das Tier ergreifen will.
Die Flüchtigkeit des Geistes der Wahrheit in der Natur ist wunderbar zu Beginn der Odyssee beschrieben, wo Menelaus Telemach erzählt, wie er selbst auf der Insel Pharos gestrandet sei und mit dem König des Meeres, Proteus, habe Kontakt aufnehmen müssen, um wieder wegzukommen. Proteus zählt am Mittag seine Herde und legt sich dann zum Schlafen. In diesem Augenblick mußten Menelaus und seine Gefährten zuspringen und ihn ergreifen, um von ihm die Wahrheit zu erfahren und herauszubekommen, welcher Gott Menelaus die Weiterfahrt abgeschnitten habe und wie er jetzt heimkommen könne. Wenn Proteus ergriffen wird, verwandelt er sich zunächst in einen Löwen, dann in eine Schlange, einen Panther, einen großen Eber, in Wasser und schließlich in einen Baum. Menelaus und seine Gefährten mußten ihn während all dieser Gestaltverwandlungen festhalten und ihn nicht loslassen, bis er seine Gestalt als alter Meereskönig wieder annahm und dann fragte: »Nun, mein Sohn, was möchtest du?« In Griechenland wurde Proteus »Nemertes« genannt, d. h. »der Nie-Täuschende, der Wahrhaftige«. Trotzdem geht er durch all diese Phantasiegebilde und muß für eine lange Zeit festgehalten werden, bis er schließlich die Wahrheit offenbart.
Jeder, der einige Erfahrung im Umgang mit seinem eigenen Unbewußten besitzt, weiß, wie geheimnisvoll es sich äußern kann. Das ist dann sehr ärgerlich, besonders in einem Konflikt, wo man Rat möchte. Anstatt einem zu sagen, was man tun müsse, wenn man es wie ein braves Kind tue – und dazu ist man dann ganz bereit – scheinen die Träume sich über einen lustig zu

machen und sagen: »Du kannst dies oder das tun!« Sie geben einen Rat, jedoch mit Fragezeichen versehen, und man spricht eine ganze Stunde mit seinem Analytiker darüber, daß man absolut nicht wisse, was der Traum wolle, weil er sowohl das eine wie auch das Gegenteil meinen könne. Auf diese Weise trickst er einen aus, und je mehr man sich davon in eine negative Laune treiben läßt, um so schlimmer wird es.

Im allgemeinen ist es so: wenn man den Todeskampf der Entscheidungsunfähigkeit durchsteht und die Träume weiterhin beobachtet, ohne hastig etwas zu entscheiden, klärt sich die Lage und man bekommt vielleicht sogar einen Traum, der ganz klar den Punkt beleuchtet, oder man erhält im Bewußtsein ein Gefühl für das, was man tun soll. Man entscheidet sich dann ohne Traum, weil man ein starkes Gefühl hat für das, was zu tun ist, und man hält sich dann daran, ganz gleich, was das Unbewußte darüber denkt. Die Lösung des Zweifelskampfes taucht als ein Drittes auf. Es bedarf jedoch eines gewissen Rückgrats und innerer Persönlichkeitsstärke, um den Kampf zu bestehen. Eile ist bekanntlich vom Teufel, und alle Hast oder der nervöse Wunsch nach schneller Entscheidung ist ein Anzeichen psychologischer Schwäche und Kindisch-Sein. Panik ist die einzige wirkliche Katastrophe im Umgang mit dem Unbewußten.

Die Flüchtigkeit des Naturgeistes wirft uns jedoch immer in eine solche Situation, und genau das tut der Papagei. Jeder, der ihn zu ergreifen vermag, kann ihn mitnehmen. Kann er es nicht, soll er ihn besser in Ruhe lassen. In Konfliktsituationen bezieht sich auch das Unbewußte manchmal nicht auf den Konflikt. Ein Mann, der nicht weiß, ob er sich scheiden lassen soll oder nicht, wird oft Tag und Nacht geplagt, steigt die Leiter der Verzweiflung auf und ab, und die Träume sprechen von etwas völlig anderem, als ob der gesamte bewußte Konflikt nicht existiere. Dann wäre es das beste, umzuschalten und auf das Unbewußte zu hören, denn manchmal ist das Bewußtsein so sehr befangen in seiner eigenen Sicht von den Dingen und seinen eigenen Vorstellungen, daß Konflikte so oder so entschieden werden müßten, daß das Unbewußte nicht mehr gehört wird. Dann zuckt es, metaphorisch gesprochen, die Achseln und sagt: »Wenn mich keiner will, braucht mich niemand zu nehmen«, genau wie der Papagei. Das Unbewußte hat, wie der Papagei, keine missionarische Einstellung, obwohl es im Grunde gütig zu sein scheint. Der Papagei muß schlafen, um gefangen und mitgenommen werden zu können. Hier muß jetzt die Wachsamkeit des Papageis überlistet werden, im Unterschied zur ursprünglichen Tuti-Nameh-Geschichte, wo der Papagei eher als ethischer Missionar auftritt, da er wirklich Sâïd helfen will, obwohl das auch seinem eigenen Vorteil dient. Er möchte frei werden und nicht in die Hände eines Dummen fallen. Daß er in unserem Märchen schlafen muß, zeigt offensichtlich, daß die Kollision mit dem Unbewußten, d. h. mit der wachsamen Lebendigkeit des Papageis, ebenfalls vermieden werden muß, ebenso wie mit der Schlange, die ihren Kopf verbirgt. Ich möchte nun zu diesem von mir zunächst übersprungenen Motiv zurückkehren, da sowohl Papagei wie Schlange ihren Kopf verstecken müssen.

In der Alchemie tritt die Schlange gewöhnlich in der Form auf, in der sie sich in den eigenen Schwanz beißt, als der berühmte Uroboros, der als Vereinigung der Gegensätze, des Schwanzes mit dem Kopf, gilt. Manchmal wird der Schwanz phallisch interpretiert, da er ins Maul der Schlange eindringt, so daß der Kopf als weiblich erscheint. Öfter jedoch gilt der Kopfteil in der Alchemie als das bedeutungsvolle positive Element der prima materia, ihr geistiges Element, der Schwanz dagegen als das destruktive, giftige. In verschiedenen griechischen Texten heißt es, man solle nur den Kopf nehmen und den Schwanz allein lassen, während andere sagen, die ganze Schlange müsse gekocht werden, weil sie die prima materia darstelle. Wenn etwas daran zweifelhaft ist, ist es jedenfalls der Schwanz, nicht der Kopf. Das bezieht sich natürlich auf den uralten Konflikt westlicher Kultur zwischen den sogenannten geistigen und sogenannten körperlichen oder materiellen Aspekten des psychischen Prozesses und des Unbewußten. Überall, wo ein Einfluß von Vergeistigung auftaucht, erhebt sich diese Vorliebe für den Kopf

gegen den Schwanz der Schlange neu und die Erwähnung des Schwanzes als etwas, was wegzuwerfen sei, wie die terra damnata, die verdammte Erde, die nicht ins alchemistische Werk eingebracht werden darf.
Eine negative Bewertung des Kopfteiles habe ich in der alchemistischen Symbolik nicht gefunden. Daher ist es sehr ungewöhnlich, daß hier die Schlange ihren Kopf verstecken muß, wenn sie nicht gefährlich sein soll. Von einem mehr primitiven natürlichen Standpunkt aus ist es völlig klar, daß eine Chance für den kleinen Jungen besteht, daß die Schlange ihn nicht sieht und beißt, wenn sie ihren Kopf verbirgt. Es ist jedoch nicht ganz korrekt, wie man bei Brehm nachlesen kann, denn Schlangen sind sehr kurzsichtig und haben einen sehr schlechten Geruchssinn. Sie besitzen andere Möglichkeiten, das Nahen eines Feindes zu erkennen, z. B. an den Vibrationen der sie umgebenden Erdfläche, während die Konzentration der Sinneswahrnehmung im Kopf der Schlange außerordentlich begrenzt ist. Eher scheinen sie eine diffuse Fähigkeit einer Sinneswahrnehmung zu haben, die über den ganzen Körper verteilt ist. Bei Kröten ist es ähnlich, denn wenn man die Augen einer Kröte zerstört, kann sie immer noch trübe mit Hilfe ihrer feuchten Haut sehen und ist erst blind, wenn diese vertrocknet. Um es naiv zu sagen, schaut eine Schlange vermutlich nicht, wenn sie ihren Kopf versteckt, ebenso, wie ein Vogel, der seinen Kopf unter die Flügel steckt, nicht sehen kann. Die Konfrontation mit dem Papagei wird also ebenso vermieden wie die mit der Schlange.
Eine direkte Konfrontation mit dem Unbewußten erfolgt in diesem Märchen an keiner Stelle, so daß ein gewisser Anteil an ausbeuterischer bewußter Haltung bestehen bleibt, die ihren Vorteil sucht, wo sie kann. Das gelingt diesmal jedoch nicht, und die Hexe beginnt zu triumphieren. Deshalb schickt sie das Mädchen, sie solle nach ihrem Bruder schauen, und hofft dabei, daß sie auf diese Weise beide vernichten kann. Jedoch die kleine Schwester wartet, bis der Papagei wirklich schläft, und kann ihn packen.
Das Ende der Geschichte ist dann nicht mehr interessant. Von

jetzt an läßt sich alles auflösen: der Papagei als Geist der Wahrheit bringt diese an den Tag, das Gute wird belohnt und das Böse bestraft, der alte Familienquaternio wird wiederhergestellt und jetzt auf den Papagei zentriert, der ihnen vermutlich Reichtum und guten Rat bis zum Lebensende spendet.

Aber wir sind noch nicht am Ende mit dem Papagei. Das Problem steckt voller Schwierigkeiten und Einwände. Auch die Versteinerung haben wir noch nicht interpretiert, in die wir im nächsten Märchen tiefer einsteigen wollen. Wir können jedoch hier bereits einen Blick darauf werfen. Ein Auszug aus einem Gedicht aus »Tuti-Nameh« lautet folgendermaßen:

> In zahllosen Weisen
> will ich den Herrn preisen,
> den Erhabenen, Allweisen,
> der den Menschen ausgezeichnet hat vor allem Lebendigen
> durch die Gnadengabe der Rede, der verständigen,
> dem es gefiel, sein Haupt hoch zu erheben,
> da er sprach: »Ich habe ihm die Ehre gegeben.«
> Auch will ich segnen viel tausendmal den Herrn,
> an des Prophetentums Horizont den leuchtenden Stern,
> den Edelstein
> in der Redekunst Schmuckkästlein,
> der Stolz und die Wonne aller Erdgeborenen,
> Mohammed, den Auserkorenen,
> den redenden Vogel, von dem bewußt,
> daß er nicht sprach nach eigener Lust,
> Die singende Nachtigall, deren Mund
> nur lautere Offenbarung machte kund,
> der auf geraden Pfaden aus dem Irrsal der Welt
> Den, der sich hält
> an seines Gesetzes Seile,
> hinführt zum Heile.

Hier wird Mohammed als »sprechender Vogel« bezeichnet, mit dem eindeutig ein Papagei gemeint ist, und als »singende Nachtigall«, ein anderer Vogel, der die reine Wahrheit enthüllt und nie von seinem eigenen Verlangen spricht – wir würden sagen: er spricht nie aus seinem Ego heraus –, sondern ein Werkzeug der Verkündigung für die göttliche Wahrheit Allahs ist.

An einer anderen Stelle im Märchen wird gesagt, der Papagei sei

»der Beredsamkeit Quelle – wundersamer Gedanken Türschwelle«. Es steht in der Mitte des Textes gleichsam in einem Nebensatz, und der Papagei selbst sagte von sich, er sei voll von Perlen der Weisheit, kostbaren Steinen und der Kenntnis der Wahrheit. Sein Herz sei bis zum Rand gefüllt, kenne die Zukunft und übernatürliche Dinge. All das steht symbolisch für die geheimnisvolle Wahrheit, die aus dem Unbewußten spricht, die Türschwelle wundersamer Gedanken. Es handelt sich um ein »Türschwellenphänomen«, d. h. es überträgt die wundersamen Gedanken des Unbewußten in seine Sprache. Vielleicht macht gerade die paradoxe Natur der Tatsache, daß ein Vogel in menschlicher Sprache spricht, ihn zum passenden Symbol. Da wir annehmen, daß wir Gedanken und Tun eines Vogels nicht verstehen, übermittelt er die Tatsache, daß er nicht-menschlich ist, und doch kann er dann manchmal in einer Sprache sprechen, die für Menschen verständlich ist. Und zusätzlich ist er noch eine Metapher für Mohammed, den Propheten.
Ich vermute, daß dieses Gedicht der Geschichte hinzugefügt wurde von einem frommen Moslem, der den flüchtigen Geist der Wahrheit, der aus dem Unbewußten hochsteigt, mit Mohammed identifizierte, der als der einzige galt, der die Wahrheit spricht. Wenn man liest, daß Mohammed die Menschen am Seil der Gesetze aus dem Koran entlang führt, kann man nicht umhin, ein wenig wie Said zu denken, der in der Begegnung mit dem Papagei zunächst das Gefühl hatte: selbst wenn solch ein Geschöpf die Verse des Koran lesen könne, sei es ohne Nutzen, wenn es sie selbst nicht verstünde. Selbst wenn es die Leute zum Gebet aufriefe, müsse man ihm nicht Folge leisten, sondern würde die Schultern zucken und sagen: »Oh, es ist nur ein Papagei, kein menschliches Wesen, das da spricht!« Wenn wir dann noch hinzunehmen, daß der Papagei in einigen türkischen Versionen zum dämonischen Zerstörer wird, und daß er in unserem Märchen sich schuldig gemacht hat durch die Versteinerung unzähliger Menschen, dann dürfen wir wohl ein Fragezeichen an dem Papagei anbringen und mit ihm an Mohammed und uns fragen, ob er nicht auch jene gefährliche Tendenz zum

Ausdruck bringt, welche originäre religiöse Wahrheiten mechanisch wiederholt, auf diese Weise die Leute unbewußt hält und zum zerstörerischen Geist wird.
Dies verdeutlicht aufs neue die erschreckende Unverträglichkeit der bewußten und unbewußten Psyche im Menschen, die uns konfrontiert und meist zu bedrängenden Konflikten führt. Wenn z. B. die größten Wahrheiten, nämlich religiöse Probleme, zur Frage stehen, wieweit sollte man dann einmal geoffenbarte Wahrheiten wiederholen, aus ihnen ein bewußtes Gesetz und eine bewußte Anschauung machen, um so zum »Papagei« zu werden, der solche Wahrheiten wiederholt? Denn sie *sind* Wahrheiten, und man kann daher nicht einfach sagen, man will sie ändern! Welchen Nutzen hätte es z. B., wenn man einmal begriffen hat, daß zwei und zwei vier sind, zu sagen: »Oh, das interessiert mich nicht mehr. Es langweilt mich, wenn Leute sagen, daß zwei und zwei vier ist, laßt uns doch lieber sagen, zwei und zwei sei fünf. Einfach um des Spaßes und der Veränderung willen!« Jeder begreift, daß dies unmöglich ist. Wenn etwas wahr ist, ist es für lange Zeit wahr, und jeder muß das zugestehen. Andererseits gibt es für Menschen, die spüren, daß die religiöse Wahrheit (z. B. des Koran oder Buddhas) *die* Wahrheit ist, nur eine Möglichkeit: sie von da an wie eine mathematische Wahrheit zu wiederholen. Aber dann werden wir leicht wie der Vogel, der die Worte spricht, ohne zu wissen, was er sagt. Heute kann man statt eines Papageis auch einen Recorder benutzen. Alle Buch-Religionen, die sich auf eine einmal offenbarte Wahrheit beziehen, sind unmittelbar bedroht vom negativen Aspekt des Papagei-Symbols und damit von einer Versteinerung.
Wer immer diesem Papageiengeist verfällt, im negativen Sinn des Wortes, ist psychologisch versteinert, denn dann ist keine Entwicklung mehr möglich. Und das betrifft, wie wir aus der Geschichte wissen, nicht nur einzelne Menschen, sondern ganze Zivilisationen. Dann finden wir all diese gewohnheitsmäßigen liturgischen und anderen religiösen Mechanismen, deren innere Bedeutung nicht mehr verstanden wird, und die die gesamte Gesellschaft sowie den einzelnen »versteinern«. Wenn man also

den Papagei »fängt«, dann kann man durch die Schicht mechanischer Tradition hindurch noch immer die ursprüngliche Bedeutung und vitale Essenz erfassen, und dann findet keine Versteinerung statt. Wenn man einen derart geoffenbarten Text oder eine religiöse Erfahrung noch mit den Augen der Seele lesen kann, übermittelt er weiterhin Leben und seine ursprüngliche Bedeutung und verhindert so die Erstarrung. Doch das hängt davon ab, ob der Papagei im richtigen Augenblick gefangen wird. Wenn man unvorsichtig ist, entwischt die Ursprungsbedeutung, und man wird durch bloße Worte irregeführt. Jeder, der selber Theologie studiert oder Theologen analysiert hat, weiß, worauf ich anspiele. Es ist eine Frage des Sich-Verfangens in bedeutungslosen Worten, Phrasen und einer Art intellektuellem Spiel mit formalen Diskussionen, wobei der Kern ursprünglicher Bedeutung und Erfahrung verlorengegangen ist.

Diese gefährliche Seite des Papageis ist in unserem Märchen nicht betont, aber im Eingangsgedicht von Tuti-Nameh findet sich eine Anspielung darauf, wo von dem »Seil« die Rede ist, an dem Mohammed die Erlösungswilligen führt. Darin drückt sich aus, daß die Gläubigen oft gleichsam Kamele oder Schafe sind, die Mohammed an der Leine führt, und wenn sie nicht aus der Reihe tanzen, wird er sie zum Ziel führen. Sie brauchen nicht zu denken, nicht ihren Weg zu suchen, keine persönlichen oder individuellen Anstrengungen zu machen, sondern sich nur brav am Geländer festzuhalten, und dann kommen sie direkt ins Paradies, oder – wie unser Märchen andeutet – eher in die Versteinerung. Hier wird deutlich, wie Märchen sich auf das kollektive Bewußtsein beziehen, so wie der Traum auf das individuelle Bewußtsein. Es hat eine kompensatorische Funktion, die auf gewisse Gefahren hinweist, die im kollektiven Bewußtsein nicht offen, sondern in symbolischer Weise angedeutet sind.

In der islamischen Welt haben wir eine unerfreuliche Spaltung zwischen Sunniten und Shiiten. Letztere bemühten sich stets, auf der kompensatorischen Seite des Unbewußten zu stehen und gegen die Versteinerung der Sunniten anzukämpfen, die sich als orthodoxe Schule an die wörtliche Interpretation des Korans und an seine Regeln hält. Innerhalb der shiitischen Sekte blühte die alchemistische Symbolik. Achtzig Prozent der großen arabischen Alchemisten gehörten zu den Shiiten. Das ist sehr bedeutsam, da es uns zeigt, daß die alchemistische Symbolik nicht nur eine unterschwellige kompensatorische Bewegung im christlichen Europa war, sondern in der arabischen Kultur die gleiche Funktion innehatte. Auch dort gehörte sie zur unterschwelligen, mehr mystischen Komplementärbewegung, die der Versteinerung des kollektiven Bewußtseins in einer sehr ähnlichen Weise entgegenwirkte, wie es später bei uns im Mittelalter ebenfalls die Alchemie tat. Besonders in Persien blühten die shiitischen Sekten. Dort fand die Alchemie ihre stärkste Entwicklung, was sich sogar im einfachen Märchenmaterial spiegelt. Dort blieb auch ein Einklang bestehen zwischen Naturwissenschaft und Glauben.

2 Das Geheimnis des Bades Badgerd

Dies ist ein persisches Märchen, von dem das spanische vom »weißen Papagei« direkt beeinflußt wurde. Der Held heißt Hatim Tai, wobei »Tai« ein Stammesname ist. Das Märchen ist Teil einer sehr bekannten Novelle, in der Hatim Tai als historische Gestalt erscheint. Trotzdem wird es auch manchmal als volkstümliche Geschichte angesehen, woraus wir ersehen, daß in diesen Ländern Novellen manchmal zu Volksgeschichten werden.

Obwohl einige Gedichte von Hatim Tai erhalten sind, wissen wir von ihm als historischer Gestalt wenig. Er soll ein Ritter und Dichter des 6. oder 7. Jahrhunderts v. Chr. und als außerordentlich großzügig bekannt gewesen sein. So wurde er in der Literatur zum Ideal der Großzügigkeit. Er gab all seine Habe den Armen, und auf seinem Grab soll eine riesige Steinschale gestanden haben, die man als jene Schale deutet, aus der er täglich die Armen seines Landes speiste. Jeder war eingeladen und konnte an seinem Hof leben. Was jedoch noch interessanter ist: rund um jene Steinschale war ein Mandala, gestaltet aus acht Frauen an den vier Ecken, mit offenen Haaren, wie es im Orient üblich ist, wenn man trauert. Sogar heute noch soll in islamischen Volksgeschichten zu lesen sein, daß dieses Grab irgendwo zu finden sei, und in manchen Beschreibungen wird es wie eine Art Gralsschloß als numinoser Ort beschrieben. Man muß es auch auf einer abenteuerlichen Suchfahrt finden, von der unzählige Geister- und Wundergeschichten berichtet werden. Dieses Grab also spielt in der persischen Folklore die gleiche Rolle wie in der germanisch-keltischen der Gral, wobei auch dieser sowohl Grab wie Gefäß ist, getragen und behütet von Frauen. Es gibt bekanntlich Theorien, wonach das Gralsmotiv aus dem Orient importiert sein soll.

Das Märchen nun lautet folgendermaßen:

Das Bad Badgerd

Im Dienst der Königin Husn Banu übernahm Hatim Tai die siebte von vielen Aufgaben, die Erforschung des geheimnisvollen Bades vom »Schloß des Nichtseins«. Er ging in die Wüste, und vor den Toren der Stadt traf er einen alten Mann, der ihn in sein Haus einlud und ihn fragte, wohin er gehe. Als Hatim es ihm sagte, schwieg der Alte lange Zeit, dann antwortete er: »Junger Mann, welcher Feind schickte dich zu diesem Schloß? Keiner weiß, wo es ist. Ich habe nur herausgefunden, daß keiner von denen, die es suchen wollten, je zurückkehrte. In der Stadt Qa'tan gibt es einen König namens Harith. Er hat einen Polizeikordon um die Stadt gelegt, so daß jeder, der das ›Schloß des Nichtseins‹ sucht, zu ihm kommen muß. Keiner weiß, warum er das tut und ob er diese Menschen tötet oder sie gehen läßt.« Hatim erwidert jedoch, er müsse hingehen, und Gott müsse ihn dabei beschützen, denn er wolle seine Aufgabe nicht vernachlässigen. Der alte Mann segnet ihn und sagt: »Geh zurück, dies Bad ist ein verhexter Platz, keiner weiß, wo er ist, und niemand kam je zurück!« Da Hatim jedoch auf seinem Vorhaben besteht, begleitet ihn der Alte ein Stück und sagt dann, er solle nach rechts gehen, dann werde er zu einem Berg kommen, an dessen Fuß viele Zypressen stünden. Hinter ihnen sei die Wüste, wo er sich nach links wenden müsse – der Weg rechts sei weniger schwierig, aber gefährlicher.

Hatim macht sich auf den Weg und sieht in der Nähe des Dorfes Leute zusammensitzen, tanzen und essen, und da sie viel gutes Essen haben, setzt er sich zu ihnen und fragt, warum sie so glücklich seien. Sie erzählen ihm, daß in der Wüste ein mächtiger Drache hause, und wenn er menschliche Gestalt annehme, würden alle jungen Mädchen zu ihm gebracht, und dann gebe es ein großes Fest, bei dem der Drache sich das Mädchen auswähle, welches ihm am besten gefalle. Nun feiern sie gerade dies Fest, aber nicht, weil sie sich festlich fühlen. Sie sind gezwungen dazu, und Gott allein wisse, welches Mädchen der Drache ihnen jetzt wegnehmen werde. In Wirklichkeit sind sie in absoluter Verzweiflung, obwohl sie vorgeben, glücklich zu sein. Hatim sagt: »Dann ist dieses glückliche Fest in Wirklichkeit ein sehr trauriger Tag für euch«, und sie bejahen. Er sagt, er wolle bei ihnen bleiben und sehen, was er tun könne. Dann wird er neben den König des Landes gesetzt, der ihm erklärt, daß der Drache eine Art Djin sei von sehr destruktiver Natur. Hatim bittet die Leute, genau zu tun, was er ihnen sage. Wenn der Drache eine ihrer Töchter gewählt habe, sollten sie ihm erzählen, es sei ein sehr edler junger Mann da, der befohlen habe, daß das Mädchen nicht ohne seine Erlaubnis hergegeben werden dürfe, und wenn der Djin in seiner Wut innerhalb eines Jahres das ganze Königreich zerstören

könne, so könne der junge Mann es innerhalb einer Sekunde in eine Wüste verwandeln.
Alles verläuft entsprechend, und als der Drache als Djin erscheint und ihm alle Mädchen vorgeführt werden, berichten ihm die Leute von dem jungen Mann, und er antwortet: »Gut, laßt ihn herkommen!« Als Hatim zu ihm kommt, sagt der Djin: »Junger Mann, ich habe dich nie zuvor in dieser Stadt gesehen. Warum führst du diese Leute irre, die mir zuvor immer gehorchten?« Hatim erwidert, er wolle sich nicht einmischen, aber in dem Land, aus dem er komme, habe der Bräutigam eine Reihe von Zeremonien zu durchlaufen, bevor er die Braut heirate. Als der Djin nach der Art der Zeremonien fragt, sagt Hatim, er habe einen Talisman bei sich, den er von seinen Vorvätern geerbt habe. Dieser müsse ins Wasser gelegt werden, aus dem der Bräutigam trinke, und dann legt Hatim ihn ins Wasser, von dem der Djin trinkt. Natürlich war das ein Trick, denn der Talisman nimmt die Macht des Djin hinweg. In der zweiten Zeremonie, so sagt Hatim, müsse der Bräutigam in ein großes Faß steigen, das dann geschlossen werde, und er müsse sich selbst herausarbeiten. Wenn er das könne, sei alles in Ordnung, und er werde die Braut erhalten, wenn nicht, müsse er ihm 2000 Diamanten für die Braut geben. Natürlich lacht der Djin und glaubt, er habe noch seine magische Kraft; so steigt er in das Faß, aus dem er nicht herauskommt, und sie zünden es an. Er ruft nach Hilfe, wird jedoch unter Qualen zu Tode verbrannt, und hinterher können die Menschen ein wirkliches Fest feiern, weil ihr Elend nun ein Ende gefunden hat. Der König gibt ihm eine Menge Gold und Silber, aber entsprechend seiner Großmut verteilt er alles an die Armen und geht nach drei Tagen weiter.
Hinterher ersteigt er einen Berg und gelangt zu einer riesigen Wüste, die er tagelang durchwandert, trinkt manchmal frisches, manchmal abgestandenes Wasser. Dann erreicht er eine Straßengabelung und zögert, welche Richtung er nehmen soll. Da der alte Mann ihm riet, nach links zu gehen, tut er das. Er glaubt zurückgehen zu müssen, verliert sich in einer Menge von Dornbüschen und denkt, daß der Alte recht hatte damit, daß dieser Weg voller Schrecken sei und daß die Dornen ihn in große Schwierigkeiten bringen werden.
Ich bin nicht verworren; es gibt eine Anmerkung zu der Geschichte, daß jeder an dieser Stelle sehr verwirrt ist, denn auch der Geschichtenerzähler geriet in die Dornbüsche. Von den Vorwürfen her, die er im Nachhinein erhält, sieht es aus, als sei Hatim auf dem falschen Weg, auf demjenigen, vor dem er gewarnt worden ist. Nach vielen Tagen gelingt es ihm jedoch, sich zu befreien, und dann sieht er Tiere auf sich zulaufen. Sie sehen aus wie eine Mischung von

Füchsen, Schakalen und Panthern, und voller Schreck rennt Hatim vor ihnen davon, so schnell er kann, weiß jedoch nicht, wie er ihnen entfliehen soll. Als er zitternd und zögernd dasteht, erscheint plötzlich der alte Mann und sagt: »Junger Mann, du solltest auf die Worte der Älteren hören und ihren Rat nicht verachten! Nimm jetzt deinen Talisman gegen diese Tiere und sieh die Macht Allahs!« Hatim wirft jetzt den Talisman, der Alte verschwindet, und die Erde wird zuerst gelb, dann schwarz, grün und zuletzt rot, und an dieser Stelle werden die Tiere völlig wild und zerreißen sich gegenseitig in Stücke. Hatim wundert sich über diese plötzliche Feindseligkeit der Tiere gegeneinander statt gegen ihn; aber er dankt Gott, nimmt seinen Talisman und geht weiter.

Später gelangt er zu einem Wald aus Bronze, der voll von Metallsplittern ist, die durch seine Schuhe stechen, so daß seine Füße ganz zerschnitten werden. Er bandagiert sie und marschiert weiter. Dann tauchen Riesenskorpione auf mit Augen, die wie Wolfsaugen glänzen, doch da erscheint wiederum der alte Mann und zeigt ihm, wie er den Talisman auf die Erde werfen soll; die Erde macht wieder alle Farbverwandlungen durch, und als sie rot wird, wenden die Skorpione sich gegeneinander mit solcher Heftigkeit, daß keiner übrigbleibt.

Zu seiner Zeit erreicht Hatim die Stadt Qa'tan. Dort steckt er zwei kostbare Diamanten, zwei kostbare Rubine und zwei Perlen in seine Tasche und geht zum Königspalast, wo er vorgibt, ein Kaufmann zu sein, der von Schahabad komme. Er möchte König Harith sehen und gibt diesem all die kostbaren Steine, so daß er ganz freundlich wird, ihn einlädt, nahe seinem Thron zu sitzen und eine Zeit bei ihm zu bleiben. Nach einiger Zeit bittet der König Hatim sogar, für immer bei ihm zu bleiben, aber Hatim gibt ihm noch kostbarere Steine, zuerst die Perlen und später die Diamanten, so daß der König stets besänftigt ist. Jedoch Hatim deutet ihm an, daß er noch einen Wunsch habe. Der König denkt natürlich, er meine seine Tochter, und bietet sie ihm an, aber Hatim sagt: »Nein, es ist nicht einmal so, daß ich eure Tochter heiraten möchte«, und dabei ist er so schlau in der Unterhaltung, daß der König verspricht, ihm seinen Wunsch zu erfüllen, wenn er könne. Erst, als der König versprochen hat, ihm alles zu geben, was er möchte, oder jeden Wunsch, den er ausspreche, zu erfüllen, sagt Hatim, daß er das geheimnisvolle »Schloß des Nichtseins« sehen möchte und der König ihn dorthin lassen müsse.

Als der König das hört, sitzt er schweigend da und neigt sein Haupt, und Hatim fragt: »König, warum bist du so traurig?« Der König erwidert: »Junger Mann, vieles fiel mir ein; als erstes, daß ich gelobt

habe, nie jemanden dorthin zu lassen (jetzt ist der König zwischen zwei Versprechen gefangen), an zweiter Stelle, daß nie jemand, der dorthin ging, je zurückkam, und es wäre eine Schande, einen so edlen und großmütigen jungen Mann dorthin gehen zu lassen. Andererseits breche ich mein Versprechen, wenn ich dich nicht gehen lasse, so daß ich nicht weiß, was ich tun soll.« Hatim antwortet: »König, wenn Gott will, werde ich lebend zurückkommen, und dich wiedersehen. Darum laß mich gehen!« Der König erhebt sich, umarmt ihn, läßt ihn gehen und verspricht, ihm zu helfen und den Weg zu zeigen. Hatim verläßt den König und zieht glücklich seines Weges, indem er mit den Gefährten spricht, die der König ihm zur Begleitung mitgab. Bald sieht er einen seltsamen Gegenstand, der wie die domartige Spitze eines Berges aussieht, und fragt die Leute, was das sei. Sie sagen, das sei das Tor zum »Schloß des Nichtseins«, und daß sie es in sieben Tagen erreichen würden.
Nach dieser Zeit treffen sie eine Riesenarmee, und Hatim fragt, was das zu bedeuten habe. Seine Gefährten erzählen ihm, daß Saman Idrak, der Wächter des Bades, diese Armee besitze, weil er den Eingang jedem, der keine Erlaubnis vom König von Qa'tan habe, verweigere. Hatim weist seine Erlaubnis vor und wird eingelassen, jedoch sagt der Kommandeur, daß er Hatims Vorhaben mißbillige und ihn für etwas verrückt halte, dorthin gehen zu wollen: »Junger Mann, bist du so lebensmüde, daß du nicht auf das hören möchtest, was ich dir zu sagen habe. Es ist noch Zeit. Wenn du zurückgehst, kannst du dein Leben retten, aber wenn du weitergehst, wirst du deine Hartnäckigkeit bereuen und mit deinem Leben dafür bezahlen.« Als jedoch Saman Idrak sah, daß nichts Hatim von seinem Vorhaben abbringen konnte, führte er ihn zum Bad, und Hatim schaute auf das riesige Tor, das bis zu den Wolken reichte, wie er es nie gesehen hatte. Auf ihm stand eine Inschrift in syrischer Sprache mit folgendem Wortlaut: »Dieser verzauberte Ort, gebaut zur Zeit des Königs Gayomard, wird lange als Wahrzeichen stehen, und wer immer unter seinen Zauberspruch fällt, wird nie mehr entkommen, sondern Staunen und Schrecken werden sein Geschick sein. Er wird hungern und dürsten. Es ist wahr, daß er von den Früchten des Gartens essen kann, solange er lebt, und sehen wird, was es an diesem Ort zu sehen gibt, aber er wird große Schwierigkeiten haben, wieder herauszukommen.«
Als Hatim das las, dachte er, daß die Inschrift ihm schon das Geheimnis des Bades mitteilte, warum also sollte er weitergehen. Er war dabei, umzukehren, als er bemerkte, daß er noch nicht das wirkliche Geheimnis entdeckt hatte. So sagte er sich, was sich ereignen solle, müsse geschehen und sagte seinen Gefährten Lebe-

wohl. Nach wenigen Schritten war er innerhalb. Als er zurückschaute, ob seine Gefährten ihm folgten, sah er weder Tor noch Menschen, nur eine endlose Wüste, soweit sein Auge reichte. Da ging ihm zum erstenmal auf, was der Name »Bad Badgerd«, Schloß des Nichtseins, bedeutete, und er war sich klar darüber, daß er jetzt seinem Tod entgegengehe. Also sagte er zu sich selbst: »Nun, Hatim, in dieser Wüste wirst du deine Gebeine beerdigen!« Er schaute um sich, aber überall war nichts als die gleiche Wüste. So ging er aufs Geratewohl weiter.

Nach vielen Tagen sah er eine menschliche Gestalt auf sich zukommen, und als er näherkam, sah er, daß es ein junger Mann war, der einen Spiegel unter seinem Arm trug. Er grüßte Hatim und zeigte ihm den Spiegel; Hatim nahm ihn und schaute sich selbst darin an, dann fragte er, ob man das Bad benützen könne und ob er der Barbier sei. (In orientalischen Bädern gibt es immer einen Barbier, weil die Leute sich gleichzeitig rasieren lassen, und solche Barbiere tragen immer einen Spiegel bei sich.) Hatim fragt, wo das Bad sei, und erhält die Antwort, es sei ein kleines Stück weiter. Hatim fragt, ob es das Bad des Schlosses des Nichtseins sei, und der junge Mann antwortet: »Ja, genau das!« Hatim ist froh und fragt ihn, warum er das Bad verlassen habe. Dieser antwortet, es gehöre zu seiner Pflicht, Fremden entgegenzugehen und sie zum Bad zu führen, ihnen zu dienen und sein Trinkgeld entgegenzunehmen. »Wenn du willst, kannst du mit mir ins Bad gehen, und ich hoffe, ich bekomme von dir etwas von deinem überflüssigen Geld.« »In Ordnung«, sagte Hatim, »ich komme von einer langen Reise und hätte gern ein Bad.«

Sie setzten gemeinsam den Weg fort, und nach etwa einer Meile erschien vor ihnen eine riesige Kuppel, die bis zum Himmel zu reichen schien. Hatim fragte, was für ein Gebäude das sei, und erfuhr, dies sei das Bad vom Schloß des Nichtseins. Als sie es erreichen, geht der Barbier voraus und bittet Hatim, ihm zu folgen. Dieser gehorcht. Als er jedoch die Tür hinter sich schließen möchte, nimmt er wahr, daß sie schon mit Steinen vermauert ist, und er fürchtet, nie mehr aus diesem Bad herauszukommen. Der Barbier führt ihn zum Bad, sagt, er könne schon hineingehen, derweil er warmes Wasser bringen werde. Hatim sagt, er könne nicht mit all seinen Kleidern ins Bad, er benötige ein Lendentuch. Der Barbier bringt ihm eines, Hatim entkleidet sich, zieht es an und geht ins Bad. Der Barbier bringt warmes Wasser und schüttet es Hatim übers Haupt. Zweimal kommt er mit einer Schüssel warmem Wasser zurück, und als Hatim sich die dritte über den Kopf gießt, ertönt ein ungeheurer Donner, das ganze Bad wird dunkel, und für eine Weile steht Hatim in äußerster Finsternis, völlig verwirrt. Langsam lichtet

sich die Finsternis, aber Barbier und Bad sind beide verschwunden. Nur die Kuppel ist übrig, aber sie wirkt wie ein riesiger Gewölbefelsen, und der ganze Platz steht unter Wasser, das ihm fast bis zu den Waden reicht. Erschreckt möchte Hatim gern wissen, welche Art unheimlicher Magie dies ist – währenddessen reicht das Wasser schon bis zu den Knien, und er watet umher, um eine Tür zu finden, findet jedoch nirgends eine, und bald reicht ihm das Wasser bis zur Taille. Entsetzt schaut er sich um, aber findet keinen Ausgang, und dann steigt das Wasser bis zum Kinn. Die ganze Zeit über denkt er, daß die Leute deshalb nie aus dem Bad kämen, weil sie ertrinken, und auch er müsse seinen Tod in diesen Fluten finden, denen zu entrinnen unmöglich sei. »Nun denn«, sagt er sich, »wenn ein Mensch mit dem Tod konfrontiert ist, sollte er seine Augen auf den allbarmherzigen Gott lenken«, und dann betet er: »Herr, ich habe meine ganze Kraft in deinen Dienst gestellt und habe nur ein einziges Leben, aber wenn ich auch tausend Leben hätte, würde ich sie deinem Willen unterwerfen. Dein Wille geschehe!« So versucht er sich selbst zu beruhigen, aber das Wasser steigt immer höher, und er muß schwimmen, schwimmt im Bad umher, und schließlich ist es so hoch, daß Hatims Kopf an die Kuppel stößt. Des Schwimmens müde, versucht er, sich daran zu halten, aber in dem Moment, wo er den runden Stein berührt, erhebt sich ein schrecklicher Donner, und plötzlich steht er draußen in der Wüste, wo es nichts als Ödland gibt, soweit man sehen kann. »Nun«, sagt er sich, »wenn ich den Fluten entronnen bin, werde ich vielleicht auch der restlichen unheimlichen Magie mit heiler Haut entkommen.«
Drei Tage und Nächte wandert er, und dann erblickt er ein großes Gebäude. In der Hoffnung, dort ein Lebewesen zu finden, geht er darauf zu und sieht einen großen Garten um das Gebäude herum. Das Tor ist offen, aber als er hindurchgeht, verschwindet der Garten plötzlich, und als er sich umdreht, gibt es keine Spur mehr von einem Tor, und alles ist unheimlich. »Oh«, denkt er, »welch neue Qual ist dies? Bin ich noch immer nicht aus diesem magischen Zirkel heraus?« Inzwischen erscheint der Garten wieder, und da er gezwungen ist, zu bleiben, geht er darin umher. Es gibt dort Bäume, vollbeladen mit Früchten, und alle Arten von Blumen in wunderschönen Farben. Da er hungrig war, nahm er sich einige Früchte, aber wieviel er auch aß, er wurde nie satt. Er aß um die tausend Pfund und blieb doch hungrig. Aber er hatte neuen Mut geschöpft und ging getrost weiter. Als er näher ans Schloß kam, sah er dort rundherum viele Steinstatuen – Idole oder Götter. Er fragte sich, was das zu bedeuten habe, aber es war niemand da, der ihm das Geheimnis gelüftet hätte.

Während er so gedankenversunken dastand, rief ein Papagei aus dem Innern des Schlosses: »Junger Mann, warum stehst du dort? Wie kamst du hierher, und warum hast du dein Leben schon beendet?« Hatim schaute auf und lauschte der Stimme, dann bemerkte er den Eingang zum Schloß, über dem folgende Inschrift stand: »Oh, Diener Gottes, du wirst wahrscheinlich nie lebend das Bad des Schlosses des Nichtseins verlassen. Dieser Ort wurde vom Gayomard verzaubert, der eines Tages, als er zur Jagd ging, einen Diamanten fand, der wie die strahlende Sonne und wie der glänzende Mond leuchtete. Er hob ihn auf und, erfüllt von Staunen, zeigte er ihn seinem Hofstaat und seinen gelehrten Männern, um sie zu fragen, ob sie je so einen Stein gesehen hätten. Aber keiner kannte ihn. So sagte er, er wolle ihn an einem Ort verbergen, wo ihn niemand je finden könne, und um ihn zu schützen, schuf er all diese Magie und baute das Schloß des Nichtseins. Sogar der Papagei in seinem Käfig unterliegt seinem Zauberspruch. Oh, Diener Gottes, innerhalb des Schlosses auf einem goldenen Thron sind Pfeil und Bogen, und wenn du von hier entkommen willst, mußt du sie nehmen und damit den Papagei töten, und wenn du ihn triffst, wird der Zauber gebrochen, wenn du ihn verfehlst, wirst du zur Steinstatue.«
Als Hatim das gelesen hatte, schaute er auf die Steinstatuen und sagte traurig: »Ah, so also entstanden diese Statuen, und auch du, Hatim, wirst deine Tage in diesem großen Hexenkessel beenden. Aber: der Mensch denkt, und Gott lenkt!« Mit dieser Einstellung ging er ins Schloß, nahm Pfeil und Bogen, die auf dem goldenen Thron lagen, und schoß auf den Papagei. Dieser jedoch flog aufs Dach, der Pfeil verfehlte ihn, und Hatims Beine wurden zu Stein bis zu den Knien. Dann flog der Papagei auf seinen Platz zurück und sagte, sich lustig machend: »Geh deinen Weg, junger Mann, dies ist kein Ort für dich!« Mit Pfeil und Bogen in der Hand versuchte Hatim dann mit seinen Steinbeinen zum Papagei zu springen, um beim nächsten Mal näher dran zu sein, aber hundert Fuß von ihm entfernt mußte er innehalten, denn seine Füße waren so schwer, daß er nicht näherkommen konnte. Tränen traten in seine Augen, als er dachte: »Wie schrecklich, Tage und Nächte hier in einem so elenden Zustand zu leben. Schieß nochmals, Hatim, dann wirst du wenigstens zu Stein wie die anderen!« Er schoß ein zweites Mal, verfehlte wieder und wurde bis zum Nabel versteinert. Der Papagei war wieder zum Dach geflogen und hatte wiederholt: »Geh deinen Weg, junger Mann, dies ist kein Ort für dich!« Hatim sprang, hielt Bogen und Pfeil, mußte aber wieder hundert Fuß vom Papagei entfernt innehalten. Dann sagte er weinend: »Möge niemand das Ziel seines

Lebens verfehlen, wie ich es tat!« Er hatte noch einen Pfeil übrig, und, indem er sich dem Schutz Gottes empfahl, zielte er auf den Papagei, wobei er rief: »Gott ist groß!« schloß seine Augen und schoß. Entgegen all seinen Erwartungen traf der Pfeil den Papagei. Eine Staubwolke erhob sich, Donner erfüllte die Luft, und die Erde wurde dunkel. Verwirrt von all dem Lärm, dachte Hatim, er sei in eine Statue verwandelt. Aber als der Donner aufhörte und er seine Augen wieder öffnete, waren Garten, Käfig, goldener Thron, Bogen und Pfeil verschwunden, und statt dessen lag vor ihm ein riesiger wunderschöner Diamant. Hatim ging hin und hob ihn auf. Seine Beine waren nicht mehr versteinert, und alle Statuen waren lebendig geworden.

Hatim erzählte ihnen alles, was sich ereignet hatte, alle dankten ihm und boten ihm an, seine Sklaven zu sein. Hatim sagte, sie sollten ihm nach Qa'tan folgen. Keiner wußte, wo das war, aber das Glück war mit ihnen, und sie fanden den richtigen Weg. Nach einigen Tagen fanden sie das Tor, durch das sie in das Schloß des Nichtseins eingetreten waren. Auf der anderen Seite des Tores fanden sie Saman Idrak, den Wächter des Bades, dem Hatim all seine Erlebnisse berichtete. Saman Idrak nahm sie mit sich nach Hause und schickte sie dann auf ihren Weg. Bei der Ankunft in Qa'tan suchte Hatim König Harith auf und erzählte ihm alles, zeigte ihm den Diamant, von dem er sagte, er müssen ihn Königin Husn Banu bringen. Dann bat er ihn, den Männern bei ihm Geld und Pferde zu geben, damit jeder in seine Heimat zurück könne. All dies geschah, und dann sagten sich Hatim und Harith Lebewohl, und Hatim kehrte nach Schahabad zurück.

Königin Husn Banus Leute erkannten Hatim und brachten ihn zum Palast, wo die Königin ihn empfing, seiner Geschichte lauschte und auf den Diamant schaute. Nachdem ihre Hochzeit mit Prinz Munir gefeiert worden war, kehrte Hatim nach Yemen in sein eigenes Land zurück, wo er später den Thron von seinem Vater erbte und bis ans Ende seines Lebens glücklich lebte.

Bei unserem ersten Märchen gab es einiges an Verwirrung hinsichtlich der Deutung des Papageis. Das lag daran, daß ich bestimmte Dinge nicht sagen konnte, bevor ich nicht dieses weitere Märchen erzählt hatte. Jetzt dagegen können wir zunächst die Interpretation der spanischen Geschichte beenden und das Tuti-Nameh erörtern.

Vom Übersetzer des Tuti-Nameh erfuhren wir, daß die ursprüngliche Geschichte indisch war mit dem Titel »Cuka Saptati. Die

siebzig Geschichten vom Papagei«. Ursprungsland des Motivs ist also Indien. Zu Beginn des 14. Jahrhunderts wurde das Buch ins Persische übersetzt, gekürzt, verändert, ausgeschmückt und als persische Novelle gestaltet, so daß nur noch einige Fragmente vom indischen Ursprung zeugen. Später wurde es auch ins Arabische übersetzt. Die alte türkische Version aus dieser Zeit existiert nicht mehr, nur eine neue aus dem 17. Jahrhundert.
Bei dieser Sammlung von Papageigeschichten, auch den indischen, ist es nicht nur das Motiv des Papageis, das durch alle Zeiten und Orte wanderte, während der es umgebende Inhalt total verändert wurde. Wir stellen fest, daß der Papagei in der indischen Ursprungsgeschichte in derselben Weise fungiert wie der »Vetala« in der berühmten Geschichte vom »König und der Leichnam«, die Heinrich Zimmer übersetzt und kommentiert hat. Dort verbirgt sich ein Vetala, im allgemeinen als »Dämon« übersetzt, in einer der Leichen am Begräbnisplatz. Als der König den Befehl erhält, die Leiche vom Baum, an dem sie hängt, abzunehmen, macht sich der Vetala zunehmend schwerer, erzählt dem König die ganze Nacht über eine Geschichte, springt dann wieder zurück zu seinem Baum, so daß der König am nächsten Morgen die Leiche immer noch dort hängend findet. Geduldig geht er hin, nimmt ihn wieder aus der Schlinge, legt ihn wieder auf seine Schulter, und abermals erzählt ihm der Vetala die Nacht über eine Geschichte, während er vom König auf dem Rücken getragen wird. So geht es immerzu. Dieses Motiv zieht sich durch unzählige Geschichten hin, aber der Vetala rettet durch diesen Trick den König davor, von einem Bettelmönch ermordet zu werden, der ihn töten wollte und ihm den Befehl gegeben hatte, diesen Leichnam zu holen. Nicht nur vor dem Mord rettet der Vetala ihn, sondern führt ihn auch später zur höchstmöglichen unio mystica mit dem Gott Shiva.
Dieser Vetala scheint zunächst sehr zweideutig zu sein, so daß man seine Absicht nicht erkennen kann. Er vermittelt das Gefühl einer neckenden, quälenden, dämonischen Kreatur, die in der Leiche lebt. Erst am Ende der Geschichte enthüllt er dem König seinen positiven Aspekt, vorher ist er wirklich ein Wesen, das den

geduldigen König Tantalusqualen aussetzt. Dies wäre eine Parallelgeschichte zum Papagei. In »Tausendundeiner Nacht« ist der Geschichtenerzähler eine Königin, die nach der ersten Nacht getötet werden sollte, aber immer wieder eine neue Geschichte erzählt, um ihr Leben zu retten. Hier haben wir die übliche orientalische Form, in der die Geschichten erzählende Gestalt durch eine Anima verkörpert wird. In diesem Zusammenhang ist es sehr empfehlenswert, die persischen »Sieben Geschichten der sieben Prinzessinnen« Nizami's zu lesen.

In Indien scheint der Erzähler eher ein neutrales Wesen zu sein, wie der Vetala, der den Eindruck eines männlichen Dämons vermittelt. In den persischen »Siebzig Papageiengeschichten« ist es meist eine Frau. In Tuti-Nameh ist es der Papagei.

In der indischen Novelle »Der König und der Leichnam« ist der König ein Rittertyp eines Helden, der deutlich dem Problem des Bösen nicht gewachsen ist. Er ist ein aufrechter Mann, der keine Furcht kennt und nicht lügt, sich an die ethischen Regeln eines heroischen aristokratischen Ideals hält und daher nur den Feinden gewachsen ist, die den gleichen Standard innehaben. Der Bettlermönch dagegen ist ein wirklich boshafter Mörder und Schwarzmagier. Der König jedoch ist so naiv, daß er ohne den Vetala geradewegs vernichtet worden wäre. Daraus geht hervor, daß die Ethik aristokratisch-heldischen Verhaltens im damaligen Indien absolut nicht ausreichte, um dem Problem des Bösen zu begegnen. In dieser Schwierigkeit taucht der Vetala als Helfer auf und erzählt dem König von Ehebruch und Liebesaffären, hauptsächlich eines typisch indischen Charakters, Geschichten von Korruption und Listen, von Frauen, die ihre Männer betrügen, usw. Das Wesentliche an all diesen Geschichten ist, daß der Vetala den König in die Welt weiblicher Bosheit einführt, der Listen, schwarzen Magie, Korruption und all jener bösen Tricks, denen der edle Held einer Brahmanenkaste nicht gewachsen ist. Dadurch heilt der Vetala den König von seinem Mangel an Erfahrung und seiner unglaublichen, wenn auch wohlgemeinten Naivität.

In »Tuti-Nameh« ist eine ähnliche Vorstellung am Werk, denn

die Heldin, die Ehebruch begehen möchte, ist ein sehr naives Mädchen. Zunächst ist sie entzückt über ihren Gemahl, aber als er weg ist, kann sie nicht ohne Mann leben, schaut aus dem Fenster und wäre unbedenklich ins nächste Abenteuer hineingefallen und von ihrem Mann bei dessen Rückkehr getötet worden. Ihr ist absolut nicht klar, was sie zu tun im Begriff ist, jedoch der Papagei verhindert solchen Unsinn. Die Tausend-und-eine-Nacht-Geschichten werden alle erzählt, um den König von seinen Fehleinstellungen und falschen Verhaltensweisen gegenüber dem weiblichen Prinzip zu heilen. Zunächst gewinnt man den Eindruck von unzusammenhängenden Geschichten, jedoch bei näherem Hinschauen erkennt man eine therapeutische Tendenz: den Helden von einer Naivität oder einem Mangel an Weisheit in einem Teilbereich seines Lebens zu heilen. Das erinnert an die 18. Sure im Koran, wo Khidr den Moses von seiner Naivität und konventionellen Moral heilen muß.

Vergleichen wir solche Geschichten, so erkennen wir die zugrundeliegende Idee; durch die Geschichten führt der Erzähler auf indirektem Weg die Einstellung des Zuhörers zur Reife und damit zu bestimmten Erkenntnissen, wodurch seine bewußte Haltung, die entweder ethisch naiv oder dem Animaproblem oder dem Problem des Bösen nicht gewachsen ist, verändert und geheilt wird. In »Der König und der Leichnam« gelangt der Zuhörer zuletzt zur mystischen Vereinigung mit Gott, in »Tuti-Nameh« entfällt der religiöse Rahmen, der Papagei hindert die Frau nur am Ehebruch, jedoch wird der Papagei mit Mohammed identifiziert, der diese Perlen der Weisheit spricht. (Wir könnten ihn vielleicht eher mit Khidr identifiziert haben.) In der spanischen Geschichte hat der Papagei alle genannten Aspekte verloren und ist nur noch etwas Kostbares, das man unter großen Gefahren findet und das dann die Märchengestalten vor dem Bösen bewahrt. Nur zwei Verbindungen haben sich erhalten: daß dieser Papagei dem Einfluß des Bösen entgegenwirkt und daß er sehr naive Leute beschützt. Er enthält jedoch auch noch etwas von der dämonischen Natur, denn man wird versteinert, wenn man ihn nicht zur rechten Zeit und in der rechten Weise ergreift. Das

Versteinerungsmotiv stammt weder aus Indien noch aus dem »Tuti-Nameh«, sondern offensichtlich aus einer persischen Ausgabe. Doch darüber später. Bedenkt man diese Elemente, so wird verständlicher, warum ich bei der Interpretation des spanischen Märchens immer einen gewissen Vorbehalt gemacht habe, daß dies alles so weit richtig sei, aber der Junge habe sich dem Löwen und der Schlange nicht gestellt, und daß es schließlich das Mädchen ist, das den Papagei ergreift, als er schläft. Ich hatte das Gefühl, daß dies nicht die endgültige Lösung war, obwohl am Schluß der Geschichte der Quaternio einen weißen Papagei besitzt, offensichtlich eine Kostbarkeit, die sie beschützen wird. Aber nach meinem Empfinden war keines der anderen, tieferen Probleme gelöst. Im spanischen Märchen ist das Motiv des Papageis oberflächlicher geworden, obwohl er auch dort noch als Symbol des Selbst oder der zentralen Stimme des Unbewußten fungiert und es in sekundären Motiven Anspielungen auf die Gefahren gibt, sich ihm zu nähern.

Im »Tuti-Nameh« ist der religiöse Hintergrund begrenzt durch das Eingangsgedicht und gewisse Beschreibungen des Papageis, aus dessen Schnabel Perlen der Weisheit kommen, der die Wahrheit spricht und die verborgenen Dinge von Gegenwart und Zukunft kennt. Er hat also übernatürliche und göttliche Eigenschaften und ist die »Türschwelle wundersamer Gedanken«. Das unterstützt die Interpretation, daß er die Stimme des Unbewußten in seiner ganzen Zweideutigkeit verkörpert. Für diese Projektion besitzt der reale Papagei selber einen Aufhänger, denn wenn man ihn zum erstenmal in menschlicher Sprache reden hört,ist das eine eigenartige Erfahrung, und manche Menschen finden das sogar unheimlich. Als ich in einem Gasthaus zum erstenmal einen Papagei hörte, der plötzlich rief: »Eine Suppe dem Herrn«, bekam ich einen Schock: eine stumme Kreatur, von der man nicht vermutet, daß sie ihren Schnabel öffnet, sagt plötzlich in menschlicher Sprache verständliche Worte! Da gibt es noch etwas, was zu beachten ist: Vögel sind im allgemeinen so beschaffen, daß sie auf Entfernung sehen können, und, weil sie die Augen so weit an der Seite des Kopfes haben, können sie sie nicht fokussieren. Ein

Vogel schaut einen daher von der Seite an, nicht von vorn, wie die meisten Tiere. Wenn man in das Auge eines Vogels zu schauen versucht, entdeckt man einen seltsam starren Blick, als schaue er durch oder über uns als Objekt hinweg, sehe uns aber nicht vor sich. Er schaut in die Ferne.

Da ein Vogel üblicherweise in der Luft fliegt und lebt, wird er in der Mythologie als ein Seelen- oder Gedanken-Wesen interpretiert, als etwas Geistiges. Noch heute sagt man, wenn jemand eine Menge verrückter Ideen im Kopf hat, im Deutschen: »Er hat einen Vogel«, manchmal sogar: »einen Käfig voller Vögel«. Vögel stellen also autonome Gedanken dar, die plötzlich im Kopf auftauchen und einen wieder verlassen, ohne daß man weiß, wie. Als Taube des Heiligen Geistes können sie einen inspirieren, sie können einem, je nach Vogel, aber auch teuflische oder verrückte Gedanken eingeben.

Das Unbewußte manifestiert sich manchmal in Träumen ebenso unheimlich wie der Papagei außen, wenn nämlich entweder inspirierende Gedanken oder klare Stimmen einem deutliche Anweisungen geben. Von meiner Erfahrung mit Analysen her würde ich sogar sagen, daß 92 Prozent aller Träume eine gewisse Botschaft in symbolischer Form enthalten, die wir durch Trauminterpretation entziffern können. Manchmal sagen Menschen jedoch, daß sie im Traum eine Stimme hörten, und deren Traumanweisungen sind stets sehr kurz und eindrucksvoll und treffen im allgemeinen viel direkter den Kern des Problems als jene in symbolische Traumbilder eingekleideten Anspielungen. Daher haben die meisten Leute bei solchen inneren Stimmen das Gefühl, daß es da keine Diskussion mehr gibt, sondern nur noch Gehorchen. Und im allgemeinen läßt sich feststellen, daß solche Stimmen direkt aus dem Selbst kommen und eine zentrale und wesentliche Botschaft übermitteln. Obwohl sie auch von anderen autonomen Komplexen ausgehen können, sind sie gewöhnlich ein Phänomen des Unbewußten, das sehr ernsthaft bedacht werden muß, weil es ungewöhnlich für das Unbewußte ist, sich so klar und bestimmt zu äußern. Viele Menschen, die sonst ihren Träumen keine Aufmerksamkeit schenken, tun es instinktiv

solchen Botschaften gegenüber, weil sie davon mehr getroffen werden.
Man könnte den Papagei als passendes Symbol für dieses psychologische Phänomen des unbewußten Geistes ansehen, denn in einer numinosen Art spricht er überraschenderweise eine deutliche menschliche Sprache. Wenn das geschieht, wissen wir, daß der Finger auf etwas Wesentliches gelegt wird, was die Erklärung rechtfertigt, daß er sogar Mohammed, der Prophet Gottes, sei. Bis zu einem gewissen Grad erklärt das sogar den Papagei im spanischen Märchen, jedoch nicht den dämonischen und destruktiven Aspekt des Versteinerungsmotivs, das zuerst im Märchen vom Bad Badgerd auftaucht.
Wir haben die Struktur dieser Geschichten analysiert, in denen der Papagei ursprünglich in indischen, persischen und türkischen Übersetzungen auftaucht, und man kann sagen, daß unsere Version tatsächlich eine Nachahmung dessen ist, was das Unbewußte in Träumen tut. Jede Nacht oder doch in vielen Nächten erzählt das Unbewußte uns eine Geschichte, und obwohl sie oft nicht unmittelbar zusammenzuhängen scheinen, begleiten und fördern sie doch einen Reifungsprozeß in der Persönlichkeit des Träumers.
Am Schluß des »Tuti-Nameh« sagt der Erzähler, daß die Geschichten weise Ratschläge enthalten und Geschenke seien, von denen auch gelehrte Leute noch lernen können; man solle sich nicht nur an ihnen freuen, sondern ihre Bedeutung bedenken. Obwohl sie zufällig und chaotisch erschienen, hätten sie untereinander eine geheime Verbindung, wodurch die Vorstellung verstärkt wird, daß der Papagei dem »Erfinder« unserer Träume ähnlich ist.

Wir wollen jetzt das »Bad des Schlosses des Nichtseins« interpretieren, wo der Held ein junger Mann und nicht ein Kind ist. Daß im spanischen Märchen die Handlungsträger nur Kinder sind, würde psychologisch heißen, daß die geheimen Erneuerungskräfte sich in einem unerwachsenen und unverdorbenen, aber infantilen Teil der Persönlichkeit befinden. Damit in Zusammenhang steht die Tatsache, daß die Gefahren, denen Bruder und Schwester begegnen, nicht sehr dramatisch erzählt werden, im Vergleich zur persischen Geschichte, wo einen das Gruseln und ein Gefühl von Irrationalität packt, Gefahr und Entsetzen vor dem verzauberten Garten, in dem der Papagei lebt. Vielleicht hat es damit zu tun, daß im Orient Erwachsene die Märchen erzählen, so daß sie bewußtseinsnäher sind. In Europa wurden die Märchen der unteren und kindlichen Volksschicht überlassen, abgespalten von der offiziellen religiösen Lehre, während sie im Orient eher mit dem bewußten kulturellen Leben in Verbindung blieben.

Hatim Tai, eine historische Figur, Dichter im 6. oder 7. Jahrhundert v. Chr., dessen Gedichte »Kissē i Hatim Tai« im typisch orientalischen Stil verfaßt sind, wurde zu einer legendären Gestalt, um die unser Märchen sich rankte, das jedoch nicht an seine wenigen Gedichte anknüpft, sondern an sein seltsames »alchemistisches« Grabmal: die Schale mit den acht Frauenstatuen. Das Märchen ist auch sonst voll alchemistischer Symbolik, und fast jedes Motiv läßt sich aus frühgnostischem alchemistischem Material amplifizieren. Ich vermute, daß Hatim einer jener vielen orientalischen Prinzen war, die die Studien der Alchemie in ihren Ländern vorantrieben, und daß er von daher zu diesem symbolischen Grab der Schale mit den acht Frauen kam.

Die gesamte Geschichte hindurch spielt er die gleiche Rolle wie viele Märchenhelden der Welt: ein eher uninteressanter, aber wohlerzogener Prinz Munir interessiert sich für eine Prinzessin, ist jedoch nicht fähig, die von ihr gestellten Aufgaben zu erfüllen, so daß der Held Hatim in die Bresche springt und für den Prinzen handelt, aber keine Belohnung erhält, sondern wieder aus der Geschichte verschwindet. In Rußland gibt es eine ganze Sammlung von Märchen, wo Iwan, der Held, die Prinzessin findet, oder eine verhexte Prinzessin exorzisiert, durch große Taten anstelle des eher banalen Zarensohnes eine Königin gewinnt, denn oft stößt sie diesen dann zurück, da sie ihn der Heirat nicht für wert erachtet, und möchte lieber jenen Mann heiraten, der all die großen Taten vollbrachte, so daß am Ende der Geschichte ein Konflikt steht zwischen dem Heldenideal und dem gewöhnlichen Menschen.

Im allgemeinen erscheint das Bild des Helden in Träumen, wenn der Träumer einer ungewöhnlich schwierigen Lebenslage gegenübersteht, die einer heroischen Haltung bedarf, um gemeistert zu werden. Nehmen wir an, daß z. B. ein junger Mann seiner Mutter mitteilen muß, daß er sich außerhalb von zu Hause irgendwo in der Stadt ein Zimmer nehmen wird. Das ist eine sehr simple menschliche Angelegenheit, aber wir wissen sehr wohl, was damit in manchen Fällen zusammenhängt: Szenen, Regressionen, Zusammenbrüche, Tränen. Eine Mutter, die ich kenne, sagte sogar: »Nur über meine Leiche« und starb dann (genau passend), um den Sohn von solchen Unabhängigkeitsimpulsen zu kurieren. In einer solchen Situation würde ein junger Mann vielleicht einen Traum von einem Helden haben, der einen Drachen erschlägt, und damit will das Unbewußte den richtigen Akzent auf die Situation setzen. Auf der Oberfläche sieht das wie eine ganz gewöhnliche menschliche Angelegenheit aus, aber tatsächlich ist psychologisch eine absolut heroische Haltung erforderlich, um das Hindernis zu überwinden. Darum taucht dann in Träumen das archetypische Bild des Helden auf und zeigt die wahre Haltung an, die jetzt benötigt wird.

In der Mythologie zeichnen sich Helden durch eine Berufung aus, die ohne jeden Zweifel durchgehalten wird. Unser Held im Märchen zweifelt eine Menge, weint und klagt ein wenig und sagt zu sich: »Armer Hatim, du wirst deine Gebeine in dieser Wüste beerdigen«, aber nie denkt er daran, umzukehren. So hat er grundsätzlich den typischen Zug eines Helden: es gibt keine Diskussion, die Aufgabe wird ausgeführt. Solche Haltung zeigt ungewöhnliche Einheit der Persönlichkeit. Gewöhnlich sind wir in zwanzig Komplexe aufgeteilt, die miteinander diskutieren: »Soll ich?«, »soll ich nicht?«, »aber«, »aber nicht«, »andererseits«, und wir schwimmen in verschiedenen Stimmungen von Unsicherheit herum. Dann schmilzt der heroische élan vital dahin. Das Symbol des Helden besitzt die Sicherheit, daß eine

Sache hingegen durchgetragen werden muß, auch wenn er oder jeder andere stirbt. Das ist das Gefühl einer Berufung, eines Gehorsams gegenüber einer letzten inneren Autorität.
In gewisser Weise verkörpert der Held daher auch das Selbst oder den »vir unus« der Alchemisten, die geeinte Persönlichkeit mit all ihrer Stärke. Sie ist nicht das, was wir sind, aber wir identifizieren uns mit ihr, wenn wir Heldengeschichten hören, um uns zu trösten und zu stärken für jene Dinge, die wir nicht allein tun können. In späteren Märchen kommt oft ein Gegensatz zwischen einer solchen heroischen Gestalt und einem gewöhnlichen menschlichen Wesen vor, das keine sehr elegante Rolle neben dem Helden abgibt, und dann beginnt sich eine Art Zweifel darüber zu verbreiten, wer der Held im Vergleich zu uns gewöhnlichen zweifelnden menschlichen Wesen ist. Je näher man den modernen europäischen Zeugnissen kommt, um so mehr ändert sich das Ideal des Helden. Unsere Kultur hat sich weit davon entfernt und nennt es sogar altmodisch. Der Antiheld ist Trumpf. Bis zur Gralslegende gab es noch den Gegensatz zwischen Parzival und Gawain, wobei Gawein der Held im klassischen Sinn des Wortes und Parzival eher gewöhnlich menschlich war. Gawain war der Ritter ohne Furcht und Tadel, voller Aufrichtigkeit und Mut. Er verkörpert das Heldenideal des Mittelalters: der Held, der sich vor nichts fürchtet und dessen Schild der Ehre ohne Fleck ist. Er steht seinem Doppel, Parzival, gegenüber, der stolpert, der die Frage nach dem Gral zu stellen verfehlt, der zusammenbricht und die ganze Zeit über in sehr menschlicher Weise hin- und herschwankt, aber am Schluß – im Gegensatz zu Gawain – ist er derjenige, der den Gral findet. Gawain vollbringt alle Taten, und als ihm am Schluß der König sagen will, was das alles zu bedeuten hat, schläft er ein, erschöpft von seinen großen Taten. Als der König sagt: »Nun will ich dir das Geheimnis des Gral erzählen«, schaut er auf, sieht Gawain und sein Pferd – schlafend. So verpaßt Gawain die Lösung in der letzten Minute, während Parzival am Anfang den Weg verfehlt.
In unserem Märchen haben wir noch die alte Situation, wo der Held nicht in Konflikt gerät mit dem einfachen Menschen in sich,

obwohl er sich von ihm unterscheidet. Er ist noch jener Heldentyp, der sich für eine Aufgabe entschieden hat und sie durchführt. Eine solche Gestalt steht kompensatorisch zu einer realen, primitiven Lebenseinstellung, in der die meisten Männer keine Helden sind, sondern ein wenig allzumenschlich sind – vermutlich war das in Persien wie überall der Fall.

Im Dienst der Königin soll Hatim das Geheimnis des Schlosses des Nichtseins herausfinden, aber niemand weiß, wo es ist. Das ist eine typische Queste, die abenteuerliche Suche nach etwas zunächst Unbekanntem, wie in der Gralsgeschichte. Von Anfang an erhält Hatim sehr viele Warnungen, die auf die große Schwierigkeit dieser Aufgabe, ihr Geheimnis und ihre Außergewöhnlichkeit hinweisen. Das ist also nicht das gleiche, wie einen Diamanten, einen kostbaren Stein oder eine Perle, die von einem Drachen bewacht wird, zu finden. Er muß wirklich etwas Schreckliches und Unbekanntes erforschen, das »Schloß des Nichtseins«, wie der Name sagt.

Daß die Königin diese Aufgabe gestellt hat, bedeutet, daß die Anima ihm diesen Floh ins Ohr gesetzt hat, wie sie das oft tut, und dann noch in einer Weise, daß er nicht einmal weiß, was das überhaupt ist. Manchmal bewirkt eine Anima im Mann ein ruheloses Suchen, ein beständiges Gefühl von »das ist es nicht«, was auch immer ich lebe, ist noch nicht das, es gibt noch etwas, was ich noch nicht gefunden habe, eine rastlose Sehnsucht nach einer Art Ziel oder Abenteuer. Wenn man ihn bittet, zu sagen, was das sei, kann er das gar nicht, sondern braucht eine Menge von Worten und ein Gestammel, um irgendeine Vorstellung von Erfüllung zu beschreiben, vom Herausfinden eines Geheimnisses. Wir würden sagen, die Anima setzt ihm das Ziel des Individuationsprozesses, denn sie ist die Dienerin dieses Prozesses im Mann, aber das Ziel ist noch absolut unbestimmt.

Als am Schluß Hatim den zweiten Schuß verfehlt, sagt er: »Möge niemand sein Lebensziel verfehlen, wie ich es tat!« In diesem Ausruf bekennt er, daß er jetzt versucht, sein Lebensziel zu erreichen, obwohl er das zu Beginn seiner Reise noch nicht wußte. Auf seinem Weg hat er das langsam begriffen und beginnt jetzt zu erkennen: »das ist es«, den Papagei treffen. Gelingt ihm das, hat er sein Lebensziel erreicht, wenn nicht, hat er sein ganzes Leben verfehlt. Die Animagestalt also, jene erhöhte Königin-Anima, »Sie, der man gehorchen muß«, wie Rider Haggard sie nennt, setzt das unbekannte Ziel, die Erforschung eines mysteriösen Bades, dessen Namen sagt, daß es »Nichts« ist. Es ist das Unbekannte, das wir sehr gut mit dem Unbewußten gleichsetzen können, denn dieses meint ja ganz einfach jenen Bereich unserer Psyche, den wir nicht kennen.

Zuerst kommt Hatim zu einer Stadt, wo ein großes Fest gefeiert wird, und er entdeckt, daß dies gerade jener schreckliche Tag ist, an dem sie ein Mädchen an den Wüsten-Djin hergeben müssen, der gerade in diesem Jahr die Königstochter wählt. Aber Hatim rettet sie mit Hilfe einer List. Diesen Teil der Geschichte wollen wir uns nicht genauer ansehen. Er gehört zu den klassischen Heldentaten, wo ein Mädchen aus der Not gerettet wird, wie im Mythos von Theseus, Perseus, usw. Überall muß der Held die Königstochter von einem solchen destruktiven Liebhaber befreien, und hier in der orientalischen Geschichte ist es sogar ein drachenähnlicher Djin.

Entsprechend allgemeiner Annahme waren Djins lokale Gottheiten aus vorislamischer Zeit ebenso wie die Naturdämonen bei uns im Mittelalter. Üblicherweise werden bei der Entstehung eines neuen religiösen Systems, das sich über ein altes legt, die Götter des letzteren zu Dämonen degradiert. Daß z. B. in Europa der Teufel einen Pferdefuß hat, hängt mit Wotan zusammen, denn in der Bibel steht das nirgends. Im Orient besitzen Dämonen gewöhnlich den gespaltenen Huf einer Ziege. Sobald Menschen sich mit schwarzer Magie abgeben möchten, wenden sie sich an diese alten Götter, weil sie die älteren sind, die den Platz als solchen besser kennen. Vermutlich waren jene Djins ebenfalls früher verehrte Lokalgötter, die dann zu Dämonen wurden, und man glaubte allgemein, daß sie Mädchen stehlen. Sogar heute sagt man noch in Nordafrika, man solle sich keiner Frau nähern, welche allein nahe der Wüste lebt, weil sie ziemlich sicher von einem Djin besessen sei. Wir könnten das unterschreiben, denn sie ist wahrscheinlich animusbesessen. Die Djins übten in ihrem destruktiven Aspekt eine immer noch anhaltende Faszination aus. Der mittelalterliche Teufel hat z. B. noch eine gewisse wotanische Faszination, die Menschen besessen machen kann, wie wir es in diesem Jahrhundert noch sehen konnten. Heutzutage könnte z. B. ein Mann träumen, daß seine geliebte Frau mit einer ausgesprochen häßlichen Kreatur hurt. Kennt der Mann sie, wäre es eine Schattengestalt, aber manchmal schläft sie mit einer unbekannten dämonischen Gestalt, und das deutet immer auf die Tatsache hin, daß jener Mann indirekt animabesessen ist. Das heißt: nicht der Mann selbst ist besessen, sondern seine Anima ist es, und man könnte solche Besessenheitszustände durch das gesamte Unbewußte hin vervielfältigen. In Träumen erscheinen oft sehr komplizierte Bilder von solchen Besessenheiten. In der Praxis bedeutet das, daß das Ich des Mannes völlig vernünftig ist, solange seine halbbewußten Gefühle und der Bereich der Beziehungen nicht angerührt werden. Aber sobald Probleme von Beziehung oder Gefühl angesprochen sind, kommt anstelle einer normalen Reaktion ein plötzlicher Ausbruch, und er reagiert in einer Art Besessenheit. Dann ist es nicht er, sondern seine Anima, seine Erosfunktion, die besessen ist. Besessenheit ist stets durch die Tatsache charakterisiert, daß jede Art menschlicher oder vernünftiger Diskussion unmöglich wird, daß Tatsachen nicht mehr als Tatsachen gesehen werden und daß eine Art grollender Affekt ausbricht. Sobald jemand sich so verhält, weiß man, daß ein autonomer Komplex einen Bereich der Persönlichkeit besetzt hält.

In der Stadt dieses Märchens scheinen die Menschen sich vernünftig zu verhalten, solange das Erosproblem nicht angerührt wird. Denn dieses und die Frauen, besonders die Königstochter, stehen unter dem Bann des Drachendämons, was bedeutet, daß in diesem Bereich das Verhalten immer noch von etwas absolut Unbewußten und Primitivem beherrscht ist. Das gibt es auch heute noch. Im Orient können z. B. Frauen nicht allein reisen wegen der primitiven Impulsivität, von der die meisten Männer dort beherrscht sind, bis zu einem solchen Ausmaß, daß es dort keine menschliche Sicherheit für Frauen gibt. Männer werden buchstäblich hinweggefegt von ihren sexuellen Impulsen, so daß man sagen könnte, es ist tatsächlich ein Dämon, der sie treibt. Hatim, der im Dienst der Königin steht und sich daher aufgemacht hat mit dem Ziel, seine Anima und Erosfunktion zu differenzieren, ist daher gerade der richtige Mann, um den Drachen zu überlisten. Er tut das mit einem Amulett, das den Drachen schwächt, und anschließend durch den klassischen Trick, daß er ihn, als eine Art Test, in ein Faß oder eine Flasche oder in irgendeinen anderen Behälter steckt, ihn jedoch nicht mehr herausläßt. Es gibt unzählige Geschichten, in denen böse Geister auf diese Weise gebannt werden. Man fordert sie heraus und sagt: »Du bist viel zu groß und nie fähig, in eine Flasche hineinzukriechen«. Der Dämon antwortet: »Oh, ich kann das«, huscht hinein, und man macht den Korken zu. Das Faß hier hat die gleiche Funktion. Aber wie setzt ein Mann auf eine einfache Weise seine Besessenheitsaffekte und primitiven Impulse in irgendeinem Behälter gefangen? Indem er sie rational reflektiert. Wenn man sagt: »Ja, ich kenne das, es ist nichts als . . .«, dann hat man sie in eine Flasche eingekorkt, kann sie benutzen, und sie können einen nicht länger besetzen. Die Erfindung, wie man Flüssigkeiten umhertragen kann, die Erfindung jeglichen Behälters ist eine der größten, originellsten der Menschheit, fast so groß wie die Entdeckung des Feuermachens. Von daher ist sie ein Symbol für die Fähigkeit eines Menschen, Dinge mit Hilfe seiner Klugheit und Intelligenz gefangenzusetzen, die ihm sonst entwischen würden. Im allgemeinen benutzen wir das Wort »rationalisieren« in einer abwertenden Weise. Aber alle Dinge haben einen doppelten Aspekt: in Wirklichkeit müssen wir beständig unseren Geist und unsere Intelligenz benutzen, um Djins und andere Dämonen gefangenzusetzen. Wenn wir z. B. an jenen jungen Mann denken, der sein eigenes Zimmer haben möchte. Er kommt zur Analyse und sagt, er fühle sich seltsam und bekomme wohl die Grippe, er hat Fieber. Dann könnte es gut sein, daß man ihm sagt: »Oh, das ist nur Ihr Mutterkomplex – eine Regressionstendenz. Achten Sie nicht darauf!« Er wird sich zusammennehmen und weitermachen. Aber was hat man wirklich getan? Man hat diesen regressiven Impuls rationalisiert, ihn »nichts als ein Mutterkomplex« genannt, d. h. man hat ihn in den Behälter mit der Aufschrift »Mutterkomplex« gesteckt und dadurch seine Wirkung abgeschnitten. Ich möchte jedoch dabei in Frage stellen, ob dieses Ergebnis eine Sublimierung ist, denn der Dämon kommt nie in einer besseren Form wieder heraus. Es gibt Dämonen, die sehr zahm werden und bitten, herausgelassen zu werden, wie z. B. im Märchen »Der Geist in der Flasche«, das Jung interpretiert hat. Dort wird ein richtiges Abkommen mit dem Flaschengeist getroffen: »Gut, wenn du dich benimmst, werde ich dich herauslassen«, und dann muß man mit ihm abmachen, daß er einem hilft, so wird er zahm. Das wäre eine Form der Sublimierung. Dieser Djin hier ist jedoch nur gefangen, und das bedeutet Unterdrückung, er ist also durch eine Rationalisierung von der Welt abgeschnitten. Wir könnten uns nun aber vorstellen, daß irgendwann ein anderer Held erscheinen könnte, der das Faß ausgräbt, und dann geht die Geschichte von vorne los. Es ist selbstverständlich keine endgültige Lösung, denn die würde erst darin bestehen, daß man den Dämon bekehren und ändern kann. Doch das geschieht hier nicht. Wenn man die Geschichte unbefangen liest, spürt man aber, daß es doch gut von Hatim war, zu helfen, auch wenn diese Menschen noch nicht reif genug waren. Sicherlich wird mit diesem Djin später noch zu rechnen sein.

Die Alchemisten waren klüger, sie hatten nicht nur ein leeres Gefäß, sondern in ihm eine umwandelnde Flüssigkeit, und genau darin bestand ihr ganzes Werk. Hatim, obwohl bewandert in der Alchemie, konnte das vermutlich deshalb noch nicht, weil er den Diamanten, das Ziel seines Lebens, noch nicht gefunden hatte. Er ist erst auf dem Weg, sein Selbst, den Stein der Weisen zu finden, aber er hat ihn noch nicht. Gewisse Aspekte dieser Ausgangsmaterie besitzt er jedoch in seinem Talisman, aber er benutzt ihn noch auf magische Weise, d. h. ohne Einsicht. Das läßt sich durch historische Tatsachen belegen, denn eine lange Zeit über wurde die Alchemie ständig ins Unbewußte hinabgedrückt durch ihren magischen Anstrich. Sich die große Kraft solcher Dämonen anzueignen, indem man sie in die umwandelnde Flüssigkeit steckt, klingt sehr gut, bedeutet jedoch, sich auf ganz gefährlichen Boden zu wagen, weil es auch mit einer Ausbeutung des Unbewußten zu tun hat. Es ist so, daß man bei einem Komplex, den man unterdrückt oder wegrationalisiert oder vom Gesamtleben abschneidet, auch einen Verlust an Vitalität und Kraft erleidet. In extremer Form läßt sich das dort beobachten, wo man von der »regressiven Wiederherstellung der Persona« nach einer psychotischen Episode spricht. Solche Menschen sind wieder vernünftig und angepaßt, aber sie haben an Vitalität verloren, und manchmal denkt man bei ihrem Anblick: »Wären sie nicht reicher und schöner gewesen, wenn sie ein bißchen verrückt geblieben wären!« Sie haben ihren destruktiven autonomen Komplex herausgeschnitten, aber sie haben auch seine Kraft verloren. Es wäre zwar wünschenswert, man könnte den destruktiven Aspekt verwandeln und dessen Vitalität behalten, aber da macht man die Rechnung ohne den Wirt, denn das Ich vermag das nicht. Es würde dadurch inflationiert, ein Magier-Ich, Herr aller Kräfte im Himmel und auf Erden. Das ist ein diktatorisches Ideal, das Ideal gewisser moderner Männer, aber soweit man beurteilen kann, rennen sie dabei nur gegen das Unbewußte an. Wenn man wirklich Dämonen verwandeln will, bedarf man der Hilfe des Selbst und seiner Kraft, nicht der des Ich.

Den Djin zu begraben, meint eine Wegrationalisierung mit einer leicht negativ emotionalen und abwertenden Haltung. Wenn man das Faß als Gegenstück zur chemischen Retorte sieht, erkennt man den Unterschied. Wir isolieren gewisse Phänomene, um sie zu studieren und um sie in der ihnen eigenen Weise wirken zu lassen. Das entspräche der Retorte. Dann haben wir dabei kein unterschwellig mitschwingendes negatives Gefühl. Wenn wir aber den Geist des Djin in ein Faß sperren, schließt das eine abwehrende emotionale Haltung mit ein, und das ist Rationalisierung im negativen Sinn: wir rationalisieren ihn weg. Darunter liegt das Gefühl der Furcht, weshalb wir mit einem gewissen

Nachdruck sagen: »es ist nichts als« und »es ist *nur* dies und das«. Bei Männern bedeutet das stets, daß die Anima im Spiel ist. Wenn ein Mann nicht objektiv sein kann, sondern diese Art von »nichts als«-Affekt unterschwellig bei seinen Reden mitschwingt, dann ist die Dame Anima im Spiel. Das Gleiche gilt für den Animus der Frau, wenn sie Dinge nicht objektiv und ruhig betrachten kann, sondern ein negativer Affekt mitschwingt, dann erhält ihr Urteil jene Nuance des »nichts als«.

Das passierte immer, auch im großen, wenn eine alte Religion durch eine neue ersetzt wurde. Diese Art von negativistischem, rationalem, »Nichts als«-Unterton wird z. B. deutlich in der frühchristlichen apologetischen Literatur gegen die heidnischen Mysterien, aber auch in der Opposition islamischer Lehrer gegen das Heidentum. Da die Djins zu den alten Schichten von Religion und Aberglauben gehörten, ging es mit ihnen genau so, und das war vermutlich das Faß Hatims, in das er den Djin steckte. Wir könnten ein Fragezeichen dahinter setzen und sagen, der Djin sei nicht wirklich überwunden worden, und jemand würde ihn irgendwann wieder ausgraben. Innerhalb unserer Geschichte findet das nicht statt.

Der Djin ist deutlich interessiert an Frauen und holt sich jedes Jahr eine neue; Hatim heiratet am Schluß des Märchens nicht, sondern findet den Diamanten, geht nach Hause und nimmt keine Beziehung zum weiblichen Element auf, so daß wir annehmen können, daß er in einem späteren Lebensabschnitt, wenn er das Animaproblem wieder aufgreift, es abermals mit dem Djin zu tun bekommen wird.

Als Hatim die Stadt, die er von ihrem Fluch befreite, verlassen hat, tritt der alte Mann auf, der ihm rät, zunächst nach rechts zu gehen, an der Weggabelung jedoch nicht weiter, weil dann der Weg nach rechts zwar weniger schwierig, aber voll des Grauens sei, während er auf dem linken Weg mehr Schwierigkeiten begegne, jedoch besser vorankomme. Hatim versucht, diesen Anordnungen Folge zuleisten, weiß jedoch nachher nicht, ob er auf dem richtigen oder falschen Weg ist. Unglücklicherweise teilt uns der Erzähler in einer Fußnote mit, daß da eine Verwirrung innerhalb der Geschichte vorliege und er deshalb in seiner Übersetzung die Dinge richtig zu ordnen versuchte. So ist es für uns hoffnungslos, den originalen Text zu rekonstruieren. Leider arbeiten Philologen mit der Vorstellung, daß jeder Satz eine rationale Bedeutung haben müsse, andernfalls halten sie es für einen Fehler, der beim Kopieren des Manuskripts passierte. Obwohl dies vermutlich in 75 Prozent aller Fälle zutrifft, sind trotzdem manche Texte in einer durchaus bedeutungsvollen Weise »verworren«, wenn das Unbewußte des Schreibers eingegriffen hat. Es scheint mir, als ob Hatim den linken Pfad benutzt hat und sehr unglücklich ist, weil es ein schlechter Weg war. Mehr können wir nicht entnehmen. In der Wüste wird er von einigen dämonischen wilden Tieren wie Mischlingsfüchsen, Schakalen und Panthern angegriffen. Erschrocken nahm er seinen Talisman, den er bei einem früheren Abenteuer von einer Frau erhalten hatte, warf ihn mitten unter die Tiere auf den Boden. Und dann wechselt die Farbe der Erde in gelb, schwarz, grün und dann rot. Sobald die rote Farbe erscheint, werden die Tiere völlig wild und zerreißen einander in Stücke, so daß Hatim seiner Wege gehen kann. Die nächste Episode ist eine Parallele dazu: er wird von riesengroßen Skorpionen angegriffen, die so groß wie Schakale sind, Klauen wie Vögel haben und Augen, die wie Wolfsaugen glänzen. Vor ihnen rettet sich Hatim auf die gleiche Weise.

Zunächst müssen wir das Motiv der dämonischen Geschöpfe anschauen, die sich gegenseitig vernichten. Es gibt eine sehr nahe Parallele im griechischen Mythos von Kadmus, einem Helden, der selbst wieder eine Parallele zum ithyphallischen Hermes darstellt. Die Schwester des Kadmus, Europa, wurde von Zeus als Stier entführt, so daß Kadmus sich auf die Suche nach seiner Schwester begab. Auf göttliches Geheiß hin mußte er diese Suche aufgeben und einer bestimmten Kuh folgen, bis sie sich zur Ruhe niederlegte. Zur gleichen Zeit wurde ihm Harmonia, die Tochter von Ares und Aphrodite, als Frau versprochen. Als die Kuh sich niederlegte, schickte Kadmus, der sie opfern wollte, seine Begleiter weg, um Wasser für dieses Opfer zu holen. Sie fanden es in einer heiligen Höhle, die Ares gehörte und von einem Drachen bewacht wurde, dem Sohn des Ares, der die meisten seiner Begleiter tötete. Darüber wurde Kadmus so zornig, daß er den Drachen tötete und dann Harmonia zur Frau nahm. Die Zähne des Drachens säte er in die Erde, und daraus erwuchsen bewaffnete Männer, die gegeneinander kämpften, bis nur noch fünf am Leben waren, sie erwählten dann Kadmus zum Führer. Die Haut des Drachens befestigten sie an einer Eiche.

Die Interpretation dieser Geschichte findet sich in Jungs »Mysterium Coniunctionis«: Kadmus habe seine Schwester-Anima verloren, weil der Gott – die höchste Instanz des Unbewußten – sie stahl, d. h. sie verschwand im Unbewußten. Jetzt möchte er in den Bruder-Schwester-Inzest zurückfallen, doch das wird ihm durch die Stimme Gottes untersagt. Er muß vorwärtsgehen und eine neue Frau finden. Seine Anima ist nun zur Form einer Kuh regrediert (der Entsprechung zum Stier des Zeus), die ihn zu seinem neuen Schicksal führt: ein Held und Drachentöter zu werden. Mit Hilfe der Drachentötung kann er Harmonia, dessen Schwester, finden. Der Drache ist das Gegenteil von Harmonia, nämlich: Disharmonie, wie sich an den Zähnen zeigt, die als Krieger gegeneinander kämpfen. Kadmus hält sich an Harmonia, während die Gegensätze im Unbewußten sich in projizierter Form auffressen. Dieser Teil der Interpretation ist wichtig für uns. Das Bild von den sich gegenseitig tötenden Kriegern symbolisiert das Verhalten eines abgespaltenen Konflikts, der weitergeht und sich in sich selbst auflöst, wie die Gegensätze von Yin und Yang in der chinesischen Philosophie. Als Hatim den Djin begräbt, entkommt er einem Konflikt mit magischen Mitteln. Als er sein Amulett unter die dämonischen Tiere wirft, gelingt es ihm, sie so zu unterdrücken, daß sie sich gegenseitig umbringen, und so kann er weitergehen. Der Skorpion-Dämon ist etwas, was uns an das neunte Buch der Offenbarung des Johannes erinnert:

Und der fünfte Engel stieß in die Posaune, und ich sah einen Stern vom Himmel fallen; und es wurde ihm der Schlüssel zum Brunnen des Abgrunds gegeben. Und er schloß den Brunnen des Abgrunds auf. Da stieg aus dem Brunnen Rauch auf, wie der Rauch eines

großen Ofens, und die Sonne und die Luft wurden verfinstert vom Rauch des Brunnens. Und aus dem Rauch gingen Heuschrecken hervor auf die Erde, und es ward ihnen eine Macht gegeben gleich der Macht, wie sie die Skorpione der Erde haben.
... Und das Aussehen der Heuschrecken glich Rossen, die zum Kriege gerüstet sind; und auf ihren Köpfen hatten sie etwas wie goldähnliche Kränze, und ihre Gesichter waren wie Menschengesichter. Sie hatten Haare wie Frauenhaare, und ihre Zähne waren wie Löwenzähne.
Sie hatten Brustkörbe wie Eisenpanzer, und das Rauschen ihrer Flügel glich dem Rasseln vieler Pferdewagen, die zum Kampfe rennen. Sie haben Schwänze wie Skorpione, mit deinem Stachel in ihren Schwänzen, sie haben Macht, die Menschen zu quälen fünf Monate lang. Sie haben über sich als König den Engel des Abgrunds, sein Name ist auf Hebräisch Abadon und auf Griechisch Apollyon ...

Auch hier in der Offenbarung haben wir derartige Mischlingstiere dämonischer Art, die Menschen quälen. Diese Art Mischtiere stellen ein uraltes orientalisches Motiv dar. Grundsätzlich läßt sich sagen: wenn ein Tier in Träumen auftaucht, z. B. ein Löwe als Löwe, ein Wolf als Wolf, ein Bär als Bär, ohne irgendeine unrealistische Beimischung, dann bedeutet es einfach einen bestimmten Trieb in seiner positiven und negativen Form. Ein Bär symbolisiert einfach einen Trieb wie ein Bär, während solche seltsamen Phantasiebeimischungen von Wesen wie Zentauren zeigen, daß da nicht einfach ein Trieb seinen Ausdruck finden möchte, sondern ein essentiell *symbolischer* Inhalt. Durch die bloße Tatsache, daß das Unbewußte ein Bild benutzt, das man in der Realität nicht antreffen kann, sagt es aus, daß es nicht dieses bestimmte Etwas meint, sondern etwas Psychisches, dem man in der materiellen Realität nicht begegnet. Gegen diesen gefährlichen seelischen Inhalt gibt es in unserem Märchen – wie bei Kadmus – nur magische Mittel.
In der Astrologie wird das Zeichen des Skorpions mit den Worten von »Stirb und Werde« beschrieben, was eine völlige und extreme Entäußerung und Auferstehung beinhaltet. Der Skorpion enthält die Symbolik der Gegensätze zwischen Leben und Tod, weil er angeblich die außergewöhnliche Eigenart besitzt,

bei äußerster Bedrohung Selbstmord zu begehen. Man sagt, das sei nur Folklore, aber mein Vater saß einst nachts in einem Tempel in Japan mit Freunden, als sie einen riesigen Skorpion im Mondschein spazieren sahen. Sie versuchten, herauszufinden, ob das wahr sei, legten einen Ring von Feuer um ihn herum, und der Skorpion tötete sich tatsächlich selbst mit seinem Stachel. So hat der Skorpion die Projektion auf sich gezogen, um das Geheimnis von Tod und Wiedergeburt zu wissen.
Diese Art eines tiefgehenden Prozesses von Zerstörung und Erneuerung ähnelt dem Kampf mit dem Djin, den Hatim vermeidet. Er nimmt den Talisman und wirft ihn zwischen die Tiere. Die vier Farben, in welche die Erde sich verwandelt, sind mythologisch und ganz allgemein die vier Farben, aus denen Adam, der erste Mensch, von Gott gebildet war. Gemäß vielen jüdischen Legenden nahm Gott Erde, die vier Farben hatte, aus den vier Enden der Welt, und schuf daraus den Leib des Adam, in den er seinen göttlichen Odem einblies. Das Bad vom »Schloß des Nichtseins« wurde von Gayomard, dem Adam in der altpersischen Mythologie und Religion, erbaut. Hatim besitzt mit seinem Amulett also etwas, was die prima materia konstellieren kann, die einst Gayomard besaß. Im Kontakt mit dem weiblichen Prinzip erfuhr er das magische Geheimnis, mit dem er formlose Erde in eine vierfarbige verwandeln konnte, in jene Urerde des ersten Menschen, die mit den vier Himmelsrichtungen in Verbindung stand. Es gab also, so könnte man sagen, zunächst eine chaotische Welt, in der chaotische Tiere gegeneinander kämpfen. Indem er das Amulett zur Erde warf, unterteilte Hatim das Chaos: er schuf eine kosmische Ordnung, indem er in Farben ein Muster hineinwarf. Er handelt also ähnlich wie Kadmus, der sich an Harmonia hält, an ein Muster der Ganzheit. Auch Hatim schuf ein Muster der Harmonie und schützte sich auf diese Weise gegen den Ausbruch des Chaos in ihm selbst. Die Lösung wäre vollkommen, wäre da nicht das magische Motiv! Magie verbindet sich immer mit der Willensmacht des Ich, als Schutz gegen einen herannahenden Konflikt. Die Menschheit benutzt sie seit eh und je gegen das Anbranden zerstörerischer Kräfte des Bösen und

psychotischer Impulse der Auflösung durch das Unbewußte. Man kann nichts dagegen sagen, außer daß dadurch der Konflikt nicht wirklich durchgelitten wird und daher keine bewußte Integration seiner Inhalte geschieht.
Hatim verschiebt das Anpacken des Konflikts nur, bis er im Zentrum des Schlosses ist, und dann begegnet er ihm. Denn als der Barbier verschwindet und sich die Tür hinter ihm schließt, kann er kein Amulett mehr benutzen – seltsamerweise scheint er es auch gar nicht mehr bei sich zu haben. Der gesamte Angriff der Gefahren taucht später doch auf, so daß es sich nur um ein Hinausschieben handelt. Rechtfertigen läßt sich das mit der Tatsache, daß die angreifenden Mächte chaotisch sind und noch keine klare Gestalt erlangt haben. In solchen Fällen ist es, wenn man es nicht zu lange tut, gerechtfertigt, den Angriff solcher zerstörerischen Mächte zu unterdrücken, indem man dem Unbewußten sagt, wenn es etwas möchte, möge es deutlicher sprechen und in einer Gestalt hochkommen, mit der man umgehen könne. Aus dieser Sicht ist Hatim vielleicht gerechtfertigt dafür, daß er den destruktiven Gewalten Magie entgegensetzt und seiner Wege geht. Dann gelangt er zu einem König, der ihn einlädt, bei ihm zu bleiben und ihm sogar seine Tochter anbietet. Dieser König ist der Wächter des »Schlosses des Nichtseins«, und da er dessen Gefahren kennt, hat er es zu seiner Aufgabe gemacht, jeden davon fernzuhalten. Aber der junge Mann überlistet ihn mit einem doppelten Versprechen, so daß der König ihm den Weg zeigen muß. Trotzdem gibt es eine lange Verzögerung, bis er ihn zum Eingang des Bades führen läßt. Man spürt: wenn es so großer Anstrengung bedarf, Menschen von der Gefahr fernzuhalten, muß etwas Schreckliches dahinterstecken. Das entspricht unserer Erfahrung, daß die Widerstandskräfte um so mehr wachsen, je näher man dem inneren Zentrum der Persönlichkeit kommt. Wenn Teile der gleichen Spannung sich einander nähern, wird ihre Abwehrkraft um so stärker, je mehr man sie gegeneinander preßt, bis sie sich schließlich vereinigen.
Psychologisch läßt sich sagen, daß die Annäherung eines unbewußten Teils einer Persönlichkeit an den inneren Kern des Selbst

sehr oft ähnliche Wirkungen zeitigt: nämlich eine gleichzeitige Reaktion von Anziehung und abschreckender Furcht, des Wunsches, sich zu nähern, wie ebenso der Furcht davor. Manchmal bleiben Menschen in jener Schwebehaltung des Ja und Nein jahrelang stecken, bevor der erlösende Augenblick kommt, der sie die Schwelle der Abweisung vom Selbst überschreiten läßt. Nicht nur in diesen zentralen Augenblicken, sondern auch sonst manchmal hat man das Gefühl, daß das Unbewußte dabei ist, etwas ans Licht zu fördern, und innerlich denkt man: »In Ordnung, ich werde allem begegnen, ausgenommen es ist nicht, wie ich hoffe, dieses oder jenes«, und dann kann man völlig sicher sein, daß es genau das ist. Man verfügt bereits über eine Ahnung, was es sein könnte, und daß es zur eigenen Persönlichkeit gehört, jenes Etwas, von dem man sagt: »Ich will allem begegnen außer dem«. Genau das gehört zu mir und meinem Leben! Auf diese Weise sind oft die bedeutendsten Schritte und Episoden in unserem Leben von einer Wolke von Widerstand und Furcht umgeben. Wenn man ganz aufrichtig mit sich selbst umgeht, weiß man nicht einmal, ob man es mehr wünscht oder fürchtet, weil beide gleich stark sind. Dieses seltsame Gefühl scheint ganz typisch zu jenen Bereichen der Realisationen zu gehören, die uns vom Selbst her suggeriert werden.
Als der König sah, daß er Hatim nicht vom Bad zurückhalten konnte, zeigte er ihm den Eingang, der seine Inschrift trug: »Dieser verzauberte Ort wurde erbaut von König Gayomard und wird für lange Zeit ein Wahrzeichen bleiben. Wer immer sich in seinen magischen Bann begibt, wird nicht lebend entkommen. Staunen und Grauen werden sein Geschick sein. Er wird hungern und dürsten, und obwohl er von den Früchten des Gartens essen kann, solange er nocht lebt, und sehen wird, was an diesem Ort zu sehen ist, wird er große Schwierigkeiten haben, wieder herauszukommen.« Zunächst dachte Hatim, daß diese Inschrift ihm bereits das Geheimnis mitteilte und spürte für einen Augenblick eine schreckliche Versuchung, zu glauben, er wisse alles darüber und brauche daher nicht hineinzugehen. Dann jedoch merkt er, daß das Selbstbetrug wäre, und beschließt, hindurchzu-

gehen. Es läßt sich jedoch erkennen, daß diese Inschrift einen allgemeinen Hinweis auf das Geheimnis gibt, obwohl es noch etwas ganz anderes ist.
Gemäß altpersischen Texten hieß der erste Mensch Gayomard. Er war eine kosmische Gestalt, und als er starb, entsprangen alle Metalle (d. h. die grundlegenden Elemente der Welt) aus seinem Körper, aus seinen Füßen erwuchsen zwei Rhabarberpflanzen, aus denen der erste Mann und die erste Frau entstanden.
Mit einem alchemistischen Ausdruck können wir Gayomard als prima materia bezeichnen, das Grundmaterial der gesamten Schöpfung. In späteren Legenden und Geschichten über ihn wurde er jedoch noch weiter amplifiziert und auch als erster König und Priester betrachtet, oder – um es genauer zu sagen – als Priester-König, der alle kulturellen Institutionen erschuf. In der späteren persischen Tradition wurde sein Bild auch mit jüdischem Material amplifiziert und so wurde er zum Schöpfer jeder Kulturordnung. Dieselbe Gestalt ging auch in die gnostische Vorstellung vom Erlöser der Menschheit ein, der erleuchtete Menschen zu Gott zurückführt, gegen die Dunkelheit kämpft und die Seelen sammelt, die zu ihm gehören. Nach einigen späteren gnostischen Interpretationen fiel der erste Mensch in die Materie hinab. Auch über Gayomard gab es eine solche Lehre: nachdem er in die Materie gefallen war, sei er so in der sichtbaren Welt zerstreut worden. Die Aufgabe sei gewesen, ihn wieder zu sammeln und zusammenzufügen, um ihm zur Rückkehr zur Ganzheit und zu seinem Ursprung zu verhelfen.
In der jüdischen Mystik heißt dieselbe Figur »Adam Kadmōn«. Manchmal wird er in eine Art Gegensatz zum Adam der Genesis gebracht, obwohl man ihn gewöhnlich mit diesem identifiziert. Im allgemeinen wird der Name in den Midraschim benutzt, um auszusagen, daß diese Anthropos-Gestalt noch in einer geheimen oder verborgenen Weise im sichtbaren Kosmos weiter existiert oder wenn er als Seele der kosmischen Schöpfung angesehen wird. Wie die Seele im ganzen Körper ausgebreitet ist, so die Seelensubstanz im ganzen Kosmos in der Gestalt eines riesigen Menschen. Diese Vorstellung einer verborgenen Anthropos-

Gestalt, die sich über den ganzen materiellen Kosmos hin ausbreitet, ist ein Urbild, das nie ausstarb und in der einen oder anderen Form auch in der Alchemie stets wiederkehrte. Zosimos (3. Jh.) war der erste, der diese Lehre in die Alchemie einführte. C. G. Jung hat den Zosimos-Text ausführlich gedeutet. Die meisten Alchemisten interpretierten ihre Bemühungen dahingehend, daß sie den Anthropos aus seinem in der Materie verstreuten Zustand wieder herauslösen, ihn in seine ursprüngliche, gesammelte Gestalt zurückführen und auf diese Weise die Weltseele aus der toten Materie erlösen und in ihrer ursprünglichen Integrität wiederherstellen wollten. Darin bestand die Hauptanstrengung des alchemistischen Werkes, und durch Projektion war damit der Gedanke der Erlösung der eigenen Psyche des Adepten gekoppelt.

Diese mystische Adam-Gestalt ist noch heute eine lebendige religiöse Figur bei einer Sekte, die an den Ufern von Euphrat und Tigris lebt, bei den Mandäern oder Nasoräern. Diese Sekte wurde von Lady Drower studiert, die sehr interessantes Material über sie publizierte (vgl. »The Secret Adam«. Oxford: Clarendon Press, 1960), von dem noch einiges unveröffentlicht ist. Sie lebte viele Jahre mit dieser Täufersekte, bevor es ihr gelang, Zugang zu einigen ihrer geheimen Schriften zu erlangen, und sie berichtet, daß noch mehrere existieren, die sie jedoch nicht hergeben wollen. Gemäß ihrer Lehre, lebten die Nasoräer vermutlich ursprünglich in Jerusalem und sind identisch mit den Essenern, die bei der Zerstörung Jerusalems vertrieben wurden, zu den oberen Ufern des Tigris auswanderten und sich dort ansiedelten. Aus diesem Grund bestehen enge Verbindungen zur jüdischen Mystik. Nach ihrer Lehre wurde der Kosmos zuerst in Gestalt eines riesigen Mannes geschaffen, und dieser riesige »Adam Kasia« ist immer noch die verborgene Seele des existierenden Kosmos. Das Wissen von diesem verborgenen Adam fällt zusammen mit der Bewußtwerdung dessen, was die Seele nach dem Tod erlebt, denn wenn eine menschliche Seele nach dem Tod aus dem Körper scheidet, ersteht sie in einer Weise neu, welche der des Adam Kasia parallel ist, wird gleichsam ein Duplikat dieser großen geistigen, ursprünglich kosmischen Gestalt.

Der erste kosmische Mensch ist gewöhnlich androgyn und besteht aus der prima materia der gesamten Welt. In »Mysterium Coniunctionis« (§ 217) sagt Jung:

> Das für uns hier Wesentliche in der Definition der prima materia ist die Bezeichnung »massa confusa« und »Chaos«, der ursprüngliche Zustand der Feindschaft zwischen den Elementen, jenes ungeordnete Durcheinander, das der artifex durch seine Operationen allmählich ordnet.

In der späteren mittelalterlichen Alchemie heißt es auch, daß jeder Stern sich in seinem Körper befinde, weil er ein Mikrokosmos sei. Rabbi Eliezer berichtet in der jüdischen Tradition: »Gott sammelte den Staub, aus dem er Adam machte, von den vier Enden der Erde«, und in einem Text aus dem zweiten Jahrhundert heißt es: »Adam wurde aus dem Staub der ganzen Welt gemacht«. In der arabischen Tradition heißt es: »Als die Erde sich weigerte, den Stoff für die Erschaffung Adams bereitzustellen, kam der Todesengel daher mit drei Arten von Erde: schwarz, weiß und rot«, in einer assyrischen Parallele sind es jedoch vier Elemente und beim Dichter Rumi sogar sieben Farben. Diese drei, vier oder sieben Elemente werden gewöhnlich in einer Mandalaform angeordnet dargestellt. Die weitaus differenzierteste Darstellung davon haben wir im syrischen »Buch der Schatzhöhle« (hrsg. von E. Wallis Budge). Dort ist Adam aus den vier Farben rot, schwarz, weiß und grün und aus Erde von den vier Enden der Welt zusammengefügt. Jung schreibt (Mysterium Coniunctionis, § 220):

> Nach einem Targum nahm Gott den Staub aus den vier Weltteilen und auch von der heiligen Stätte, dem Mittelpunkt der Welt. Die vier Weltteile erscheinen wieder in den vier Buchstaben von Adam: anatole (Morgen), dysis (Untergang), arktos (Norden), mesembria (Mittag).

Das ist ein Wortspiel, das auch im Zosimos-Text vorkommt.

Adam lebte und starb, wo später in Jerusalem das Kreuz errichtet wurde. Er wurde begraben auf Golgotha und starb an einem

Freitag zur gleichen Stunde wie Jesus. Er hatte vier Kinder: Kain, Lebhuda, Abel und Kelimath, die sich später gegenseitig heirateten. So schuf er einen Heiratsquaternio. Adams Grabstätte ist eine »Schatzhöhle«. All seine Nachkommen müssen im Dienst dieses ersten Toten stehen und ihn nie verlassen, weshalb später das Kreuz an dieser Stelle errichtet wurde, da Jesus als zweiter Adam galt.

Wir haben jetzt genügend Material, um zu sehen, daß die Idee dieses Anthropos, des Wesens am Anfang und auch am Ende in auferstandener Gestalt und manchmal in verschiedenen Erlösergestalten, aus psychologischer Sicht ein Symbol dessen ist, was wir die unbewußte Seele und ihre Ganzheit nennen, und daher ist sie, nach Jung, auch ein Bild der Gottheit.

Besonders am Ende der Tage, in seiner wiedererstandenen Form, erscheint der Anthropos in gnostischen Texten als eine Statue. Ab und zu ist er das aber bereits auch zu Beginn seiner Existenz, bevor Gott den Lebensodem in ihn blies. »Statue« meint hier also eher seinen ersten toten Körper, bevor er mit einer Seele belebt wurde.

Wir leben heute an einem Wendepunkt der naturwissenschaftlichen Einstellung. Infolge dieser extravertierten Einstellung waren wir dabei des naiven Glaubens, daß wir nur unseren Sinnen zu trauen brauchten, und daß unsere Entdeckungen, wenn wir auf die äußeren stofflichen Erscheinungen in Physik, Chemie usw. schauten und an ihnen Messungen vornahmen, absolute oder zumindest statistische Wahrheiten seien. Nur ganz allmählich dämmerte uns – zuerst in der theoretischen Physik, aber auch in anderen, mit ihr verbundenen Naturwissenschaften, daß wir nie in der Lage sein werden, eine Behauptung darüber aufzustellen, was die Außenwelt in sich selbst ist. Wir können nur psychische Modelle entwerfen und wenn diese relativ häufig und gut mit den Reaktionen der äußeren Materialien übereinstimmen, können wir sie getreue Abbilder nennen, andernfalls Illusionen. Auf diese Weise verbessern wir laufend unsere Modelle und Interpretationen der äußeren Tatsachen.

Ich finde es sehr symptomatisch, daß man inzwischen in den

mathematischen und Natur-Wissenschaften zur Einsicht gelangt ist, daß mathematische Hypothesen und Theoreme, mit deren Hilfe wir eine »objektive« Sicht der Außenwelt erlangen, herrühren aus dem, was für uns das Unbewußte ist, und nicht von Außenweltreizen. All unsere Wissenschaft über die Außenwelt ist daher eigentlich anthropomorph und entspricht letztlich gewissen Modellen und innewohnenden Strukturen unserer psychischen Struktur, oder, um es in Jungscher Terminologie zu sagen: die Grundideen moderner Mathematik und Naturwissenschaft sind archetypisch und entspringen dem kollektiven Unbewußten. Von daher läßt sich gut nachvollziehen, wie jene antiken Texte dazu kamen, Adam, den wir heute ein Symbol des kollektiven Unbewußten und des Selbst nennen würden, mit dem Makrokosmos zu identifizieren. Für jene Menschen war das kollektive Unbewußte identisch mit der gesamten umgebenden Welt, welche die Gestalt eines ungeheuer großen menschlichen Wesens annahm.

Es ist nicht nur meine Intuition, die von Gayomard zu den Nasoräern und zur modernen Physik springt. Die Vorstellung vom Anthropos als grundlegendem psychischem Modell des gesamten Kosmos existierte bereits zu Beginn der Entwicklung unserer Naturwissenschaften, so daß man sie eher als den Stimulus ansehen könnte, der hinter allem, was wir durch Naturwissenschaft geschaffen haben, steht. Von Anfang an war diese Vorstellung die Zentralidee aller großen Alchemisten und führte von ihnen her direkt zur Entwicklung der modernen Naturwissenschaften, zunächst zur Chemie und dann zur Mikrophysik.

Die alchemistische Trennung Adams von seinem kosmischen Körper und seiner all-durchdringenden Seele bereitet jene Spaltung vor, bei der wir jetzt angelangt sind, wenn wir eine begriffliche Unterscheidung treffen zwischen den äußeren materiellen, kosmischen Tatsachen und dem, was wir das kollektive Unbewußte nennen. Wir huldigen heute einem totalen Dualismus. Die Psychologie erforscht das kollektive Unbewußte, indem sie in die Menschen hineinschaut, und die Naturwissenschaft untersucht die äußere stoffliche Welt, indem sie nach außen schaut. Das gleicht einer Spaltung zwischen Körper und Seele des kosmischen Adam oder der Ganzheit. Wir stellen eine doppelte Hypothese auf: die Seele sei »innen« und ein materieller Körper »außen«, und wir untersuchen sie durch zwei verschiedene Wissenschaften. Die heutige Spaltung hat sich seit zweitausend Jahren vorbereitet. Die Vorstellung von einem ersten Menschen, der aus einem materiellen Körper besteht, auch »Statue« genannt, und von einer – darin verborgenen – unsichtbaren Seele, die seine Essenz ist, hat zweifellos viel zur Entfremdung von Natur- und Humanwissenschaften beigetragen, ja deren Spaltung war bereits in diesem dualistischen Bild des ersten Menschen angelegt.

Diese Anthroposgestalt wird gewöhnlich geopfert, sie zerfällt, ertrinkt, sinkt zerstückelt in die Materie, aus der sie wieder gesammelt werden muß. Und unter diesem Aspekt sowie unter dem der Alchemisten wird sie mehr als die prima materia, die ursprüngliche Materie des alchemistischen Wandlungsprozesses, begriffen. Wir müssen daher spezifizieren und sagen: Als erste Erscheinung aus dem Unbewußten ist er der vorbewußte Aspekt des Selbst.

Der erste Adam heißt in der Alchemie nicht nur prima materia, sondern ist auch das Chaos, woraus wir ersehen, daß jene sich bekämpfenden Tiere und Skorpione wiederum ein Aspekt der prima materia, jedoch in ihrem widerstreitenden, verworrenen Zustand sind, aus dem dann der Talisman eine Vierteilung macht. Dieses Motiv stammt ebenso aus alchemistischen Quellen wie die Idee, daß der erschlagene Drache mit einem Schwert im Zeichen des Kreuzes in vier Teile geteilt werden muß. Eine solche Aufteilung entspricht einem ersten Versuch, Ordnung in das chaotische Material des Unbewußten zu bringen, denn jede Teilung in vier entspricht unserer Bewußtseinsstruktur. Bei allen Versuchen, eine chaotische Situation zu ordnen, wenden wir sie an, auch in der projektiven Trigonometrie. Das ist ein modernerer Talisman, entdeckt von Descartes. Die archetypische Grundstruktur unseres Bewußtseins zwingt uns, so vorzugehen.

Wenn wir den Individuationsprozeß im Sinne Jungs untersuchen, erkennen wir, daß der führende Faktor des Prozesses von Anfang an der gleiche ist wie das, was sich am Schluß als Ziel entpuppt, nämlich die Bewußtwerdung des Selbst. Das Selbst führt und reguliert von Anfang an den inneren Wachstumsprozeß und ist damit auch schon die prima materia der gesamten Entwicklung. In ähnlichem Sinn verstand man jene erste Gestalt des Adam. Und zur gleichen Zeit ist seine Wiederherstellung oder Wiederzusammensetzung zu einer Gestalt und seine Auferstehung aus seinem gefallenen Zustand das Ziel des ganzen alchemistischen Prozesses. In unserem Märchen haben wir meist mit dem Aspekt der prima materia zu tun, weil ja Gayomard verschwand und nur diese eher unheimliche Struktur des Schlosses des Nichtseins zurückließ, das den Diamant enthielt, der in der Alchemie als Ziel gilt und daher mit Gayomard identisch ist. Der Diamant symbolisiert gleichsam den Endaspekt und Gayomard die prima materia derselben Sache.

Unser Amplifikationsmaterial hat die Tatsache erhellt, daß der erste Adam oft aus einem Quaternio entsteht. Von daher können wir rückblickend die List verstehen, die Hatim anwandte, als er den Talisman zur Erde warf. Er benutzte ein symbolisches Modell, das mit dem Ziel seiner Reise in Beziehung stand. Daher interpretierte ich es als eine *legitime* Art der Unterdrückung eines Konflikts, weil Hatim so bereits auf dem Weg zu seinem Ziele war.

Die Inschrift auf der Tür zum Schloß gibt einen unheimlichen Hinweis auf das, was nun Hatim begegnen wird. Er erfährt, daß ihm Erstaunen und Grauen begegnen werden, daß er zwar von den Früchten des Gartens essen darf, solange er lebt, aber vermutlich nie mehr herauskommen wird. Zunächst wird er dadurch entmutigt, entscheidet sich jedoch dann, hineinzugehen, und kommt zunächst in eine totale Wüste, so daß er ausruft: »Aha, jetzt weiß ich, warum man dies das Schloß des Nichtseins nennt«.

Auch bei Dantes Abstieg ins Inferno stand an der Tür: »Laßt alle Hoffnung fahren, die ihr eintretet!« Dennoch erscheint hier das Unbewußte nicht in einer Reihenfolge von chaotischen oder erschreckenden Bildern oder als wilde, angreifende Tiere, sondern als absolut leeres, bedeutungsloses Nichts, das ebenfalls ein Aspekt des Unbewußten ist und Menschen besonders in äußerste Verzweiflung treibt. Wenn sich jemand in einer schwierigen Situation dem Unbewußten zuwendet und dort keine Träume oder nur chaotische bzw. irreführende Traumfetzen auftauchen, die nichts mit der aktuellen Situation zu tun zu haben scheinen, fragt man sich, wie aus diesem Ort totaler Verwirrung überhaupt etwas Gutes kommen könnte. Die wohlbekannte, schreckliche und weit verbreitete Furcht vor dem Unbewußten geht hauptsächlich auf diesen Aspekt zurück. Die Menschen sagen sich: »Wenn ich mich dem Unbewußten zuwende, werde ich total verrückt« oder andere sagen: »Ich weiß, daß ich verrückt bin, aber wenn ich in Analyse gehe und das Unbewußte heraufhole, dann werde ich erst wirklich verrückt.« Darin ist ein Körnchen Wahrheit, denn ihnen erscheint das Unbewußte wirklich als »Schloß des Nichtseins«: als wäre nichts Faßbares in der Psyche vorhanden. Gerade dort, wo sich nichts mehr finden läßt, beginnen dann vielleicht die Träume einen Wink zu geben, man solle sich seiner Phantasie zuwenden, und man ermutigt die Leute dazu. Doch sie erwidern: »Ach, das ist nichts. Es ist Unsinn, das hilft mir auch nicht weiter!«

Nachdem Hatim eine Zeit durch die Wüste gewandert ist, begegnet ihm ein junger Mann mit einem Spiegel unter dem Arm, grüßt ihn und zeigt ihm den Spiegel. Hatim fragt nach dem Bad und erfährt, daß es ein Stück weiter weg ist. Der Barbier hier ist eine wichtige Gestalt, die dann später verschwindet. Er gibt Hatim ein Lendentuch und Krüge voll warmen Wassers, die er sich übers Haupt schütten kann, und danach beginnt die Katastrophe der Verwandlung. Von da an ist keine Rede mehr vom Barbier. Er führt ihn nur zu dem schrecklichen Ort und überläßt ihn dann seinem Schicksal.

In den sogenannten Visionen des Zosimos, werden der Opferer und der Geopferte, die ein und dieselbe Person sind, durch einen Barbier symbolisiert. Jung sagt folgendes:

Mit der Weihung, d. h. mit der geistlichen Wandlung oder Initiation, ist das Scheren des Hauptthaares seit alters verknüpft. Die Isispriester hatten kahlgeschorene Schädel, und die Tonsur ist bekanntlich noch bis auf den heutigen Tag gebräuchlich. Dieses »Symptom« der Wandlung dürfte sich aus dem altertümlichen Gedanken erklären, daß der Gewandelte ein neugeborenes Kind mit noch kahlem Kopf sei. Im Mythos der Nachtmeerfahrt verliert der Held während der Inkubation, d. h. während des Aufenthaltes im Bauche des Monstrums infolge der dort herrschenden Hitze sämtliche Haare. Der auf diesen Urvorstellungen basierende Tonsurbrauch setzt selbstverständlich die Anwesenheit des rituellen Barbiers voraus. Merkwürdigerweise begegnen wir dem Barbier auch in jenem anderen alchemistischen Mysterium, nämlich der »Chymischen Hochzeit«. Dort wird der Held beim Eintritt in das geheimnisvolle Schloß von unsichtbaren Barbieren überfallen, und es wird ihm etwas wie eine Tonsur angeschoren. Auch hier begleitet die Scherung sinngemäß die Initiation und den Wandlungsprozeß überhaupt.

Offensichtlich besteht ein Einfluß alchemistischer Ideen auf unser Märchen, und der Barbier darf somit als initiierender Priester angesehen werden. Er initiiert buchstäblich: er führt die Menschen ins Bad und hat überdies den Spiegel. Das mag weit hergeholt erscheinen, denn im Orient ist es Brauch, daß ein Barbier einen Spiegel trägt. Aber wenn wir es symbolisch nehmen wollen, würde der Spiegel seinen Wunsch andeuten, Hatim zur Selbsterkenntnis zu führen, d. h. sich in seiner objektiven Gestalt zu reflektieren.
Als der Barbier ihn zum Bad führt, sieht Hatim eine Riesenkuppel, die bis zum Himmel zu reichen scheint. Er tritt ins Bad, und als er zurückschaut, ist die Tür hinter ihm verschwunden, und er ist eingemauert.
Das ist ein wahrhaftes Alptraummotiv: sich im Gefängnis zu wissen, nach einem Durchschlupf zu suchen, aber statt dessen noch mehr eingeschlossen zu werden. Sicher sind wir alle schon durch solche nächtlichen Schrecken gegangen. Diese ernsthafte Gefangennahme wird im allgemeinen erlebt, wenn man das Gefühl hat, daß das Selbst einen einschließt, weshalb Jung auch das Gefängnis ein Symbol des Selbst nennt, jedoch nur so lange, als die Furcht vor dem Selbst vorherrscht. Dann hat man alle

Arten von Phantasien und ist bereit, alles zu akzeptieren, außer einer bestimmten Sache in einem Winkel seiner Seele. Und dann passiert einem eines Tages gerade das, und man kommt sich vor, als habe man es längst gewußt. Es ist wie eine Falltür, die hinter einem zufiel. Vielleicht hat man sich vorgestellt, daß man sich nie in einer bestimmten Weise verlieben würde, und dann gerät man genau in die Situation, die man unter allen Umständen hätte vermeiden wollen, und dann sitzt man ganz schön in der Falle. Man wollte es, fürchtete es und besaß eine Art absolutes unbewußtes Wissen, daß man genau dort eines Tages landen würde. Oder es gibt etwas, woran man nicht arbeiten möchte. Ich hatte eines Tages das Gefühl, an einem Traum arbeiten und darüber schreiben zu müssen, und ich hatte das Gefühl, ich würde alles andere tun, aber nicht das. Ich hatte Angst, an diesem Abend zu Bett zu gehen, denn ich wußte, meine Träume würden genau das hochbringen. Ich hätte meinen Kampf abkürzen können durch die Aussage: »Ja, ich weiß, daß ich es tun muß, aber ich fürchte es so sehr.« Doch das kann man natürlich nicht tun. Man rennt im Kreis herum, um zu entkommen, hat keine Zeit, oder sonst etwas Wichtiges muß getan werden, und die ganze Zeit über rennt der Teufel hinter einem her und flüstert: »Genau das mußt du tun!«

Das Wasser über sich schütten ist die normale Art, im Orient zu baden. Als Hatim dies zum drittenmal tut, entsteht ein fürchterlicher Donnerlärm und eine totale Finsternis. Danach sind Barbier und Bad verschwunden, und alles ist mit Wasser angefüllt, das ihm bis zu den Waden reicht und immer weitersteigt. Als es ihm bis zu den Knien geht, watet er herum nach einem Ausgang, aber weder eine Tür noch sonst ein Durchschlupf ist zu finden. Als es ihm bis zur Taille reicht, jagt er erneut ohne Erfolg umher. Als es ihm bis zum Hals geht, muß er schwimmen, und nun glaubt er zu wissen, warum nie jemand entkam: alle waren ertrunken! »Und auch du, Hatim, wirst den Tod in diesen Fluten finden. Doch, wenn ein Mann dem Tod gegenübersteht, sollte er sich dem barmherzigen Gott anvertrauen«, und daher betet er: »Gott, ich habe all meine Kraft in deinen

Dienst gestellt. Ich besitze nur ein Leben, aber auch wenn ich tausend hätte, würde ich sie dir überantworten. Dein Wille geschehe!«

In diesem Augenblick wird er gegen den Mittelpunkt der Kuppel gedrückt, der in einem *runden Stein* besteht, und als Hatim sich, müde vom Schwimmen, für eine Minute ausruhen möchte und ihn ergreift, erhebt sich ein donnerndes Getöse, und er findet sich in einer Wüste. Soweit das Auge reicht, sieht er nichts als Ödland.

Hatims Versinken im Wasser könnten wir kurz als das interpretieren, was einem begegnet, wenn man in seinem eigenen Wesen gefangen ist und sich dem Unbewußten stellen muß, das in einer drohenden und bedrängenden Form erscheint. Ein interessanter Aspekt daran ist der, daß in vielen alchemistischen Texten Adam Kadmōn, oder in den mittelalterlichen Adam und Eva in dieser Weise im Wasser versinken.

Im Kapitel über Adam und Eva in »Mysterium Coniunctionis« kommentiert Jung den Text des Alchemisten Basilius Valentinus, der berichtet: Adam habe in einem Bad gesessen, in dem er Venus als seine Partnerin gefunden habe. Dieses Bad sei von einem alten Drachen bereitet worden. Adam vereinigt sich mit Venus, aber dann überschwemmt das Wasser beide, und sie ertrinken. Nach Jung erscheint die geheime Arkan- oder Wandlungssubstanz hier als der innere oder ursprüngliche Mensch. Er wird von Venus, der Göttin der Liebe, verführt, eine sehr gute Beschreibung einer typischen, psychologischen Situation. Das höhere spirituelle Sein wird hier in der Materie ertränkt: Bad, Untertauchen, Flut, Taufe und Ertrinken sind alchemistische Synonyme und symbolisieren eine tief unbewußte Lage und – worauf ich die Betonung legen möchte – eine Inkarnation des Selbst, wobei dieses »wiedergeboren« wird oder sich in einen Zustand verwandelt, in dem es erfahren werden kann. Denn wenn das Selbst ins Bewußtseinsfeld des Ich eintritt, wird das von ihm aus wie ein Ertrinken oder Zerfall erlebt. Es ist, als sperrte man ein kosmisches Wesen in einen schmutzigen kleinen Stall ein. Wir denken an den Individuationsprozeß immer nur wie

an eine wunderbare Erfahrung des Ich, welches das Selbst erfährt – mit geistiger Erhebung, Inflation und sonstigem. Aber unter dem Aspekt des Selbst, das im unbewußten Zustand in einem Pleroma weilt, bedeutet das ein Absinken und wird in solchen Träumen auch so dargestellt.
Gerard de Nerval, ein französischer Dichter, wurde schizophren und geriet in relativ jungem Alter in eine unglückliche Liebesaffäre. Kurz vor seinem ersten Schub hatte er einen erschreckenden Traum. Er ging darin in einen jener typischen Hinterhöfe eines Pariser Hotels, wo alle Abfallkübel stehen und Katzen umherstreunen, und er sah, daß ein riesiger Engel dort herabgefallen war. Er hatte wunderschöne Flügel mit Federn, die in tausend leuchtenden Farben schillerten, aber er war eingeklemmt und so gefangen. Gerard de Nerval war buchstäblich zu engstirnig, um diesen Einfall anzunehmen. Bei der kleinsten Bewegung des Engels, sich zu befreien, wäre das ganze Hotel zertrümmert worden. Dieses Bild zeigt den Prozeß des Ertränkens von seiten des Selbst. Im Bewußtsein hatte der Dichter eine typische Pariser französische Mentalität, die zu engstirnig und rationalistisch war und sich daher gut mit einem Hotel-Hinterhof vergleichen ließ. Sie war der inneren Erfahrung nicht gewachsen und das führte eine schizophrene Explosion herbei. Denn wenn die bewußte Einstellung oder das Herz sich nicht für eine ungeheure innere Erfahrung weit offen hält, führt das zur Schizophrenie, weil der Einbruch des Unbewußten dann die bewußte Persönlichkeit sprengt.
Dieser Traum zeigt das Ertrinken des Selbst in der Enge der menschlichen Psyche. In Nervals Fall war die Ich-Einstellung zu eng, und das Selbst sprengte sie, der Dichter erhängte sich. Aber sogar wenn das Selbst sich einem normalen Bewußtsein nähert, findet diese Einengung statt, und das bedeutet einen schweren Konflikt. Heute ist das in Träumen oft so dargestellt, daß ein übermenschliches Wesen aus einem Flugzeug als Fallschirmspringer steigt oder etwas Ähnliches. Bei solchen Träumen bin ich immer wachsam und sage mir, daß in zwei bis drei Tagen oder einer Woche der Analysand sicher etwas Großes zur Kenntnis zu

nehmen hat, denn das Unbewußte hat es bereits angezeigt, daß etwas bisher Unbewußtes vom Unendlichen herniederfallen wird in den Bereich menschlicher Realisierung. Es gibt dazu viele Parallelen, z. B. das Motiv der fliegenden Untertassen mit all jenen Landungen übernatürlicher Wesen. All diese Dinge stellen die Vorwegnahme einer Wahrnehmung des Selbst dar. So sieht die moderne Vision eines an sich uralten Motivs aus. In der christlichen Lehre heißt es, daß Christus vom Beginn der Tage bei Gott weilte als der Logos, dann aber »sich selbst entäußerte« (ekenōsen) und Fleisch wurde. Da haben wir die gleiche Idee: er lebte in einer Art göttlicher Fülle (Pleroma) im Jenseits und mußte sich selbst dieser Fülle entäußern, um ein menschliches Wesen zu werden; das ist die berühmte Lehre von der »Kenōsis«.

In unserem Märchen ist es Hatim, der dieses Schicksal auf sich nimmt, d. h. mit dem Eintritt ins Bad wurde er identisch mit dem Anthropos, in dem er nun eingeschlossen ist, und jetzt muß er das gleiche Schicksal erleiden, denn was ihm widerfährt, ist jetzt identisch mit dem, was dem Selbst widerfährt.

Mit der eigenen inneren größeren Persönlichkeit Kontakt aufzunehmen, bedeutet also für beide ein schicksalhaftes Geschehen. Es ist, als ob ich mit einer inneren Gestalt Freundschaft schließe, denn von jetzt an sterben wir oder gehen wir gemeinsam weiter, denn unser Schicksal ist absolut miteinander verwickelt. Darum haben die Menschen solche Ängste in bezug auf den Individuationsprozeß, denn sie wissen, wenn diese Beziehung einmal hergestellt ist, gibt es kein Entrinnen mehr oder nur, indem man sich Beine und Arme abschneidet. Um es einfacher und praktischer auszudrücken: ich habe oft mit Erschrecken bemerkt, daß Menschen, welche mit der Tiefenpsychologie Berührung aufnahmen und sie nach einiger Zeit wieder aufgaben, entweder teuflisch böse oder schrecklich neurotisch wurden oder starben. Ich sagte einmal zu Jung, es komme mir vor, als sei Jungsche Psychologie manchmal ein gefährliches Gift, das Gift der Wahrheit. Er bestätigte, daß es absolut destruktives Gift bedeute, sie aufzunehmen und wieder fallenzulassen. Wenn man einmal genug Ahnung von dem hat, was innerlich abläuft und was das zu sagen hat, dann kann man nur um den Preis entkommen, daß man in höchstem Maß neurotisch wird. Darum sollte man nie Leute dazu ermutigen, eine Jungsche Analyse zu machen, wenn sie Widerstände haben, denn niemand kann die Verantwortung für einen solchen Schritt übernehmen. Man soll um Gottes willen nicht den enthusiastischen Fehler begehen, Menschen eine Analyse anzuraten, denn das hieße, sie ins Bad zu stecken, die Tür zu schließen, und dann ertrinken sie entweder oder sie kommen geheilt wieder heraus. Nur ihr innerer Barbier darf das tun, aber kein Mensch, nicht wir.

Daß man einer psychologischen Wahrheit nicht mehr entkommen kann, wenn man sie einmal berührt hat, läßt sich im Märchen daran sehen, daß das Wasser langsam steigt und Hatim zu versinken droht. Aber im gleichen Maße, wie er versinkt, nähert er sich dem Selbst, dem Stein in der Kuppel. Es ist in der Tat das Selbst, das in ihn hinein oder auf ihn zu versinkt, sie nähern sich buchstäblich einander, denn während er schwimmt, wird er emporgehoben, bis er den zentralen Stein der Kuppel erreicht. Er wird gegen das Selbst gepreßt, gegen seine wahre Persönlichkeit. Wenn die Bauleute einen solchen Stein setzen, ist ein Gebäude beendet. Er ist der unerläßliche Teil, der alle auseinanderstrebenden Teile der Kuppel am Ort hält. Von einem konstruktiven Standpunkt aus betrachtet ist er buchstäblich der zentrale Regulierungsfaktor des ganzen Gebäudes und der einzige, auf den hin sich das gesamte Gebäude zuneigt. Wenn er erreicht wird, findet eine Art magischer Verwandlung statt und der Todeskampf Hatims ist in diesem Augenblick verschwunden.

Trotz dieser Veränderung nimmt Hatim wahr, daß er immer noch weitere Not auszuhalten hat, denn jetzt befindet er sich in der Wüste und weiß nicht, was sich dort ereignen wird. Er macht jedoch eine interessante Bemerkung, als er sagt: »Wenn ich den Fluten entronnen bin, werde ich vermutlich den anderen Bannzaubern und Verfluchungen auch entkommen.« Das ist eine wahrhaft psychologische Bemerkung, denn während des Individuationsprozesses gerät man ständig in solche ausweglosen Situationen und kommt sich vor, als sei alles, was man bisher erfahren habe, ohne Nutzen, man steht scheinbar wieder am selben Fleck. Wenn man jedoch einmal die wunderbaren Wendungen und Lösungen, die das Unbewußte bereithalten kann, erfahren hat, besitzt man eine Art Glauben. Man erinnert sich, daß man bereits einmal eine solche Lage durchmachte und auch damals nicht die wunderbare Wendung vorausahnen konnte, so daß man auch diesmal darauf hoffen kann. Von daher ist die Krise, in der man zum erstenmal in die Gefangenschaft des eigenen Unbewußten gerät, im allgemeinen die schlimmste, weil man da wirklich das Gefühl bekommt, daß man den Kopf verliere oder Selbstmord begehen müsse. Später jedoch besitzt man mehr Hoffnung.

Das gleiche trifft zu, wenn z. B. jemand von einer Animus- oder Animalaune befallen wird. Beim erstenmal erlebt man einen solchen Angriff absolut. Beim zweitenmal gibt es etwas tief in einem selbst, das weiß, daß man wieder in einem solchen Zustand ist, auch wenn man es niemandem eingestehen könnte, und man weiß, daß dieser Zustand demjenigen, den man einmal als Besessenheit erfuhr, sehr ähnlich ist. Trotz einer Wiederholung besteht Hoffnung, daß das Leben auf normale Weise weitergehen werde. Das zeigt sich wunderbar bei den Worten Hatims: »Bin ich den Fluten entronnen, so werde ich wohl auch allem anderen, was noch folgt, entrinnen.«

In der Wüste geriet er dann an ein Gartentor. Sobald er jedoch eingetreten war, verschwand es, wie auch das Bad. Und er sagte: »Welch neues Elend liegt jetzt für mich bereit? Wie soll ich diesem magischen Zirkel entkommen?« Er ging im Garten umher, der voll war von Blumen und fruchtbeladenen Bäumen. Er kostete einige und aß, aber soviel er auch aß, er wurde nie satt. Und so aß er fast tausend Pfund, und blieb doch hungrig. Trotzdem faßte er Mut und ging seinen Weg weiter. Als er in die Nähe des Schlosses kam, sah er eine Menge Steinstatuen wie Idole um den Schloßplatz stehen. Er fragte sich, was das zu bedeuten habe, jedoch gab es niemanden, der ihm bei der Lösung des Rätsels hätte helfen können. Während er so gedankenverloren dastand, hörte er aus dem Innern des Schlosses einen Papagei rufen: »Junger Mann, warum stehst du dort? Warum kamst du her, willst du dein Leben beenden?« Als Hatim aufschaut, sieht er die Inschrift, die wir bereits besprachen und die ihm mitteilte, daß dies der Ort Gayomards sei. Es wird hinzugefügt, daß auch der Papagei unter einem Zauberbann stehe,und wenn er von diesem Platz entkommen wolle, müsse er Pfeil und Bogen nehmen, die auf einem goldenen Stuhl bereit lagen, und den Papagei erschießen. Treffe er ihn, habe er den Bann gebrochen, wenn nicht, werde er zur Steinstatue. Als Hatim das gelesen hatte, schaute er zu den Statuen und sagte traurig: »Aha, so also kam es zu euch. Und auch du, Hatim, wirst dein Leben in diesem verworrenen Hexenkessel enden! Aber der Mensch denkt und Gott lenkt!« Mit solchen Gedanken ging er ins Schloß, nahm Pfeil und Bogen, setzte einen Pfeil an und schoß auf den Papagei.

Dieser magische Garten erinnert natürlich an den Garten Eden mit seinen wunderbaren Eigenschaften. Aber er besitzt auch etwas von einer orientalischen Fata Morgana, denn die Früchte, die man ißt, nähren nicht. Sie besitzen nur illusionäre Qualität, auch in der Weise, wie sie erscheinen und wieder verschwinden. Dieser Garten läßt sich daher als das mütterliche Unbewußte betrachten und als seine »maya«, den Illusionen-bewirkenden Faktor. Obwohl man den Diamant in dem Garten finden kann, gehört der Garten selbst einer mehr teuflischen Erfindung zu, er ist nicht das wirklich Gesuchte. In psychologische Sprache übersetzt heißt das: das Unbewußte enthält den Diamanten, die Möglichkeit zur Individuation, ist jedoch ebenso eine Art Fata Morgana, die die Menschen völlig irreführt, wenn sie nicht die richtige Orientierung haben. Man muß nur den Wahnvorstellungen Geistesgestörter in den Kliniken lauschen, um zu erleben, was es bedeutet, sich in diesem Garten zu verlieren in absolut unwirklichen Phantasien. Daran kann man erkennen, was es bedeutet, in diesem Garten zu sein. Das Unbewußte sagt die volle Wahrheit, jedoch in symbolischer Sprache, und wenn jemand sie wörtlich nimmt, geht die ganze Wahrheit verloren. Es gibt jedoch ein wunderbares Symptom, an dem trotz der täuschenden Phantasie dieses Gartens deutlich wird, daß Hatim nicht verrückt werden wird: er nimmt wahr, daß die Früchte ihn nicht nähren. Für eine geistesgestörte Person sind nämlich ein illusionäres und ein wirkliches Beefsteak ganz und gar das gleiche, nicht aber für einen normalen Menschen, dessen Realitätssinn erhalten bleibt. Anstatt zu essen, stellt Hatim fest, daß er davon nicht genährt wird, und das läßt ihn gesund bleiben.

Pfeil und Bogen waren zu Hatims Zeiten noch in Gebrauch, vor allem beim Sport, obwohl sie allmählich altmodisch wurden und man sie durch andere Waffen ersetzte. Pfeil und Bogen gehören zu den intelligentesten Erfindungen der Menschheit und wurden daher stets als numinos und wunderbar angesehen. So sagen z. B. die australischen Ureinwohner, daß Pfeil und Bogen entstanden, als der Bogen-Ahne und seine Sehnen-Frau – die stets ihre Arme um seinen Hals schlingt und ihn umarmt – zur Erde kamen und der Menschheit offenbarten, wie man Pfeil und Bogen herstellt, danach wieder verschwanden, was bedeutet, daß die Idee, solche Geräte zu konstruieren, auf einer unbewußten Inspiration beruhte. Man hätte das nicht bewußt ausdenken können, es war die Entdeckung eines Genies und befähigte die Menschen der Frühzeit, aus der Ferne zu töten. Nach dem Nahkampf mit wilden Tieren erfolgte als nächster Schritt das Werfen von Stöcken oder Speeren, aber das erforderte immer noch einen schrecklichen Mut, sich dem Tier zu nähern, war außerdem nicht nur gefährlich bei verschiedenen Tieren, sondern machte auch das Jagen von Vögeln praktisch unmöglich. So war es ein erheblicher Vorteil, als der Mensch fähig wurde, auf geräuschlose Weise seine Beute aus der Entfernung zu treffen. Die Geräuschlosigkeit ging mit der Erfindung des Gewehres verloren. Die Erfindung von Pfeil und Bogen stand als Errungenschaft der Intuition der rohen Gewalt gegenüber. Dazu kommt, daß man damit seine Geschicklichkeit im Treffen üben kann, man hängt auf die Dauer nicht nur von einem guten Auge und einer sicheren Hand ab, sondern auch von der seelischen Verfassung. An einem schlechten Tag wird man die Scheibe verfehlen. Die Menschen merkten, daß dazu also auch »Magie« gehörte, um sich in die richtige psychologische Verfassung zu bringen.

So bedeutete der Gebrauch von Pfeil und Bogen von Anfang an auch die Aufforderung, im rechten inneren Gleichgewicht zu sein. Da das gleiche fürs Schießen gilt, wird vor Schießwettkämpfen immer so viel magisches Getue von den Teilnehmern gemacht, was Essen, Diät und ähnliches angeht. Sie reden von einem guten oder glücklichen bzw. unglücklichen Tag, und einige beobachten sogar ihre Träume, auch wenn sie keine Ahnung von Psychologie haben, und sagen beim Aufstehen am Morgen: »Heute werde ich einen schlechten Tag haben und daneben treffen!« Unwillkürlich werden sie sich bewußt, wie sehr die ganze Angelegenheit vom inneren Gleichgewicht abhängt. Mit Pfeil und Bogen die Scheibe treffen, bedarf einer außerordentlichen Konzentration an Intelligenz und Intuition aus einer Haltung des inneren Gleichgewichts heraus. Es ist bekannt, daß Bogenschießen in Japan zu den Zen-buddhistischen Künsten gehört, deren symbolische Bedeutung darin liegt, daß sich daran ermessen läßt, wie weit der Novize in Kontakt mit seinem Selbst oder dem Tao ist, und dem entsprechend wird sein Schuß sein.

Anscheinend geht es auch hier darum. Die Zielscheibe ist sehr schwer zu treffen, denn der Papagei fliegt stets hoch und scheint das sehr schnell zu können, so daß große Geschicklichkeit erforderlich ist. Trotz der Tatsache, daß Hatim einer der größten Ritter seiner Zeit und als solcher perfekt im Bogenschießen ist, verfehlt er den Papagei zweimal, und beim dritten Mal trifft er ihn nur mit Hilfe eines Gebetes und mit geschlossenen Augen. Das entspricht auffallend einer Zen-buddhistischen Situation: nicht durch die Konzentration auf das äußere Ziel und seine eigene Geschicklichkeit trifft er, sondern dadurch, daß er mit dem inneren Selbst in Kontakt tritt. Er schießt dreimal. Das ist dieser archetypische Märchenrhythmus, daß die Spannung immer durch drei Stufen hindurch gesteigert wird, bis die große Änderung oder Lösung erfolgt. Als Hatim bereits zweimal sein Ziel verfehlt hat und schon bis zum Nabel versteinert ist, ruft er aus:

»Möge nie jemand sein Lebensziel verfehlen, wie ich es tat!« Er erkennt also, daß das Treffen des Papageis in Wirklichkeit die symbolische Bedeutung hat, sein Lebensziel zu erlangen oder zu verfehlen. Dann zielt er, schließt die Augen und ruft, während er schießt: »Allah ist groß!« Er konzentriert also seine Sinne nicht mehr auf eine geschickte, extravertierte Haltung dem Ziel gegenüber, sondern schaut nach innen. Und mit seinem Ausruf will er in Wirklichkeit sagen: »Allah ist mein Ziel, er ist der, den ich nicht verfehlen oder verlieren darf.« Natürlich steht dahinter die Gefühlsvorstellung, daß er wieder nicht treffen wird, deshalb vertraut er Gott seine Seele an, bevor er völlig versteinert ist. Das ist weniger eine Bitte um Gottes Hilfe als eine Erklärung seiner Treue zu Gott im wahrscheinlich letzten Augenblick seines Lebens. Damit wendet er sich vom äußeren Ziel ab, gibt seinen Versuch, den Papagei zu schießen, auf und konzentriert sich nur auf die Einhaltung seiner Treue zu Gott, da er sogar sein mögliches Schicksal, wieder zu verfehlen, akzeptiert, wenn es Gott gefällt.

Man könnte sagen, daß Hatim in diesem Augenblick alle Ich-Absichten aufgab, was besonders schwierig ist, wenn man durch so viele Pechsträhnen hindurchgegangen ist und endlich dem Ziel seines Lebens nah, nach dem man immer suchte und für das man soviel gelitten hat. Nun muß auch das aufgegeben werden mit der Einstellung: »Wenn ich nicht treffe, so ist Gott doch groß und weiß, warum ich fehlen mußte!« Es ist leichter, seine Ich-Wünsche und deren Hartnäckigkeit aufzugeben, wenn man nicht zwanzig Jahre dafür gearbeitet hat. Es ist leichter, etwas aufzugeben, was man sich gestern erst erkauft hat, oder seine Reise nach Italien, aber wenn man seine Ichhaftigkeit in bezug auf etwas, das man sein Leben oder viele Jahre lang suchte und für das man eine Menge heroischer Abenteuer auf sich genommen hat, aufgeben soll, bedeutet das ein immenses Opfer.

Hatim trifft den Vogel. Wieder erfolgt ein Donnergetöse und eine Staubwolke, und als sie sich legt, sieht er an der Stelle des Papageis den Diamanten des Gayomard, außerdem werden alle Steinstatuen lebendig.

Hier sind jetzt zwei Motive wichtig: das des Papageis und das des Diamanten, der an seine Stelle tritt. Offensichtlich ist der Papagei so etwas wie ein negativer Zauberbann, der den Anblick des Diamanten verhüllt. Der Diamant ist von jeher ein wohlbekanntes alchemistisches Symbol für den Stein der Weisen. Die alten Alchemisten waren von ihm beeindruckt infolge seines strahlenden Glanzes und seiner Härte. Man konnte mit Diamanten sogar Stahl schneiden, und mit den Mitteln damaliger Zeit war es nicht möglich, ihn zu schneiden oder zu brechen, so daß er auf besondere Weise geeignet war, die Projektion konkreter Unsterblichkeit auf sich zu ziehen – ein unverderbliches, unsterbliches Etwas, das sich durch keine Wechselfälle unserer verderblichen Existenz sich noch verändern läßt. Er wurde daher zum Symbol des Selbst.

Es erhebt sich zunächst die Frage, warum in dem spanischen Märchen der Papagei für das Selbst steht, hier jedoch es verdeckt und entfernt werden muß, bevor man an das Symbol herankommt. Wir wollen diese Frage zunächst im Hintergrund behalten, bis wir andere Motive angeschaut haben.

Alle Gefahren, die vom Schloß des Nichtseins ausgehen, sowie sein zentrales Symbol sind in seltsamer Weise mit der Symbolik des Selbst verbunden. In Jungs »Mysterium Coniunctionis« steht unter dem Kapitel »Adam und Eva« ein Untertitel »Die Statue«. Dort hat Jung die ganze alchemistische Symbolik der Statue zusammengetragen, welche sich auf die Tatsache verdichtet, daß bereits in gewissen gnostischen und mandäischen Texten, dann wieder im Manichäismus und parallel dazu in der gesamten Alchemie die Statue als ein Symbol des auferstandenen Leibes und damit des zweiten Adams gesehen wurde. Sogar die Worte des Paulus: »Wie wir in Adam alle gestorben sind, so werden wir in Christus alle leben« werden oft direkt zitiert. Für die Alchemisten war der erste Adam der physische sterbliche Mensch, der zweite, Christus oder, je nach Religionszugehörigkeit, eine andere Erlösergestalt, dagegen der unverwesliche und unsterbliche Leib, den wir vermutlich alle nach der Auferstehung erhalten werden; dieser ist für die Alchemisten eine Art Statue.

Möglicherweise geht das zurück auf das lange und komplizierte Totenritual in Ägypten. Gerade der letzte Akt dieses Rituals bestand darin, die Statue des toten Königs innerhalb der Totenkammer aufzurichten, später auch die anderer Toten. Der Leichnam wurde mumifiziert entsprechend den Mitteln und dem Wohlstand der jeweiligen Person und in vielen Särgen begraben. In allen ägyptischen Gräbern gibt es mehrere Außenkammern, wo Opfer für die Toten gebracht wurden, und in der innersten Kammer liegt der Tote in einem Sarg. Nach den letzten liturgischen Gebeten, gerade bevor der Hohepriester die Tür der Grabkammer, in der der Tote liegt, verschloß und siegelte, wurde eine Statue der toten Person, die vorher dort auf den Boden gelegt wurde, langsam aufgerichtet. Während des Gesangs der letzten Verse der Begräbnisliturgie – »Heil dir, der du jetzt auferstanden bist, nun gehst du zu den unsterblichen Sternen und bist identisch mit Gott, hast die Unsterblichkeit erreicht als Fähigkeit, die gesamte Welt zu durchdringen« – ziehen Arbeiter an Seilen, und dabei wird die Statue langsam auf ihre Füße gestellt. Dieser Akt soll in symbolischer Form die Auferstehung des Toten spiegeln. Die dahingeschiedene Person ersteht nicht in Form einer Mumie, obwohl man dem »alten Adam« alle Konservierungen zukommen läßt, sondern der Auferstehungsakt wird anhand einer Steinstatue entfaltet, die den »neuen Adam« darstellt. Möglicherweise, wenigstens meiner Meinung nach, hat dies alle gnostischen und manichäischen Vorstellungen beeinflußt, daß der Auferstehungsleib eine Statue sei.
In gewissen manichäischen Hymnen heißt es, die Welt werde am Ende durch Feuer zerstört, die Guten belohnt und die Bösen verdammt, und nach der Lehre der Manichäer tritt dies ein, »wenn die Statue kommt«. Das griechische Wort dafür heißt in all diesen Verbindungen »andrias«, worin das Wort »anēr« steckt, d. h. »Mann« oder »Mensch«, während »Andrias« nur für eine Steinstatue menschlicher Gestalt benutzt wird, ab und zu auch »Eikon«. »Am letzten Tag wird der ›Andrias‹ auferstehen; zu der Stunde, wenn der ›Andrias‹ sich erhebt, wird der Böse aufschreien. Der erste Felsen der Welt ist dieser ›Andrias‹ voll

Herrlichkeit, der vollkommene Mensch, der in die Herrlichkeit gerufen wurde. Er hat die ganze Welt getragen und war derjenige, der alle Last trug«, heißt es in Auszügen der Kephalaia des Mani. Auch in einem der ältesten alchemistischen Texte kehrte das Motiv der Statue wieder. Es heißt dort, daß nach Verbrennung und Umwandlung der prima materia am Ende durch die Herrlichkeit des Feuers der »Andrias«, die Statue, in ihrer vollen Herrlichkeit erscheinen werde. Diese Texte regten spätere Alchemisten dazu an, die menschliche Statue mit dem Stein der Weisen zu identifizieren und sich letzteren als Statue und unzerstörbaren Teil der Persönlichkeit vorzustellen.
Die Statue gehört daher zur ganzen Symbolik unseres Märchens, denn als Hatim fast ertrank, nahm er am Geschick des alten Adam teil, der in der alchemistischen Symbolik normalerweise ertränkt wird. Als Hatim versteinert wurde, unterzog er sich erneut dem Schicksal der prima materia, die versteinert wird. Wenn Hatim jedoch völlig versteinert worden wäre, wäre das ein gänzlich negativer Ausgang gewesen. Ertrunken oder versteinert, wäre er der Gestalt des Steins der Weisen zwar angeglichen worden, aber in negativer Form. Jung hebt hervor, daß der Individuationsprozeß als stärkster Drang im Menschen seinen Weg in jedem menschlichen Wesen stets durchsetzt, wenn man sich jedoch nicht bewußt um ihn bemüht, dann findet er auf negative Weise statt. Dann wird jemand z. B. versteinert, statt den Stein der Weisen in sich selbst zu finden. Anstatt sich im Bad des Unbewußten im Hinblick auf Erneuerung aufzulösen, wird man dann in Form von Dissoziation aufgelöst. Der Prozeß nimmt also stets seinen Lauf – ob er aber destruktiv oder positiv verläuft, hängt von unserer bewußten Einstellung dazu ab.
Wir müssen uns fragen, was es zu bedeuten hat, wenn Versteinerung in dieser negativen Form stattfindet. Eine arabische Übersetzung der letzten Zosimos-Abhandlung lautet folgendermaßen: »Nimm den Stein der Weisen, den schwarzen, weißen, roten und gelben, der ein wunderschöner Vogel ist (hier haben wir den Papagei), diesen Vogel, der ohne Flügel fliegt in der Dunkelheit der Nacht und im Licht des Tages. Aus der Bitterkeit in seiner

Kehle können wir die Farbe nehmen, die jedwedes Ding verwandelt. Diese Bitterkeit ist farbgebendes Gift.« Von dieser Bitterkeit heißt es anderswo, daß sie Gold in den reinen Geist umwandelt.

Ich führe dieses Motiv der »zusammenziehenden Bitterkeit«, wie sie heißt, an, weil ich einen Zusammenhang zu unserem Versteinerungsmotiv sehe. Sie entspricht in anderen alchemistischen Texten dem, was wir heute im psychologischen Sinn Bitterkeit nennen würden, die – wie Jung betont – selten von einem unglücklichen Schicksal herrührt. Viele Menschen gehen durch schwere Leiden und sehr schwierige Lebenssituationen hindurch, ohne dabei bitter zu werden. Bitterkeit entsteht vielmehr bei Menschen, die gegen sich selbst kämpfen, die sich dunkel der Tatsache bewußt sind, daß sie an ihrem eigenen Unglück schuld sind. Es sind Menschen, die mit ihrer linken gegen die rechte Hand arbeiten und die, einem unbewußten Gegenspieler verhaftet, ständig in der Klemme sitzen, aber es nicht merken. Bitterkeit ist eine Art versteckter Affekt oder Zorn, aber nach innen gekehrt, der eine versteifende Wirkung auf die Persönlichkeit ausübt. Bittere Menschen sind selten freundlich, gelöst und angenehm im Umgang. Jung gibt in der »Psychologie der Übertragung« meiner Meinung nach eine Erklärung für dieses Motiv, indem er dort sagt, daß die menschliche Seele nur von der Beziehung lebe. Man könne nicht individuieren, wenn man auf der Spitze des Mount Everest sitze. Normal, natürlich und richtig auf andere Menschen bezogen zu sein, ist eine der Voraussetzungen für den Individuationsprozeß. Der alchemistische Prozeß – als symbolische Darstellung des Individuationsprozesses – ist an sich eine Festigung und Verdichtung der individuellen Persönlichkeit. Das bedeutet auf der einen Seite, weniger identifiziert zu sein mit der Gruppe, weniger mit ihr in einer participation mystique verschmolzen zu sein, sowie fester und unabhängiger auf eigenen Füßen zu stehen. Auf der anderen Seite bedeutet es gleichzeitig eine bewußtere Bezogenheit zum Mitmenschen. Wenn dieser doppelte Prozeß der inneren Stärkung durch den Individuationsprozeß und die äußere Beziehung zu den Menschen der Umgebung unbewußt stattfindet, tritt das entgegengesetzte Ergebnis ein: Menschen werden hart und steif nach außen, und innen sind sie wie eine matschige Erdbeere. Nach Jung ruft die entsetzliche Ansammlung amorpher Massen in den großen Städten nach einer kompensatorischen Bewegung bei jenen, die spüren, daß sie sich selbst schützen müssen vor der Einebnung in der Masse, und wenn sie den Weg zu innerer Festigung nicht finden, ergibt sich statt dessen Verhärtung nach außen gegen die Mitmenschen. Wir haben es bei den Nazis gesehen, und es wird heute wieder sichtbar bei dem in allen großen Städten stattfindenden Anwachsen der Verbrechen, vor allem von Jugendlichen: diese eleganten unempfindlichen jungen Killer, die sich rühmen, daß ihnen auch das Töten nichts ausmacht. Sie werden zu solchen Handlungen getrieben, um sich hervorzuheben und sich davor zu schützen, durch die Massenpsychologie zerstört zu werden. Statt sich jedoch innen zu festigen, verhärten sie sich nach außen. Wenn man an die inneren Gefühle eines solchen Menschen kommt, befindet sich dort so etwas wie eine verworrene Masse, ein schlafender Bär oder etwas ähnliches. Es ist praktisch nichts dort außer einem Haufen Sentimentalität oder Verwirrung, obwohl solche Menschen nach außen eine erschreckende Stärke und Härte entfalten und völlig von jeder Form von Beziehung abgeschnitten sind. Das illustriert ein Prozeß der Versteinerung im Gegensatz zur inneren Festigung und ist ein fehlgeschlagener Versuch der Psyche in Richtung Individuation.

Da wir durch Übervölkerung und die Ansammlung von Massen in unseren Städten erdrückt werden, besteht die drängende Not unserer Zeit darin, uns selbst zurückziehen zu müssen und unsere eigene Persönlichkeit zu stärken. Schwache Menschen, die dies innen nicht fertigbringen und den Individuationsprozeß als innere Verdichtung nicht finden, verhärten sich statt dessen nach außen und entfalten eine Pseudo-Überlegenheit, ein hartes, unbezogenes und bitteres Äußeres zu anderen Menschen hin. Das liegt als wirkliche Bedeutung hinter dem Geheimnis des Papageis – diese Versteinerung. Der harte Stein packt die Menschen, aber in seiner negativen und zerstörerischen Form. Nur durch das Treffen der Zielscheibe, d. h. durch Erlangung der positiven Bedeutung des Selbstkonzeptes erlöst Hatim die schon Versteinerten.

Es gibt Menschen, die sich völlig von jeder Anpassung zurückziehen, weil sie sie für unwichtig halten und ein arrogantes Gefühl entwickeln, als ob alle anderen Menschen elende, zweitrangige Geschöpfe seien. Das ist ein Zeichen dafür, daß ihre Fühlfunktion defekt ist, so daß jede Beziehung verlorengeht. Man sieht das auch bei wirklicher Geistesstörung. Ich las eines Tages in einem Aufsatz, daß ein Schizophrener sich in einer Klinik so gut verhielt, daß man ihn frei im Garten und ums Haus herumlaufen ließ. Er freundete sich mit der kleinen Tochter des Direktors an, die etwa zwölf Jahre alt war, und spielte mit ihr im Garten. Er schnitt Holz, und das Kind unterhielt sich mit ihm. Eines Tages schnitt er ihr ohne jede Erklärung oder Vorbereitung mit einem Messer die Kehle durch. Vor Gericht sagte er ruhig, er habe es tun müssen auf Befehl des Heiligen Geistes. Das ist ein Extrembeispiel für ein solches Verhalten.

Derjenige, der ins Zentrum trifft, d. h. herausfindet, was *wirklich* gemeint ist, erlöst selbstverständlich eine Reihe anderer Menschen mit, die das gleiche suchten, aber nicht fanden. Aus diesem Grund versuchte Jung auch den Nazis während ihrer beginnenden Unruhen klarzumachen, daß das, was sie wirklich suchten, eine religiöse Erneuerung sei. Und er hoffte, wenn sie das erkennen würden, könne sich noch alles zum Positiven wenden. Dies trug ihm später so viel Feindschaft ein. Er zeigte ihnen, daß die Bewegung, von der sie besessen waren, eigentlich zu einem religiösen Ziel wolle und nicht zu jenem politischen Wahnsinn, auf den sie zutrieben. Wenn man einen heutigen jugendlichen Terroristen analysieren und ihm zeigen könnte, daß er in Wirklichkeit eine einzigartige Persönlichkeit sein möchte, anstatt von den Massen erdrückt zu werden, kann man ihn manchmal retten. Man kann die Bitterkeit von der Kehle seines Vogels nehmen, d. h. die Bitterkeit seiner Seele, und ihm zum Stein der Weisen hinhelfen. Diese Bitterkeit, dieser Haß gegenüber anderen Menschen, das Unglücklichsein und die Verachtung aller armseligen Mitmenschen rührt daher, daß sie nicht nivelliert werden möchten. Jeder hat das Recht, er selbst zu sein, aber man erreicht es nicht, wenn man andere umbringt. Könnte man diese Bitterkeit von seiner Seele nehmen, wäre das die prima materia der Individuation, und insofern kann man sagen, daß jeder, der das für sich selbst findet, natürlich auch anderen, die in die gleiche Richtung tasten, helfen kann.

Betrachtet man es auf der inneren Ebene, stehen die versteinerten Menschen für Komplexe oder Teile der eigenen Persönlichkeit. Es kommt manchmal in Träumen vor, daß das Ich durch eine heroische Tat Mengen von anderen Menschen rettet. Das bedeutet, daß man in der Lage ist, alle verschiedenen Persönlichkeitsanteile wieder harmonisch miteinander in Verbindung treten zu lassen. Ist der wesentliche innere Prozeß blockiert, sind selbstverständlich alle sekundären instinktiven Prozesse auch gestört. Jemand, der im Individuationsprozeß steckengeblieben ist, wird selbstverständlich Schwierigkeiten mit Macht und Prestige, mit Sexualität und anderen Problemen haben. Wenn der Hauptstrom wieder ins Fließen gerät, funktionieren alle Seitenkanäle auch wieder normal, und alles kommt wieder an seinen Platz. Darum schauen wir nicht so besonders auf Symptome, die sekundär sind. Wenn jemand über Frigidität klagt, Impotenz, Kopfschmerz usw., nehmen wir das nur als Wink, daß irgendwo eine Blockade ist, die beseitigt werden muß. Hauptsache ist dann, mit Hilfe der Träume herauszufinden, wie die ganze Seele wieder in Fluß kommen und in ihr eigenes Flußbett zurückkehren kann. Im allgemeinen öffnen sich dann alle Seitenausgänge von allein, denn sie sind nur blockiert, weil am Wesentlichen etwas nicht stimmt, nämlich: das Herausfinden des eigenen Lebenssinnes und der richtigen Spur.

Somit gelangen wir von einer anderen Ecke her zum Hauptproblem, nämlich: Warum verdeckt der Papagei den Diamant? Warum gibt es in dem persischen Märchen einen Kontrast zwischen dem Papagei, der erschossen werden muß, und dem Diamant, der das Ziel ist?

Ich möchte hier gern einen Abschnitt aus Jungs Aussage über den alten Adam zitieren:

Der alte Adam entspricht dem primitiven Menschen, dem Schatten unseres heutigen Bewußtseins, und er hat seine Wurzeln im animalischen Menschen, der schon lange aus unserem Bewußtsein geschwunden ist. Sogar der primitive Mensch ist uns fremd geworden, so daß wir seine Psychologie neu entdecken müssen. Es war daher sehr überraschend, als die analytische Psychologie in den Erzeugnissen des Unbewußten moderner Menschen so viel archaisches Material fand und nicht nur das, sondern die ganze Finsternis der animalischen Instinktwelt. Obwohl Instinkte oder Triebe sich in biologischen oder physiologischen Begriffen formulieren lassen, können sie nicht darauf fetgelegt werden, denn sie sind ebenso psychische Wesenheiten, welche sich in einer Welt der Phantasie manifestieren, die ihnen besonders zugehört. Sie sind auch bedeutungsvolle Phantasiestrukturen mit symbolischem Charakter. Ein Instinkt erfaßt sein Objekt nicht blindlings und zufällig, sondern bringt ihm einen gewissen psychischen Gesichtspunkt oder eine Interpretation entgegen; denn jeder Instinkt ist von vornherein mit einem entsprechenden Bild der Situation verknüpft, wie sich indirekt an den Fällen der Symbiose zwischen Pflanze und Tier beweisen läßt. (Mysterium Coniunctionis, GW 14/II, § 270.)

Der Zoologe Adolf Portmann spricht von etwas wie einer »Innerlichkeit« bei allem animalischen Verhalten. Beim Menschen ist das sehr leicht zu erkennen, denn wenn jemand von einem biologischen Drang getrieben wird, wird er oft von Phantasien und Emotionen berichten, die er dabei hat. Ein Tier jedoch können wir nur von außen beobachten, und da es nicht sprechen kann, kann es auch nicht mitteilen, ob es dabei Phantasien hat oder nicht. Man machte mit einem Vogel einen Versuch, indem man ihn lange Zeit in einem Käfig isolierte, ein kleiner männlicher Vogel von einer Art, die gern kämpft. Hinterher gab man ihm einen Kampfpartner, und es ergab sich ein guter Kampf, nach dem sie sich besser fühlten und danach besser aßen und schliefen. Man entfernte den Kampfpartner dann, und von da an bewegte sich der Vogel, wenn er Lust nach Kampf hatte – nicht wie eine automatische Handlung jeden Tag zur gleichen Zeit – auf jene Ecke des Käfigs zu, durch die der andere Vogel herein-

gekommen war, und spielte den ganzen Kampf allein ohne Partner. Anschließend fühlte er sich erfrischt, wenn auch nicht so sehr wie nach dem Kampf mit einem wirklichen Partner.
Dieser Versuch ist wichtig, weil er zeigt, daß eine gewisse »Innerlichkeit« sich mit jedem biologischen Trieb verbindet. Die Schwierigkeit bei der Erforschung dieses Bereichs besteht darin, einen Weg zu finden, das zu sehen, weil das Tier nicht sprechen kann. Wie will man es dann beweisen? Bei uns Menschen ist das einfach. Wir wissen, daß all unsere biologischen, instinktiven Verhaltensmuster wie Sex, Kampf, Herrscherdrang, Essen, Schlafen usw. von einem enormen Umfang an Phantasiematerial umgeben sind. Jung schreibt:

Die Instinktwelt, die dem rationalistischen Kulturmenschen so ungemein einfach vorkommt, enthüllt sich auf primitiver Stufe als ein kompliziertes Zusammenspiel von physiologischen Tatsachen mit Tabus, Riten, Klassensystemen und Stammeslehren, welche gewissermaßen apriori, d. h. vorbewußt dem Trieb beschränkende Form auferlegen und ihn höheren Zwecken dienstbar machen. (Mysterium Coniunctionis, GW 14/II, § 270.)

Eines der größten Probleme des modernen Menschen und einer der Hauptgründe, warum speziell rational geschulte Menschen heute dem Unbewußten und ihrer eigenen Instinktnatur so starken Widerstand leisten, ist, daß sie befürchten, daß es ihnen ginge, als rolle ein Stein den Berg hinunter bis auf den Meeresboden. Wenn sie einmal ihre ethischen, rationalistischen oder sonstigen Hemmungen aufgäben, würden sie absolut die Kontrolle verlieren. Tatsächlich ist das so, wenn die Basis nicht gesund ist oder lange unterdrückt wurde. Dann gibt es selbstverständlich eine Explosion. Unter normalen Umständen jedoch und mit einer gewissen elastischen Weisheit, so daß man nicht auf einmal gleich alles losläßt, entdeckt man bald, daß man nicht in einen maßlosen Unsinn hineintreibt, sondern daß eine innere geistige Bremse in jeden instinktiven Trieb eingebaut ist, die ihn ganz natürlich von innen her kontrolliert. Dazu führt Jung aus:

Aus der Urverbindung von Bild und Trieb erklärt sich die Verbundenheit von Trieb und Religion im weitesten Sinne. Diese beiden Sphären stehen in gegenseitig kompensatorischer Beziehung, und zwar handelt es sich dabei nicht bloß um den sog. Eros, sondern um alles, was den Namen ›Trieb‹ verdient. ›Religion‹ auf primitiver Stufe bezeichnet das dem Dynamismus des Triebes beigeordnete psychische Regulierungssystem. Auf höherer Stufe gerät diese Urverbundenheit gelegentlich in Verlust, und dann wird die Religion leicht zum Gegengift des Triebes, womit das ursprüngliche Kompensationsverhältnis zum Konflikt entartet, die Religion zur bloßen Formalistik (Papagei) erstarrt und der Trieb vergiftet wird. Eine solche Spaltung ist wohl nicht reiner Zufall oder etwa eine sinnlose Katastrophe. Sie liegt vielmehr in der Natur der Sache, nämlich auf der Linie jener Vorkommnisse, welche zur weiteren Ausdehnung und Differenzierung des Bewußtseins führen. Wie ohne Gegensatzspannung keine Energie, so ist ohne Wahrnehmung von Unterschieden kein Bewußtsein möglich. Jede stärkere Betonung von Verschiedenheit führt aber zur Gegensätzlichkeit und schließlich zu jenem Konflikt, der die notwendige Gegensatzspannung erhält. (Mysterium Coniunctionis II, § 271.)

Von daher läßt sich Gayomard als das ursprüngliche Unbewußte ansehen, als der Instinktmensch, für den Instinkttriebe, reine animalische Existenz und Geistigkeit völlig eins sind. Es besteht keine Spannung zwischen dem geistigen und dem Instinktpol der Persönlichkeit. Wenn man ein Gefühl dafür bekommen möchte, was das bedeutet, muß man Laurens van der Posts Buch »Das Herz des kleinen Jägers« lesen, in dem er über die Buschmänner schreibt. Wenn man mit der genannten Frage auf das Verhalten dieser Menschen schaut, läßt sich beobachten, daß alles, was sie tun, eine absolute Einheit bildet. Sie gehören zusammen, begleiten einander, und man entdeckt keine Spur, daß das, was wir geistiges Innenleben nennen – das bei ihnen durchaus einige tiefe und differenzierte Aspekte hat – in irgendeiner Weise mit ihrem rein naturhaften animalischen Leben in Kollision gerät. Andererseits läßt sich eine der größten Unterteilungen in zwei Pole im mittelalterlichen Christentum oder in gewissen extremen asketischen Bewegungen des Ostens finden, wo Spiritualität zu einem absolut verkrampften Gegenpol gegenüber dem instinktiven menschlichen Leben wurde. Wenn das so auseinanderfällt, entsteht eine Neurose, und man hat das Bild, das Freud entdeckte und so oft in seiner Praxis antraf: daß eine falsche Spiritualität in mancher Form die Instinktpersönlichkeit vergiftete und zerstörte. Diese Vergiftung setzt nach Jung im Unbewußten eine Bewegung in Gang, welche die ursprüngliche Einheit wiederherzustellen sucht.

Diese Einheit wird in unserem Märchen durch den Diamant verkörpert. Er ist ein Symbol für die Ganzheit und das Selbst, in dem instinktive, animalische Triebe und Geistigkeit des Menschen vereint oder wieder eins sind. Er war im Besitz des Gayomard. Der Papagei, ein Vogel und daher Bild für eine geistige Wesenheit, würde jedoch nur den religiösen Geist darstellen, der die natürliche Seite des Menschen vergiftet, und dahinter muß das eigentlich religiöse Ziel wieder entdeckt werden: der Diamant. Er ist hinter einer geistigen Lehre verborgen, die z. T. das Symbol der Ganzheit enthält, jedoch aufgrund einer Überbetonung des geistigen Pols die natürlich-menschliche Persönlichkeit vergiftet. Wir müssen daher annehmen, daß zur Zeit der Entstehung dieses Märchens der Shiitische Islam – wie es der islamischen Welt immer wieder geht, aber nicht nur ihr – davon bedroht war, in eine rein formalistische religiöse Haltung hinabzugleiten, für die es reichte, seinen Gebetsteppich auszubreiten, nach Mekka zu reisen, seine Gebete mechanisch herzusagen und den Koran zu lesen, um dadurch zur Erlösung zu gelangen. Gerade das aber hat natürlicherweise die entgegengesetzte Wirkung und vergiftet oder versteinert die Menschen. Der Held ist derjenige, dessen Genius mit seiner Intuition die Zielscheibe dessen trifft, was *ursprünglich* gemeint war, nämlich das Erlebnis der Ganzheit.

Der Papagei war in der ältesten, der indischen Fassung, ein weiser Vogel, ein Geschichtenerzähler, kein Dämon. Auch in Tuti-Nameh hat er noch eine positive Rolle als merkurischer Geist der Weisheit. In unserer persischen Geschichte nun wird er dämonisch und muß erschossen werden, weil er den Diamanten, das eigentliche Selbstsymbol, verdeckt. Im späteren, spanischen Märchen, wird der Vogel wieder in seine ursprünglich positive

Rolle zurückgeführt und ist in sich selbst eine Kostbarkeit. Die weiße Farbe wurde vielleicht hinzugefügt, um seine positive Rolle zu unterstreichen. Dennoch versteinert er auch dort Menschen, die zu früh versuchen, ihn zu ergreifen, und damit hat er etwas von seinen dämonischen Zügen behalten, trotz seiner wieder aufgenommenen positiven Funktion.

Hier zeigt sich eine faszinierende Tatsache, die lange die Märchenforscher beschäftigt hat und bis zu Jungs Entdeckung und Interpretationsweise nie erklärt wurde, daß nämlich Motive wandern. Sie gehen durch andere Erzählungen hindurch und werden von ihnen entliehen, in neue hineingemischt und verändern sich sehr. Das gleiche Symbol kann manchmal positiv erscheinen, manchmal halb positiv, und ein andermal hat es einen dämonischen und negativen Effekt in den verschiedenen Versionen. Wir müssen jeweils die spezifische Version auf die kulturelle und psychologische Situation des Landes beziehen, in dem das Märchen erzählt wird. Dabei werden wir feststellen, daß rein instinktiv, ohne daß es bemerkt wurde, jene Motive, die für das Bewußtsein eines Landes keine kompensatorische Bedeutung hatten, ausgelassen und jene, die wichtig waren, betont oder sogar ausgesponnen und mit anderen Motiven angereichert wurden. Insofern haben *alle* Variationen eines Motivs eine eigene Bedeutung.

Auch aus diesem Grund muß man mythologische Motive amplifizieren, um so die grundlegende funktionale Bedeutung herausfinden zu können. Wenn ein Motiv in einer Situation destruktiv wirkt, in einer anderen heilend und zweideutig in einer dritten, können wir intuitiv ahnen, was es im Prinzip bedeutet. Nehmen wir den Papagei als ein Symbol einer geistig-religiösen Einstellung, können wir verschiedene Situationen durchgehen. Als Vogel repräsentiert er im allgemeinen eine geistige Einstellung oder einen geistigen Inhalt der Psyche. In der Alchemie wurden verdampfte Substanzen durch verschiedene Vögel symbolisiert. Auch in verschiedenen religiösen Systemen wird die Seele eines Verstorbenen durch einen Vogel oder geflügelt dargestellt, um anzuzeigen, daß der Körper vergangen ist, die geistige Gestalt

aber überlebt. So steht der Papagei auch für einen Naturgeist im Unbewußten, und in der indischen Erzählung sagt er die Wahrheit in symbolischer Form, wie es das Unbewußte jede Nacht in unseren Träumen tut. In Indien wird dieser Geist auch mit einer religiösen Lehre verbunden. Im Tuti-Nameh wird der Geist der Wahrheit dann mit der Weisheit Mohammeds identifiziert.
In der spanischen Version ist diese Verbindung mit der offiziellen religiösen Lehre verlassen, sonst hätte man den Papagei mit dem Heiligen Geist identifizieren müssen. Dann hätten die Spanier aber bei Übernahme der Erzählung den Papagei durch eine Taube ersetzen müssen, aber das wäre unmöglich gewesen, weil dann nicht solche schockierenden Dinge hätten vorkommen dürfen wie Versteinerung bei zu hastigem Ergreifen. Wir sehen jedoch an jenem Vorfall, wo ein Geistesgestörter einem Mädchen die Kehle durchschnitt und sich dabei auf den Heiligen Geist berief, daß es nicht so weit davon entfernt ist. Ganz gewiß ergriff er den Heiligen Geist im falschen Augenblick. Daß der Papagei im spanischen Märchen wieder profan wurde, hat seinen Grund im herrschenden religiösen Glauben, mit dem das unverträglich war. Dennoch war die Vorstellung von einem Vogel, der die Wahrheit sagt und bei dem Problem der Bewältigung des Bösen hilfreich ist, anscheinend so faszinierend und muß wohl ein so bedeutendes psychologisches Problem berührt haben, daß es in das Märchen eingebaut wurde. Der Papagei hat dann die besondere Aufgabe, Graf und Gräfin, sowie deren Kinder vor den bösen Einflüssen des Dieners und der Hexe zu beschützen, und dafür braucht es einen Geist der Wahrheit, der direkt aus dem Unbewußten kommt und einen eher zweideutigen und natürlichen Charakter hat als die offizielle religiöse Lehre dem Element des Geistes zuordnen würde.
Daran sehen wir, wie Märchen eine kompensatorische Funktion zum herrschenden Kollektivbewußtsein annehmen. Sie scheinen für die Bevölkerung als Ganzes die gleiche Aufgabe zu erfüllen wie Träume für den Einzelmenschen: sie verstärken, heilen, kompensieren, bringen ins Gleichgewicht und kritisieren die herrschende Einstellung. Darin liegt ihr ungeheurer Wert, und

deshalb konnten sie nie unterdrückt oder von irgendeiner religiösen Lehre aufgesaugt werden.
Im Tuti-Nameh hat der Papagei ebenso wie im spanischen Märchen eine ethische Funktion, und hier schützt er die richtige Einstellung zum Eros. In dem persischen Märchen dagegen verhüllt er den Diamant in negativer Weise und steht daher eher für eine mechanisch gewordene Geistigkeit.
Jungs Auffassung von religiöser und mythologischer Symbolik scheint mir so wesentlich zu sein, weil sie sehr oft wie ein Schlüssel den Reichtum der echten, ursprünglichen Bedeutung von Texten neu öffnen kann, die uns, von einem anderen Standpunkt aus betrachtet, eher bedeutungslos erschienen. Immer wieder haben Menschen mir gesagt, daß sie dank der Jungschen Sichtweise überhaupt zum erstenmal religiöse oder mythologische Texte so lesen konnten, daß sie den darin enthaltenen lebendigen Sinn verstanden und durch ihn angeregt wurden, als gewönnen jene alten Schriften neues Leben. Mit diesem Schlüssel eines neuen Verständnisses führt die Analyse Menschen manchmal dahin, sich spontan wieder ihren alten Traditionen zuzuwenden und wieder Leben in ihnen zu finden. Es ist dann, als entdeckten sie den Diamant hinter dem Papagei. Nachdem sie sich vom Papagei abgestoßen gefühlt und sich von ihm abgewendet hatten, sind sie nun imstande hinter ihm den Diamant zu sehen.

3 Vier kürzere Geschichten

Wir wollen uns jetzt mit dem Thema der Erlösung des dämonischen Vogels und seiner Funktion innerhalb der Märchenwanderung beschäftigen. Das wird ein weiteres Licht auf das Motiv des Papageis werfen. Das erste Märchen stammt aus Turkestan und wurde in Tashkent, der Hauptstadt von Usbekistan, niedergeschrieben:

Prinz Hassan Pasha
Ein Sultan mit Namen Murad hatte drei Söhne: Ibrahim Pasha, Abdraim Pasha und Hassan Pasha. Eines Tages wurde der Sultan sehr traurig, ohne zu wissen, warum (wir könnten es eine starke Anima-Laune nennen!). Sein ältester Sohn, Ibrahim, wollte mit seinem Vater sprechen, aber dieser wandte sich ab. Dann kam der Sohn von der anderen Seite, aber der Vater wandte sich wieder ab. Daraufhin ging er zum Minister, der den Vater fragen sollte, was los sei. Der Minister ging zum Sultan und sagte: »Großer Herr, wir alle sind bekümmert über eure Traurigkeit. Sage uns, warum du so traurig bist und nicht auf deinen ältesten Sohn hören möchtest. Ist er ein so schlimmer Mann, oder hat dir etwas mißfallen? Was ist Los?« Daraufhin äußerte der Sultan jene »großartigen« Worte (die man von männlichen Analysanden immer hören kann, wenn sie in Animastimmung sind): »Ich weiß nicht, was mir geschehen ist, aber ich bin unaussprechlich traurig und gereizt gegenüber jedem Menschen in der Welt.« Der Minister erinnerte den Sultan daran, daß er vierzig der schönsten Gärten der Welt besitze, und schlug vor, sie anzuschauen.
So besuchten der Sultan, der Minister und die drei Söhne 39 der schönen Gärten, aber der Sultan verharrte in seiner schlechten, gereizten Stimmung. Als sie jedoch in den vierzigsten Garten kamen, sahen sie einen wunderbaren Baum und fragten danach. Der Gärtner antwortete: »Ja, mein Herr, dieser Baum ist etwas sehr Wunderbares. Jeden Tag um sechs Uhr abends hat er auf seiner höchsten Spitze eine Knospe, um sieben Uhr kommen die Blätter heraus, um neun Uhr die Blüten, um Mitternacht ist die Frucht reif, und dann kommt ein seltsamer Vogel, setzt sich auf den Baum, und

bis drei Uhr morgens hat er die ganze Frucht aufgefressen. Dann fliegt er davon und kommt in der nächsten Nacht wieder, um das gleiche zu tun. Der Baum ist jedoch so hoch, daß ich große Schwierigkeit habe, den Vogel zu beobachten, und ich kann nicht sagen, welcher Art Frucht der Baum trägt.«

Kaum hatte der Gärtner seinen Bericht beendet, als die ganze Traurigkeit des Sultans verschwand und er sich zu seinen Begleitern wandte mit den Worten: »Gibt es jemand, der die Frucht von diesem Baum holen könnte?«

Der jüngste Sohn des Sultans, Hassan Pasha, sagte sofort, er wolle im Garten bleiben und die Frucht pflücken, wenn sie reif sei. Er saß dann zu Füßen des Baumes und wartete, wurde jedoch schläfrig und verfehlte den Vogel, und als er am nächsten Morgen erwachte, war die Frucht aufgegessen.

Er wollte es jedoch noch einmal versuchen und blieb diesmal wach. Als der Vogel kam, schoß er, aber er verfehlte ihn. Es fiel jedoch eine große Feder herunter, und als er sie aufhob, entzifferte er einige heilige Worte auf ihr. Er brachte die Feder seinem Vater, der dann um so mehr den Vogel selbst haben wollte. Schließlich beschlossen die drei Brüder, auf die Suche nach dem Vogel zu gehen. Sie gingen in die Wüste, wo sich plötzlich ein schrecklicher Sturm erhob. Eine riesige Staubsäule näherte sich ihnen, aus der ein Wolf heraussprang, der in menschlicher Stimme zu Hassan sprach, der vorne ging: »Gib mir etwas zu essen.« Er nahm das große Stück Brot, daß dieser ihm gab und verschwand.

Bald holten die beiden ältesten Brüder Hassan ein und kamen zu einer Inschrift auf einem großen Stein an einer Wegkreuzung. Dort stand: »Wer nach links geht, wird glücklich zurückkommen; wer geradeaus geht, wird vielleicht unbeschadet zurückkehren, vielleicht auch nicht; aber wer nach rechts geht, wird nie zurückkehren.« Sie stritten miteinander, wer welchen Weg nehmen sollte, und schließlich sagte Hassan, er sei einverstanden, wenn sie wählten, er nähme den übrigbleibenden. Natürlich wählten sie die relativ besseren Wege und ließen ihm den schlechten. So ging er diesen, und nach kurzer Entfernung kam der Wolf und fragte ihn: »Hast du nicht gelesen, was auf dem Stein geschrieben steht? Warum gehst du diesen Weg?« »Geh weg! Laß mich in Frieden«, sagte Hassan. Aber der Wolf sagte, das tue er nicht, Hassan habe ihn vor dem Verhungern gerettet, so sei es seine Pflicht, ihm zu dienen. Hassan erklärte, er brauche ihn nicht, aber der Wolf hängte sich an ihn und sagte, ohne ihn könne Hassan nichts finden. Er riet ihm, seine Pferde in den Wäldern zu lassen, sich auf

seinen Rücken zu setzen und sich an seinem Schwanz festzuhalten, dann wären sie in zwölf Stunden in dem Land, wo der Vogel sei.
Kaum saß Hassan auf dem Rücken des Wolfes, als dieser losrannte wie der Wind zu dem Königreich, wo der Vogel lebte. Es war ein Land voll schrecklicher Devs (das sind Djins), zwei an jedem Tor, und als sie durch das letzte Tor gegangen waren, sagte der Wolf zu Hassan, er werde zu vierzig Kammern kommen, welche die Schätze des Ortes enthielten. Die Räume seien in zwei Reihen, und in der zwanzigsten linker Hand würde er, in einer Kammer, drei Vögel finden. Dem Text nach seien es die Paradiesvögel, und einer davon sei der wunderbare Vogel, den Hassan suche. Er müsse ganz schnell denjenigen ergreifen, den er suche und nicht zurückschauen, sondern gehen. Aber etwas Schreckliches geschah: anstatt schnell den Vogel zu ergreifen – hier haben wir das Motiv des schnellen Ergreifens, ohne zu zögern – konnte er nicht umhin, die wunderbare Stange aus Gold, auf der der Vogel saß, zu bewundern und dachte, er wolle sie auch mitnehmen. Sobald er sie jedoch berührte, erhob sich ein entsetzlicher Lärm, da von der Stange aus unsichtbare Fäden zu einem System von Glocken liefen, die die Devs aufweckten, so daß sie ihn ergriffen und zum König des Landes brachten.
Der König wollte ihn sofort töten, aber als er hörte, was Hassan über die Absicht seiner Reise zu sagen hatte, sagte er: »Nun gut, ich sehe, du bist ein Held, und ich will dir alle drei Vögel geben, wenn du mir einen Dienst tun willst. Weit von hier ist ein König, der vierzig Töchter hat, und wenn du mir die schönste von ihnen bringst, kannst du die drei Vögel haben.« (Hier haben wir, wie oft in orientalischen Märchen, eine Kettensuche: eine Suche führt zu einem Ziel, und von dort gilt es ein weiteres Ziel und von diesem wieder ein anderes zu finden.)
Hassan kehrte also zum Wolf zurück, fühlte sich sehr deprimiert und sagte, sie müßten die wunderschöne Frau für den König finden. Der Wolf war entsetzlich verärgert, daß Hassan nicht getan hatte, wie er ihm gesagt und ließ ihn allein mit der Bemerkung, er werde ihm nicht weiter helfen. Aber als er seinen Zorn abreagiert hatte, kehrte er zurück und sagte, er wolle Hassan zum nächsten Königtum tragen. Wenn er jedoch diesmal nicht gehorchen werde, müsse er den Vogel und die Prinzessin allein erringen.
Er teilte ihm nun mit, daß er dann zu einer Stadt komme, wo ein riesiges Ungeheuer mit vielen Köpfen hause, doch Hassan müsse sich nicht vor ihm fürchten, sondern einfach vorbeigehen, und im Palast würde er dann die vierzig Prinzessinnen finden. Sie würden alle schlafen, er müsse hineingehen und die neunte nehmen, von

links an gezählt, und sie dann wegtragen. Aber er dürfe dabei nicht zurückschauen, andernfalls würde alles schiefgehen.
Selbstverständlich wiederholte Hassan den gleichen Fehler: er nahm das Mädchen und trug sie hinaus, schaute dann aber unwillkürlich zurück und sah ein wunderschönes Gefäß, das zu ihr gehörte. Es war mit Gold, Silber und kostbaren Steinen verziert, und er dachte, es sei ein Jammer, es nicht ebenfalls zu nehmen. Aber sobald er es berührte, ertönte ein fürchterlicher Lärm, eine Menge von Dienern kam, und er wurde ergriffen. Der König wollte ihn sofort enthaupten, aber es geschah das gleiche wie vorher, und er sagte: »Nun gut, ich will dir meine Tochter und das wunderschöne Gefäß geben, aber du mußt mir das gelbe Pferd besorgen, das einem Dev in den Bergen gehört.

An dieser Stelle muß ich ein amüsantes Detail über diese kompensatorischen Dinge einflechten. Wie leicht zu erkennen, ist dieses Märchen die turkestanische Parallele zu dem Grimmschen »Der goldene Vogel«, und dort ist die Reihenfolge: Vogel, Pferd, Frau, während sie in der turkestanischen Version heißt: Vogel, Frau, Pferd. Man sieht daran, was in Turkestan am meisten wert ist. Für diese vorzüglichen Reiter bedeutet ein Pferd mehr als eine Frau, so wie heute für manch einen modernen Mann ein Auto mehr gilt als seine Frau, zumindest behandelt er es besser.

Bitterlich weinend, kehrte Hassan zum Wolf zurück, der wieder böse wurde und Hassan schlug. Als er jedoch nach einer Weile seinen Zorn abreagiert hatte, sagte er: »Gut, ich helfe dir noch einmal, aber das ist das letzte Mal.« Er nahm ihn wieder auf seinen Rücken, und am dritten Tag gelangten sie an den Fuß eines hohen Berges. Der Wolf befahl Hassan, diesen Berg zu ersteigen, oben würde er dann an ein großes Haus kommen, der Dev darinnen wird schlafen, und in der Nähe seines Halses liege ein Schlüssel, den er wegnehmen müsse. Dann würde er viele Räume entdecken. Im ersten seien Nägel, im zweiten ein langes seidenes Seil, und im dritten das gelbe Pferd. »Geh in den ersten Raum und nimm 19 Nägel, im zweiten nimm 38 m Stoff, und dann geh in den dritten Raum zu dem gelben Pferd. In der Ecke dieses Raumes wirst du eine große Grube finden, und wenn du hineinkommst, wird das Pferd wiehern und aufwachen. Schau dich nicht um, sondern binde schnell die Seidenkordel um einen Pfeiler und laß dich in die Grube hinabfallen. Der Dev wird vom Lärm des Pferdes aufwachen, auf das gelbe Pferd steigen und überall umherschauen, dann wird er sich wieder schla-

fenlegen. Dann kannst du mit der Seidenkordel wieder aus der Grube herauskommen. Das Pferd wird wieder wiehern, und das ganze wird sich wiederholen. So wird es mehrmals gehen, bis schließlich der Dev ärgerlich wird, daß er dauernd geweckt wird. Dann wird er dem Pferd harte Knochen zu fressen geben anstatt der üblichen guten Mahlzeit aus Trauben, und er wird zu ihm sagen, es könne jetzt wiehern, soviel es wolle, er werde sich nicht mehr darum kümmern, das Pferd habe ihn so oft getäuscht. Wenn er das gesagt hat, mußt du aus der Grube herauskommen, dem Pferd seine Trauben geben, um seine Gunst zu erwerben, dann den Dev, während er schläft, an den Fußboden nageln und das Pferd wegnehmen.
Alles geschah, wie angegeben, und diesmal gelang es Hassan, das Pferd zu erringen. Sie entschieden dann, daß es ein Jammer sei, das Pferd gegen das Mädchen einzutauschen. Es sei besser für Hassan, es selbst zu behalten. Der Wolf bat dann Hassan, seine Augen zu schließen. Inzwischen verwandelte er sich selbst in ein gelbes Pferd, das Hassan dem König lassen sollte, während er mit dem Mädchen auf dem wirklichen gelben Pferd entfloh. Als es dann erst einmal im königlichen Stall stand, verwandelte sich das falsche Pferd wieder in den Wolf, biß den Reitknecht, rannte dann davon und traf Hassan in den Wäldern, wo sie planten, das schöne Mädchen nicht herzugeben. Der Wolf spielte den gleichen Trick noch einmal, verwandelte sich in ein Mädchen, sagte Hassan, er solle den Vogel holen und mit ihm und der Prinzessin auf dem Pferd davonreiten.
Inzwischen wurde die falsche Prinzessin in Kleider und Schleier zum Hochzeitsfest gesteckt, und als jedermann betrunken war, wurde sie wieder zum Wolf, biß und kratzte den König, jeder war erschrocken und lief davon. Dann kamen die beiden wieder zusammen, und der Wolf nahm Hassan mit zu sich auf eine Ruhepause. Nach einer Weile schickte er Hassan nach Hause und warnte ihn vor seinen beiden Brüdern und deren Eifersucht. Dann folgte die berühmte Episode, die wir aus anderen Märchen kennen: die eifersüchtigen Brüder nahmen Hassan alles, was er errungen hatte, und gaben vor, sie hätten Vogel, Mädchen und Pferd gefunden. Sie ließen Hassan geblendet in der Wüste zurück, jedoch dieser betete zu Allah und war in vierzig Tagen von seiner Blindheit geheilt. Vielleicht brachte ihn der Wolf noch heim, die Brüder wurden enthauptet, und Hassan heiratete die schöne Prinzessin. Der Wolf nahm an der Hochzeit teil und wurde mit großen Ehren bedacht.
Das Ende der Geschichte ist, daß der Sultan später die Regierung an seinen Sohn Hassan übergab. Im letzten Satz heißt es, daß auf jeder Feder des Vogels Anka-Kusch eine Art Weisheit in heiliger Schrift eingeschrieben ist, und da Hassan nicht aufhörte, diese zu lesen,

lernte er alle menschlichen Tugenden und wurde ein weiser Herrscher.

In deutschen und österreichischen Parallelen ist das hilfreiche Tier ein Fuchs, wird erlöst und in einen Menschen verwandelt, hier bleibt es ein Wolf, wird allerdings bei der Hochzeit besonders gut behandelt.
Uns soll es jedoch bei der Interpretation um die verschiedenen Wendepunkte der Geschichte und um das Motiv des Vogels gehen.
Hier nun eine iranische Parallele zum Hassan Pasha-Märchen:

Der Vogel Blumentriller
Ein König hatte drei Söhne: Malik Muhammad, Malik Dschämschid und Malik Ibrahim. Letzterer war der jüngste und vom Vater am meisten geliebt. Der König wurde krank, und kein Arzt aus dem gesamten Königreich wußte ein Heilmittel für seine Krankheit. Schließlich sagte ein Arzt, es gäbe ein Heilmittel, es müsse jedoch gefunden werden: im Meer sei ein grüner Fisch, der rund um sein Kinn einen goldenen Ring trage. Wenn man ihn fangen, seinen Bauch aufschneiden und etwas von seinem Herzen auf das Herz des Sultans legen könne, würde er sich mit Sicherheit erholen.
Die drei Söhne gaben einer Menge von Tauchern und Fischern Geld, damit sie den Fisch fänden, und nach einigen Tagen gelang es ihnen schließlich, so daß sie ihn Malik Ibrahim brachten. Als dieser ihn entgegennahm, war er über die Maßen entzückt von dessen großer Schönheit, und als er ihn anschaute, entdeckte er eine Inschrift auf seiner Stirn: »Es gibt keinen Gott außer Allah, und Mohammed ist sein Prophet und Ali sein Nachfolger«. Ibrahim war tief bewegt davon und sagte: »Auch wenn mein Vater von diesem Fisch geheilt werden könnte, ich vermag ihn nicht zu töten«, und er warf ihn zurück ins Meer.
Inzwischen wartete jeder auf ihn, daß er den Fisch bringe, aufschneide und seinen Vater damit heile. Als sie entdeckten, daß er ihn zurück ins Meer geworfen hatte, bissen sie vor Erstaunen in ihre Finger und konnten es sich nicht erklären. Als sie das dem König sagten, wurde er sehr zornig und sagte: »Wenn Ibrahim Malik wirklich auf meinen Tod wartet, um selbst König zu werden, will ich ihn enterben.«
Dem König ging es immer schlechter, und er hatte weder tags noch nachts seine Ruhe. Wieder umgaben all seine Ärzte das Bett und sagten: »Wir kennen nur ein Heilmittel, und das ist der Vogel

Blumentriller. Immer wenn er singt, fällt aus seinem Schnabel eine wunderschöne Blume. Wenn jemand diesen Vogel fangen und eine der Blumen auf das Herz des Königs legen könnte, würde die Krankheit ein Ende nehmen.«

Der König küßte seine beiden Söhne und sagte: »Meine einzige Hoffnung ist, daß ihr den Vogel Blumentriller findet.« So nahmen beide ihr Pferd und zogen von dannen. Nach einiger Zeit folgte Ibrahim ihnen. Sie fragten ihn, was er tun wolle, und er erwiderte, er wolle ebenfalls nach dem Vogel schauen, und so beschlossen sie, gemeinsam zu gehen.

Sie kamen an eine Kreuzung, an der sich ein Baum und eine Quelle befanden, dort machten sie eine kleine Rast. Als die beiden Brüder eingeschlafen waren, machte Ibrahim einen kleinen Spaziergang und entdeckte plötzlich eine Steintafel, auf der geschrieben stand: »Diejenigen, die an diese Kreuzung kommen, sollten wissen, daß der Weg nach rechts ohne Gefahr ist und sehr angenehm, aber der nach links voller Gefahren, und kein Reisender darf hoffen, von ihm zurückzukehren.«

Selbstverständlich nahmen die beiden Brüder den Weg nach rechts und Ibrahim ging nach links. Es gab jedoch noch eine andere Inschrift auf der Tafel, auf der es hieß: falls jemand den Weg zur Linken wähle, solle er die Tafel mitnehmen. Ibrahim tat das, und als erstes traf er in einem schönen Schloß mit lieblichem Garten ein wunderschönes Mädchen. Sie flirtete mit ihm, er verliebte sich in sie, und sie wußte sofort seinen Namen. Plötzlich erinnerte er sich an seine Tafel, ging in eine Ecke des Gartens und las: »Wenn du nach links gehst, wirst du ein sehr schönes und verführerisches Mädchen finden, aber falle nicht auf ihre Tricks herein, denn sie ist eine scharfsinnige alte Zauberin, die dich töten möchte. Sie wird dir einen Ringkampf vorschlagen, während dessen du ihren Rock zerreißen mußt und auf der linken Seite ihres Körpers einen schwarzen Fleck entdecken wirst. Nimm dein Messer und wirf es mit aller Kraft in diesen schwarzen Fleck, aber paß auf, daß du ihn nicht verfehlst, sonst wirst du in einen schwarzen Stein verwandelt.« (Auch hier wieder die Versteinerung!)

Alles geschah so, und es gelang Ibrahim, seinen Dolch in den schwarzen Fleck der Zauberin zu stoßen. Da erhob sich ein Orkan, Donner und Blitz, und er wurde ohnmächtig vor Schreck. Als er das Bewußtsein wieder erlangte, sah er neben sich den Körper einer schrecklichen alten Hexe. Garten, Schloß und alles um sie herum war verschwunden, er war in der Wüste.

Ibrahim ging weiter und kam dann an einen sehr ähnlichen Garten wie den vorhergehenden. In der Mitte des Gartens befand sich ein

See, und darauf ein Boot. Er schwamm zu ihm hin und fand zehn Männer, von denen nur noch einer ein Zeichen von Leben in sich trug. Ibrahim fütterte ihn, der zu schwach und verhungert war, um sprechen zu können, mit kleinen Apfelstückchen. Als der Mann sich ein wenig erholt hatte, erzählte er Ibrahim, daß ihr Boot von einem Strudel erfaßt worden sei, der es herumgewirbelt habe. Jeden Mittag sei eine Hand aus der Tiefe gekommen und habe einen von ihnen nach unten gezogen, tot oder lebendig. Sie seien vorher zwanzig gewesen, zehn von ihnen seien von der Hand gepackt worden, die übrigen vor Hunger gestorben. Ibrahim zog abermals seine Tafel heraus und las: »Wenn du zu dem Boot kommst, laß dich von nichts, was geschieht, ablenken oder von dem, was der Eigentümer der Hand dir erzählen will. Die Hand, die aus dem Wasser kommt, ist die Hand der Schwester der ersten Hexe. Du mußt sie packen mit all deiner Kraft, als wolltest du den Fluch brechen. Wirst du im Kampf überwunden, wirst du deine Freiheit für immer verlieren.«
Dann tauchte eine sehr schöne Hand aus dem Wasser empor, eine Stimme grüßte ihn und sagte: »Laß uns die Hände in Freundschaft schütteln!« Ibrahim erwiderte: »Ja, gern«, gab seine Hand und merkte, daß sie ihn immer mehr ins Wasser zog. So gab er sich in den Schutz Gottes und preßte die Hand so hart, daß er sie brach. Wieder gab es einen Sturm, und wieder sah er die Leiche einer Hexe neben sich, war wieder allein in der Wüste.
Dann kam er an einen Ort, wo ein großer Baum stand bei einer Quelle; eine Menge von Affen hatte sich auf dem Baum versammelt. Er konnte sich die Anwesenheit dieser Affen nicht erklären, aber sie umringten ihn und schauten ihn mit traurigen Augen an. So nahm er seine Tafel heraus und las: »Nachdem du die zweite Hexe getötet hast, wirst du zu einem Baum mit einer Menge Affen und einer Quelle kommen. Folge der Quelle, dann kommst du zu einem riesigen Gebäude, dort wirst du ein Mädchen finden. Sie ist ebenfalls eine Hexe, die versuchen wird, dich zu verführen und zu täuschen. Diesmal mußt du diese Tafel an ihre Stirn werfen und damit ihren Kopf spalten, um ihren Bann zu brechen.« Alles geschah, wie angekündigt, und in dem Augenblick, als er die Tafel an ihre Stirn schleuderte, fiel sie tot um, und alle Affen verwandelten sich in schöne Mädchen. Ihre Anführerin war eine Märchenprinzessin, die mit ihren Mädchen eine Gazelle gejagt hatte. Aber die Gazelle war eine Hexe, und als sie einen Wald erreichten, begann sie sich plötzlich im Kreis zu drehen, hatte sich in ein schreckliches Weib verwandelt, die sie im Nu alle in Affen verwandelte. Nachdem Ibrahim die Gazellen-Hexe getötet hatte, waren sie alle erlöst.
Ibrahim brachte die Märchenprinzessin ihrem Vater zurück, sie

wurden miteinander verheiratet, aber dann erzählte der König ihm, daß er nicht nur eine Tochter, Maimune, die er jetzt erlöst habe, besitze, sondern auch einen Sohn, der versucht habe, mit den Hexen zu kämpfen und dabei getötet worden sei. Er sei im angrenzenden Friedhof begraben. Jede Nacht jedoch kämen die Hexen, würden, wie die Hexe von Endor in der Bibel, den Leichnam des Königssohnes, der in die zerrissenen Überreste seiner Begräbniskleider eingehüllt sei, aus dem Grab nehmen, und jeden Morgen müsse sein Leichnam aufs neue begraben werden. Das wiederhole sich ständig.
Ibrahim blieb daher während der Nacht neben dem Grab, und nachdem er sich wieder informiert hatte, was zu tun sei, nahm er einen Stock, und als die beiden Hexen erschienen, um aufs neue ihre bösen Tricks zu spielen, enthauptete er sie mit einem Schlag. Wieder erhob sich ein mächtiger Sturm. Als alles sich wieder beruhigt hatte, war der tote Prinz auferstanden, sagte, Ibrahim habe ihn befreit und er wolle immer sein Sklave sein.
Ibrahim Malik heiratete dann die Märchenprinzessin, beschloß jedoch, weiterzugehen und den Vogel Blumentriller zu finden. Jemand sagte ihm, daß er sich auf einem großen Berg befinde, der von Tausenden von Devs umgeben sei. Niemand könne da hindurchkommen. Ibrahim ging jedoch hinauf zu den Tausenden von Devs, und als sie sich auf ihn stürzten, hielt er sie an und war nicht furchtsam, so daß sie sehr neugierig wurden und wissen wollten, was dieser naive und nette junge Mann tue. Sie töteten ihn nicht sofort, sondern gaben ihm eine Chance, zu sagen, weshalb er gekommen sei. Ibrahim sagte, er wolle den Vogel Blumentriller. Er sagte ganz offen die Wahrheit, und die Devs antworteten ihm, der sei auf dem Berg und gehöre Tarfe Banu, der Tochter des Märchenkönigs. Sie könnten ihm daher den Vogel nicht holen, ihn jedoch dorthin tragen, dann könne er selbst ihn stehlen, das kümmere sie nicht. Sie brachten ihn sogar zum Schloß, und in einem Zimmer des Schlosses, geführt vom Gesang des piepsenden Vogels, fand er Tarfe Banu auf einer Couch mit wunderbaren, kostbaren Steinen geschmückt, schlafend. Sie war so schön, daß keine menschliche Zunge ihre Schönheit beschreiben kann. Neben ihrem Kopf war ein wunderschöner Käfig mit dem Vogel Blumentriller, und jedesmal, wenn er trillerte, kamen süß duftende Blumen aus seinem Schnabel. Ibrahim ergriff schnell den Käfig und schlich davon, fragte dann einen der Devs, ob er ihn nach Hause trage. Als er nahe seinem Heimatschloß war, setzte er den Käfig auf einen Baum und fiel in Schlaf, und, wie man sich denken kann, kamen die Brüder, stahlen den Vogel, gingen zum König und sagten, sie hätten ihn gefunden. Aber der Vogel wollte nicht singen.

Schließlich gelang es Ibrahim, den Hof zu erreichen, und sobald der Vogel ihn sah, begann er zu singen, und die Blumen fielen aus seinem Schnabel, so daß der König geheilt war. Doch plötzlich erschien eine Armee. Eine Menge von Zelten war draußen, und mit Schrecken entdeckten sie, daß es Tarfe Banu war, die kam, um den Dieb zu finden, der ihren Vogel gestohlen hatte. Sie sagte, derjenige, der ihn gestohlen habe, müsse sofort zu ihr kommen, sie würde zu keinem anderen sprechen. Jeder wurde bleich, aber Ibrahim sagte, er werde gehen. Er kleidete sich und ging zu ihr; sie empfing ihn sehr gut und sagte, sie habe einen Eid geschworen, ihn zu heiraten, da es ihm gelungen sei, trotz aller Verfolgungen und Hexen sie und den Vogel zu finden, und er sei der einzige, der wert sei, ihr Gatte zu werden.
Also heiratete Ibrahim Tarfe Banu und ließ später auch Maimune kommen (Wir sehen, daß es hier Polygamie gibt), und sie lebten glücklich bis zum Ende ihres Lebens, als der Tod, wie das Schicksal bestimmte, sie alle übernahm.

Die Nachtigall Gisar

»Gisar« stammt vom türkischen »hezar«, was heißt: tausend, aber es gibt keine bestimmte Erklärung für diesen Namen. Entweder hat es mit Tausendundeiner Nacht zu tun, oder mit »Die tausend Geschichten«, oder sie hat tausend Federn. Auf jeden Fall heißt sie einfach »Nachtigall Tausend«. Wir haben hier eine albanische Variation.

Ein König hatte drei Söhne. Sein größter Wunsch war stets, in die Moschee zu gehen und zu beten. Er baute eine wunderschöne Moschee, und als sie fertig war, ging er hinein, um zu beten. Ein Derwisch kam, sagte, die Moschee sei wunderbar, aber das Gebet des Königs sei unwirksam. Als der König das hörte, ließ er die Moschee niederreißen und eine noch schönere bauen, als es sonstwo gab. Wieder ging er zum Gebet, wieder kam der Derwisch und sagte dasselbe. Wieder ließ der König sie niederreißen und baute eine neue, wobei er all sein Geld aufwandte. Als die dritte Moschee beendet war, ging er zum Gebet, und während dessen kam abermals der Derwisch und sagte dasselbe.
Der König stand auf, ging zu seinem Palast und wurde sehr depressiv, weil er kein Geld mehr hatte, um die Moschee niederzureißen und eine neue zu bauen, und er wußte, daß all seine Gebete keine Wirkung besaßen. Seine Söhne sahen ihn gedankenverloren sitzen und fragten ihn nach der Ursache. Sie sagten, auch sie hätten etwas Geld, seien auch Könige, ob sie nicht helfen könnten. Warum er so

traurig und nachdenklich sei. Der König sagte ihnen, er habe sein ganzes Geld ausgegeben, um eine Moschee zu bauen, aber sein Gebet sei unwirksam. Die Söhne fragten, warum es dies sei. Dann erzählte der König ihnen von den Worten des Derwischs. Die Söhne sagten, er müsse es nochmals versuchen, dann würden sie den Derwisch festhalten und ihn fragen, was man denn tun könne. Wieder sagte der Derwisch zum König, die Moschee sei wunderschön, aber sein Gebet unwirksam. Da faßten ihn die Söhne und fragten, warum. Der Derwisch erwiderte, die Moschee sei schöner als irgendeine andere in der Welt, aber die Nachtigall Gisar müßte in ihr singen, dann wäre das etwas, was man nirgends in der Welt so finden könne. Die Söhne fragten ihn nach dem Aufenthalt der Nachtigall und sagten, sie wollten sie holen, jedoch der Derwisch erwiderte, er habe von ihr gehört, wisse jedoch nicht, wo sie sei. So ließen sie ihn gehen, und, wie man sich vorstellen kann, wollte der König natürlich, daß die Söhne die Nachtigall suchten.

Sie gingen also zu den Kreuzungen und fanden einen Stein, auf dem geschrieben stand: »Gehst du den einen Weg, wirst du zurückkommen; gehst du den anderen, bist du verloren und wirst nie zurückkehren.« Auch hier wählte der Jüngste den Weg, von dem man nicht zurückkehre, und begegnete Tigern und Ogern, jedoch jedesmal schützte ihn der weibliche gegen den männlichen Tiger, so daß er entkam. Schließlich kam er voran, aber ihm wurde jedesmal nach einer Weile der Weg gezeigt, und nachdem er eine Zeitlang bei drei Adlern verbracht hatte, die sich selbst in wunderschöne Mädchen verwandeln konnten, brachten sie ihn zum Ort der Nachtigall Gisar. Die Eigentümerin war eine Königin mit den Namen »Schöne der Erde«, und auch sie war von einer Menge von Wächtern und wilden Tieren umgeben. Als alle schliefen, ging er in ihr Zimmer, fand dort vier brennende Kerzen und vier nicht entzündete auf dem Tisch. Die brennenden waren fast verloschen, und er blies sie daher aus und steckte die neuen an. Als alle erwachten, brachten die Adler ihn mit dem Vogel zurück.

Es geschah dann das gleiche wie in anderen Märchen: seine beiden Brüder trafen ihn wieder, waren eifersüchtig, daß er die Nachtigall hatte, nahmen den Käfig und stießen ihn in den Fluß. Die Nachtigall hörte jedoch auf zu singen.

Dann kam die Schöne-der-Erde und fragte, wer die Nachtigall genommen habe. Als der älteste Bruder zu ihr kam, fragte sie ihn, wo er sie gefunden habe, und er erwiderte: auf einem Zypressenbaum. Da ließ sie ihn schlagen, bis er starb. Als der zweite Bruder erfuhr, daß ihre Kanonen auf den Palast gerichtet waren und bereits die Stadt halb zerstört hatten, ging er zu seinem Vater und sagte ihm die Wahrheit, daß sie den jüngsten Bruder in den Fluß geworfen hätten. Der König schickte Männer aus, die ihn suchen sollten. Sie fanden ihn halbtot, kaum fähig zu atmen und unfähig zu sprechen. Sie zogen ihn aus dem Fluß, und sobald er sprechen konnte, begann die Nachtigall so wunderschön zu singen, daß jeder überwältigt war. Sobald die Schöne-der-Erde die Nachtigall singen hörte, ließ sie einen roten Teppich vom Palast zu ihrem Schiff legen, und der jüngste Sohn ritt mit der Nachtigall darauf zu ihr. Die Schöne-der-Erde kam ihm entgegen, und er berichtete ihr genau, wie und wo er den Vogel genommen hatte. So heirateten sie, und sie leben noch, freuen sich des Lebens und regieren als König und Königin.

Der Vogel Wehmus

Nun folgt eine mehr bäuerliche Variante, ein österreichisches Märchen aus Siebenbürgen. Es heißt »Der Vogel Wehmus«. Das Wort »Wehmus« ist eine Verzerrung von »Phönix«.

Es war einmal ein Pfarrer und eine Pfarrerin, die hatten drei Söhne. Die zwei älteren waren stolz, der jüngste aber demütig und bescheiden. Er mußte zu Hause bleiben und wurde »Eschpodder« genannt. Einmal wurde der Pfarrer schwer krank und mußte große Pein leiden. Alle Ärzte im Lande berief man zu ihm, doch keiner konnte ihm helfen. An einem Tag aber kam um elf Uhr gegen Mittag ein wunderbarer Vogel, setzte sich auf den First des Pfarrhauses und begann zu singen. Wie er so sang, klang es wie ferne Musik, und Perlen fielen von seinem Schnabel. Im selben Augenblick, wie der Vogel zu singen begann, erhob sich der Pfarrer von seinem Krankenbett und war gesund. Als der Vogel aber um zwölf Uhr fortflog, überkamen ihn die früheren Schmerzen wieder, und er mußte sich niederlegen. Tag für Tag kam nun der wundersame Vogel wieder, und immer, wenn er sang, wurde der Pfarrer gesund, und immer, wenn er aufhörte, überkam ihn seine Krankheit wieder.
»Mutter«, sagte eines Tages der älteste Sohn zur Pfarrerin, »wenn der Vater von dem Gesang des Vogels gesund wird, müssen wir den Vogel fangen und dem Vater in das Zimmer bringen. Ich habe gesehen, wohin er seinen Weg nimmt. Back mir einige Kuchen, ich will mich aufmachen und ihn fangen.« Die Mutter buk ihm einige Honigkuchen, füllte ihm eine Flasche mit süßem Wein, und er ging. Gegen Abend kam er auf einen Hügel, über den er den Vogel hatte fliegen sehen. Er war müde und hungrig, setzte sich nieder zum Essen und Trinken, und kaum hatte er sich gesetzt, kam ein Fuchs und sagte: »Guten Abend, Bruder. Gott segne dein Mahl. Möchtest du mir nicht auch ein Stückchen abgeben.« »Oh ja, siehst du diesen

Stock hier? Mit dem will ich den Abendimbiß mit dir teilen«, und er warf den Stock nach ihm. Der Fuchs lief davon und verschwand im Wald. Endlich kam auch der wunderbare Vogel, flog durch die Büsche, und der Junge versuchte ihn zu fangen, jedoch ohne Erfolg, weil dieser weggeflogen war. Nachdem er eine lange Zeit gesucht, ihn aber nicht gefunden hatte, ging er nach Hause zurück. Das Gleiche passierte dem zweiten Sohn, der ebenso hochmütig zu dem Fuchs war, den Vogel in den Büschen verschwinden sah, ihn jedoch nicht fangen konnte.

Dann machte sich der dritte Sohn auf, und als der Fuchs nach einem Stück seines Kuchens fragte, gab er ihm etwas. Da setzte sich der Fuchs neben ihn und fragte, wohin er gehe und was er vorhabe. Er erklärte ihm, wonach er suche. Der Fuchs antwortete: »Wenn du glaubst, der Vogel sei hier, täuschst du dich selbst, er fliegt nur durch die Büsche und dann weit weg zu einem reichen König, dem er gehört. Dort sitzt er in einem goldenen Käfig. Willst du ihn zu deinem Vater tragen, so will ich dich hinführen, und wenn du den König darum bittest, wird er ihn dir sicher geben.«

Sie machten sich sofort auf, und nach drei Tagen und Nächten kamen sie ans Königsschloß. Zwei Ungeheuer bewachten den Eingang, aber mit einem kleinen magischen Spruch, den der Fuchs ihm beigebracht hatte, brachte er sie zum Schlafen und ging hinein. In der gleichen Weise überwand er die beiden Drachen. Der König hatte zwei wunderschöne Töchter, die so schön wie Sonne und Mond waren, so daß er sich an ihnen nicht sattsehen konnte und fast vergessen hätte, warum er eigentlich gekommen war. Doch dann sah er den wundersamen Vogel in seinem goldenen Käfig. Er sang, daß es wie ferne Musik klang, und reine Perlen fielen von seinem Schnabel. Da erzählte er dem König von seinem Kummer, und dieser sagte: »Oh ja, nimm Vogel Wehmus mit nach Hause; aber wenn dein Vater geheilt ist, mußt du ihn zurückbringen.«

Froh ging er zurück und erzählte dem Fuchs von den schönen Königstöchtern. Als sie sich der Heimat näherten, sagte der Fuchs: »Ich muß dich jetzt verlassen, aber mach keinen Halt an einem Graben, sonst wird man dich hineinstoßen. Wenn du meiner einmal bedarfst, so klatsche nur dreimal in die Hände und rufe: ›Siweklach! Siweklach!‹« Natürlich geschah genau das, wovor der Fuchs gewarnt hatte. Die zwei Brüder begegneten ihm, und als er einen Moment unaufmerksam war, stießen sie ihn in einen Morast, in welchen er immer tiefer hinuntersank. Aber gerade noch rechtzeitig erinnerte er sich des magischen Wortes »Siweklach«. Der Fuchs kam und zog ihn mit seinem Schwanz heraus. Danach sagte er: »Nun wasch dich, geh nach Hause und hab keine Angst vor deinen Brüdern, denn es wird

herauskommen, daß du den Vogel gefunden hast. Solltest du jedoch wieder in Not geraten, ruf wieder ›Siweklach‹, und dann werde ich dir helfen.« Damit verschwand er.
Der Aschenputtel ging traurig und glücklich zugleich nach Hause, und die Brüder machten sich über ihn lustig, indem sie ihn fragten, ob er den Vogel gefangen habe. Er weinte und erzählte seiner Mutter, was seine Brüder ihm angetan hatten. Sie wußte zwar nicht, ob sie ihm glauben sollte. Als sie jedoch das Zimmer seines kranken Vaters betrat, saß der Vogel traurig da, ließ die Flügel hängen und wollte nicht singen. Als jedoch der Jüngste ins Zimmer trat und der Vogel ihn sah, schlug er mit den Flügeln, begann sofort zu singen, daß die Perlen aus seinem Schnabel fielen, und der kranke Pfarrer sprang aus dem Bett und war von Stund an kerngesund. Da erkannten sie alle die Falschheit der zwei Ältesten, und weil sie ein böses Herz hatten, wollte der Pfarrer sie nicht länger um sich dulden, sondern jagte sie fort.
Der Vogel Wehmus blieb noch eine Woche im Pfarrhaus. Da der Pfarrer kerngesund blieb, nahm ihn der Jüngste und wollte ihn zurücktragen. Als er im Wald angekommen war, klatschte er dreimal in die Hände und rief: »Siweklach!« Sofort erschien der Fuchs, und beide gingen zusammen zum Schloß des Königs. Auf dem Weg erzählte der junge Mann dem Fuchs wieder von den wunderschönen Königstöchtern und bat ihn, er solle ihm helfen, die Jüngere zu gewinnen. Das versprach der Fuchs. Als sie an Ort und Stelle waren, sagte er: »Ich will mich in einen wunderschönen Juwelierladen mit lauter goldenem und silbernem Geschmeide verwandeln, und du sollst der Juwelier sein, wenn du aus dem Schloß kommst. Für das andere laß mich nur sorgen.« Vor dem Schloß trat der Fuchs einen Schritt vor, einen zurück, überschlug sich dreimal und verwandelte sich in ein wunderschönes Juweliergeschäft. Der Junge ging ins Schloß, gab den Vogel zurück, und die beiden Mädchen begleiteten ihn zum Ausgang.
Als die Mädchen das prachtvolle Geschäft sahen, traten sie ein und freuten sich noch mehr, daß alles dem Aschenputtel gehöre. Kaum waren sie jedoch drinnen, begann der Fuchs zu rennen, was er konnte, und binnen kurzem war das Geschäft weit weg vom Schloß. Erst spät, als sie alles betrachtet hatten und manches gekauft, bemerkten sie, daß sie in einer ganz unbekannten Gegend waren und betrübten sich tief, daß man sie so hintergangen hatte. Besonders die Ältere schrie und verwünschte den Kaufmann: »Du elender Betrüger, du Fuchs, du Zauberer«, jammerte und rief sie unter Tränen. Aber kaum hatte sie das Wort gesagt, war die Kaufbude verschwunden, sie standen im grünen Wald, und neben dem

Aschenputtel war ein wunderschöner Prinz mit goldgelbem Haar. Er kniete vor der älteren Königstochter nieder und sagte: »Deine Worte haben mich erlöst aus schwerem Zauber. Hab Dank! Ein alter Zauberer, dessen Tochter ich nicht heiraten wollte, hat mich entführt, und als ich ihn Betrüger und Fuchs gescholten hatte, sagte er, ich solle ein Fuchs sein bis auf den Jüngsten Tag, es sei denn, ein Mädchen würde mich mit meinen eigenen Worten erlösen. Nun bin ich frei und kann in mein Reich zurückkehren. Wenn du willst, sollst du meine Gemahlin werden.« Alle zogen zurück ins Königsschloß, Aschenputtel heiratete die jüngere Prinzessin und der frühere Fuchs die ältere. Es gab eine Doppelhochzeit mit zwei Königspaaren. Nach der Hochzeit zog sich jedes Paar in sein eigenes Königreich zurück, und wenn sie Menschen waren, leben sie dort noch, wenn sie nicht inzwischen gestorben sind.

Im letzten Satz wird Zweifel ausgedrückt, ob sie wirkliche Menschen oder Archetypen sind. Archetypen würden nicht sterben, Menschen aber wohl. Dieses Märchen ist eine wunderbare Zusammenfassung des »Goldenen Vogels« der Brüder Grimm. Auch hier wird der Fuchs schließlich erlöst, im Unterschied zum Wolf in der Hassan Pasha-Geschichte.

4 Vergleichende Betrachtung der vier kürzeren Geschichten

Im Märchen von Hassan Pasha hat der König eine sinnlose Depression: »Ich bin traurig und gereizt gegen jedermann«. Im »Vogel Wehmus« ist der Pfarrer krank, in »Die Nachtigall Gisar« kann der König nicht wirkungsvoll beten, in »Der Vogel Blumen-Triller« hat der König eine Krankheit, die mit einem religiösen Problem zusammenhängt, da sie nur durch einen Fisch geheilt werden kann, der das shiitische Glaubensbekenntnis auf seiner Stirn trägt. Das Thema bewegt sich offensichtlich auf eine Erörterung des herrschenden religiösen Prinzips zu, und der Vogel hat ebenfalls mit religiösen Problemen zu tun. Es ist kein Zufall, daß ein Pfarrer durch den Gesang eines Vogels geheilt werden muß, und daß die Krankheit des Königs mit dem shiitischen Glaubensbekenntnis aus der Stirn des Fisches zu tun hat.

Jede Kultur ist in ihren Grundzügen zutiefst von ihrer Gottesvorstellung abhängig. Verehrt sie einen Gott, der gut und böse ist, wird das zu einer anderen Kultur führen als die Vorstellung von einem nur guten Gott. Eine Kultur, die nur einen männlichen Gott anerkennt, wird eine völlig andere Struktur haben als eine mit einer hermaphroditischen Gottheit, wie z. B. bei gewissen Hindu-Glaubenssystemen. Das wird eine Kultur in jeder Hinsicht beeinflussen: ihre Gesetze, Riten, Liturgie, das Alltagsleben und alles andere auch. Darum sagt Jung, daß das herrschende kollektive Bewußtsein sehr oft mit dem Gottesbild zusammenfällt, das den zentralen Angelpunkt einer Kultur darstellt.

Es ist wohlbekannt, daß die Könige aller Welt und vor ihnen die Stammeshäuptlinge primitiver Völker das göttliche Prinzip verkörpern, daß sie aber altern und sich verbrauchen. Es gibt daher fast überall Rituale für die Tötung oder Erneuerung des Königs, die bei den Primitiven buchstäblich, später in symbolischer Form ausgeübt wurden, z. B. das Verbrennen des Fastnachtskönigs oder das ägyptische Sed-Fest, bei dem der König alle fünfzehn Jahre durch ein Todes- und Erneuerungsritual gehen muß. Dies dürfte ein Überrest aus prähistorischer Zeit sein, als es wahrscheinlich noch üblich war, den König zu töten und durch einen anderen zu ersetzen. In solchen Kulturen wird der König als der irdische Repräsentant Gottes verstanden. Der göttliche Geist, den ein Stamm oder eine Nation verehrt, ist in dieser Welt im König sichtbar inkarniert und muß sich daher immer wieder dem Verwandlungsprozeß unterziehen.

Unglücklicherweise erleidet unsere bewußte Gottesvorstellung das gleiche Schicksal wie alle anderen Bewußtseinsinhalte: sie leidet an der Tendenz, sich abzunutzen, und erstarrt so zu bloßen Worten, die ihre emotionale und gefühlsmäßige Grundlage verloren haben. Sie wird zu einer abstrakten Formel und deshalb bedeutungslos und unwirksam. Es gibt hier genau wie beim König zwei Möglichkeiten: entweder Tod und Ersatz durch eine neue Vorstellung bzw. ein neues Symbol, oder das Symbol bleibt erhalten, muß dann aber neu verstanden werden. Es kann erneuert werden, wenn es wieder mit seiner Grundlage in Verbindung gebracht wird, denn dann wird es zu einer emotionalen und gefühlten Erfahrung mit einer belebenden psychologischen Wirkung.

Bei Mythen und Märchen ist gerade dies natürlich von Bedeutung. So sprach ich einmal mit einem jungen Künstler, der vorher nie etwas von Jungscher Psychologie gehört hatte. Ich war auf einige mehr technische Details eingegangen, aber dann, wie in einem Gedankensprung, fragte er mich plötzlich, was der Christbaum bedeute. Ich begann ihm dies nach Jung in symbolischer Form zu erklären, und zwar ziemlich einfach: daß der Christbaum den übernatürlichen inneren Reifungsprozeß des Menschen, wie ich den Prozeß der Individuation umschrieb, symbolisiere, und daß einem während dieses Prozesses immer wieder »Lichter aufgehen«, da es dabei zugleich um schrittweise »Erleuchtung« gehe. Und es war dies, was bei ihm eine spontane, starke Reaktion auslöste: dröhnend schlug er mit der Hand auf den Tisch, so daß ich hochfuhr, und in seiner Emotion brüllte er tatsächlich wie ein Löwe: »Jetzt endlich verstehe ich!« Er war Kommunist und im völlig flachen materialistischen Rationalismus der marxistischen Sichtweise befangen, aber die Erklärung des Christbaums packte ihn, und er sagte, er müsse noch mehr über dessen Symbolik herausfinden. Hier kann man also eine solche Erneuerung erkennen: für ihn war, entsprechend der marxistischen Doktrin, der Christbaum ein törichter Volksaberglaube, auch so eine Art »Opium des Volkes« gewesen, aber durch die psychologische Interpretation wurde er für ihn erneuert.

Ging es hier um eine Vorstellung von geringerer Bedeutung, die auf diese Weise neu belebt wurde, so wird so etwas doch in vitaler Hinsicht sehr viel wesentlicher, wenn es um den zentralen Inhalt einer Kultur geht, nämlich um die symbolische Gottesvorstellung. Wenn sie flach geworden ist und keine Erneuerungsmöglichkeit gefunden wird, bedeutet das eine größere Katastrophe, als wenn das gleiche mit weniger wichtigen Vorstellungen geschieht. Wenn der König krank ist, ist das ganze Land krank. Das ist nicht primitiver Aberglaube, in unsere Sprache übersetzt heißt es: wenn der zentrale Inhalt des Bewußtseins verlorengeht oder nicht mehr an unsere psychologische Notwendigkeiten angepaßt ist, ist die gesamte Kultur krank, und man kann die schönsten Moscheen bauen, das Gebet wird unwirksam bleiben.

Wenn wir auf alle Märchen gleichzeitig schauen, zeigt sich, daß das Erlangen des Vogels jeweils eine Anima-Erfahrung mit sich bringt. Mit dem Diebstahl des Vogels kommt der Held jeweils in Kontakt mit einer schönen Jungfrau, die er am Schluß heiratet. Außerdem wird der alte König nie getötet oder vom Thron gestoßen, sondern geheilt, und man kann annehmen, daß er noch einige Jahre regieren wird, bevor er den Thron seinem Nachfolger überläßt. Es findet also keine gewaltsame Änderung des herrschenden Prinzips statt, sondern nur Heilung oder Erneuerung des Bestehenden. Jedoch ist am Schluß der Vogel jeweils in die Gruppe einbezogen.

In einer Variante erzeugt der Vogel Perlen, die mit dem Gesang aus seinem Schnabel hervorkommen. Perlen sind ein weibliches

Symbol und heißen auf lateinisch »margarita«. In der Alchemie charakterisierte die Perle allgemein die silbrige weibliche Substanz im Gegensatz zur goldenen männlichen. In den frühesten Alchemietexten ist sie identisch mit dem Stein der Weisen, weil man sie in der Austernmuschel findet. Da man bereits in der Antike wußte, daß die Auster diese Perle produziert, erkannte man daran, daß ein sterbliches, fleischliches Geschöpf eine unverderbliche Substanz erschaffen konnte. Das zog natürlich die Projektion an, daß wir in unserer vergänglichen körperlichen Existenz eine so unvergängliche Substanz wie den Auferstehungskörper hervorbringen können. So wie die Perle herauskommt, wenn man die Auster öffnet, so würde der unsterbliche Teil unserer Persönlichkeit beim Tod sichtbar, wenn unsere fleischliche Existenz zerfalle.

Gesteinsperlen wurden daher als Elixier für Unsterblichkeit benutzt. Sogar im Mittelalter verkaufte man sie noch in einer bestimmten Flüssigkeit als Mittel zur Erhaltung langen Lebens. In der persischen Mystik war schon in den frühesten Zeiten die Perle ein Symbol für das innerste, unzerstörbare Zentrum der menschlichen Natur. Außerdem steht sie in Beziehung zur Anima, und wenn sie im Material eines Mannes auftaucht, hat sie wegen ihrer sanften, schimmernden Natur etwas von Animaqualität an sich.

Die Tatsache, daß der Vogel Blumen oder Perlen hervorbringt und daß sein Gesang heilend wirkt, weist darauf hin, daß die Krankheit des Herrschers, sei er nun Sultan, König oder Pfarrer, etwas zu tun haben muß mit einem Kontaktverlust zur Anima. Das läßt sich gut ablesen an den Worten des Sultans, der so traurig und gereizt ist gegenüber jedermann. Es ist bekannt, daß Männer zwischen vierzig und fünfzig ähnlich sind, wenn das Animaproblem drängend wird. Denn da sie es in der Entwicklung ihres männlichen Bewußtseins zu weit getrieben haben, kommen sie leicht in einen solchen Zustand. Wenn man die Störung untersucht, liegt das Animaproblem gleich unter der Oberfläche und mit ihm das gesamte Erosproblem, so daß man sagen könnte: die herrschende religiöse Einstellung ermangelt des Kontaktes

zur Gefühlsseite des Lebens. Sie ist wahrscheinlich zu logoshaft geworden, zu intellektuell oder sie hält sich zu sehr an bestimmte Regeln, so daß das Gefühl allmählich verkümmert.
Die vom Märchen intendierte Erneuerung ist von daher nicht eine Veränderung des herrschenden Bewußtseins, sondern eine Erneuerung, die der fehlenden Gefühlserfahrung eine völlig neue Farbe und Dimension verleiht. Nach dem Tod des Herrschers und der Erneuerung durch den jüngeren Sohn wird eine weitere Umwandlung stattfinden. In manchen Märchen wird der Held dann ein weiser König, weil er die Weisheit auf den Federn des Vogels studiert hat. Mit der Einführung der Fühlfunktion in religiöse Bereiche verbessert sich also auch die Weisheit.
Mit Ausnahme der Pfarrersfamilie finden wir jeweils einen Quaternio: den König und seine drei Söhne, während das weibliche Element fehlt und erst als Eigentümerin des Vogels hinzukommt. Der zunächst herrschende Quaternio ist somit unvollständig. Im letzten Märchen findet sich am Anfang ein weibliches Element, und es gibt kleine Hinweise, die weiterführen: Aschenputtel beklagt sich bei seiner Mutter über die Brüder, ist also Mutters geliebter Sohn. Das mütterliche Element ist also auf der bewußten Ebene vollständig vorhanden, so daß es nicht um ein Hereinbringen des weiblichen Elementes geht, sondern um die Erstellung eines Heiratsquaternio. Es ist eines der wenigen Märchen, die nicht mit einer, sondern mit einer Doppel-Hochzeit enden. Das bereits gelöste Problem des Weiblichen muß noch in eine ausbalancierte vierfache Struktur gebracht werden, weshalb zu Beginn des Märchens kein Quaternio auftaucht. In diesem Märchen herrscht auch relativ wenig Spannung. Es ist nicht dramatisch, woraus ersichtlich wird, daß es nur einen Aspekt korrigiert, es muß jedoch nicht durch alle Höhen und Tiefen gehen, um etwas völlig Neues hereinzubringen. Das zeigt sich auch manchmal bei Träumen, wo die Tendenz nicht eine Änderung der bewußten Haltung meint, sondern nur noch ein Faktor hinzugefügt oder eine neue Schattierung gegeben wird.
Im Märchen von der Nachtigall Gisar ist es eigenartig, daß sich im Gebet in der Moschee ein solcher Gefühlsmangel findet, da

die islamische Religion so viel Eros enthält. Jung sagte öfter, daß der Ruf des Muezzins ihm wie ein sehnsuchtsvoller Schrei der Liebe vorkomme, ein sehnsuchtsvoller Schrei nach Gott, und man könne den Islam nicht verstehen, wenn man nur seinen intellektuellen Inhalt anschaue. Die Liebe eines islamischen Mannes zu Gott ist fast eine Art homoerotische Liebe, denn das Animaelement ist nicht in ihr enthalten. Daher werden die Frauen in diesen Ländern so unterdrückt. Bei seinen Reisen durch Nordafrika fiel Jung eine Art von Adoleszenz-Enthusiasmus auf der Ebene religiösen Fühlens auf: leicht zweideutig, leicht sentimental, mit einer homosexuell getönten Überbetonung des Gefühls. Diese Art Gefühl gab es schon immer in der islamischen Welt, auch in ihrer Mystik, und die Notwendigkeit, das zu überwachsen zu einem reifen Fühlen hin, ist noch heute ein Problem. Der tanzende Derwisch ist deshalb durchaus der richtige Mann, um den König darauf hinzuweisen.
Ein kleines Detail, das in verschiedenen Formen auftaucht, besteht darin, daß der dritte Sohn auf seiner Queste einen Fehler macht und dadurch vom Vogel zum Mädchen, zum Pferd oder zu einem anderen Symbol geführt wird. Im Grimmschen Märchen vom goldenen Vogel erscheint das in einer verfeinerteren Form: der Vogel sitzt in einem Holzkäfig, und der goldene steht daneben. Der Held findet den Käfig nicht würdig für den Vogel, nimmt den goldenen, und daraufhin ertönt Alarm, und er wird ergriffen. In der nachfolgenden Pferdeepisode hält er den Ledersattel für nicht angemessen und nimmt den goldenen, so daß wieder alles verloren ist. In der letzten Episode erlaubt er der Prinzessin, ihren Eltern einen Kuß zu geben, dadurch erwachen sie, und er wird ins Gefängnis gesteckt. Er war zwar stets vom hilfreichen Tier gewarnt worden und tut es dennoch.
Vom Ergebnis her können wir diesen Fehler ganz allgemein als »felix culpa« bezeichnen, so wie in der Osterliturgie die Sünde Adams als »felix culpa« bezeichnet wird, weil sie die Erlösung brachte. Das ist ein generelles archetypisches Motiv und findet sich nicht nur in unserer Religion, sondern ebenso in Märchen und unzähligen Mythen, daß die Katastrophe, die der Held durch

einen Fehler auslöst, im Rückblick sich als glückbringend erweist. Vom gesamten Kontext her gesehen, vertieft also eine Schuld die Queste oder bringt sie weiter. Das kommt ständig auch im Individuationsprozeß der Einzelmenschen vor, weshalb es kurze und lange Therapien gibt: manche Menschen kommen schnell aus ihrem Kummer heraus, während andere zwanzig Jahre brauchen mit einem scheinbar kleinen Problem, ohne damit zu Rande zu kommen. Es ist also durchaus zweideutig, nach einer schnellen Heilung Ausschau zu halten, denn dann kehren die Menschen bald in ihre frühere Unbewußtheit zurück. Es gibt eben Menschen, die oberflächlicher sind, und andere, die eine tiefere Persönlichkeit haben. Für einige ändert sich ihre bewußte Haltung durch einen Traum, wenn sie ihn verstehen, und ihr Symptom wird geheilt. Andere bedanken sich, bezahlen die Rechnung, gehen weg und denken nicht weiter nach. Wieder anderen kann das gleiche zustoßen, aber es versetzt sie in Aufregung, weil sie sich dann fragen, wieso sie geheilt werden konnten. Was hat sie verwandelt? Sie müssen verstehen und in das Geschehene eindringen und weitere Fragen stellen. Auf diese Weise werden sie zu immer tieferen Problemen geführt.

Hier ist es nicht so, daß der Held die tiefere Ebene finden will, aber er begeht einen naiven, fatalen Fehler, der ihn zwingt, tiefer zu gehen. Er muß es aufgrund seiner Kurzschlußreaktion unfreiwillig tun, da er nicht einfach den Anweisungen von Fuchs oder Wolf folgen kann. Aber trotz der Hinweise tut er das Falsche. Wir können daraus entnehmen, daß es sein animalischer Instinkt ist, der den kürzeren oder weniger tiefen Weg weist, dem er dann nicht gehorcht. Daß er nicht auf seine Instinkte hört, bedeutet, daß er es vorzieht, in seiner Neurose zu verharren, anstatt geheilt zu werden. Wenn man seinem Instinkt nicht Folge leistet, ist man gespalten: der Instinkt zieht in die eine, das Bewußtsein in die andere Richtung. Dieser innere Konflikt, die Drohung einer großen Spannung in einem selbst bewirkt ein erhebliches Energiepotential und die Möglichkeit einer tieferen inneren Erfahrung. Folgt man jedoch seinen Instinkten, ist man in einer naiven Weise glücklich oder lebt im Fluß des Lebens ohne innere

Komplikationen. Das sieht man bei gesunden Menschen vor allem in ländlichen Gebieten. Sie leben mehr oder weniger ohne innere Frage oder große Probleme. Gibt es einmal Kummer, kommt ein hilfreicher Instinkt und führt sie heraus. Verliert ein solcher Mann seine Frau, trauert er eine Zeitlang und dann findet sein Instinkt eine neue Lebensmöglichkeit. Das ist einfach der Fuchs, der sieht, wo die nächste Lebensmöglichkeit liegt.

Seinen Instinkten zu folgen, ist der gesunde Weg, aber auch derjenige, der nicht immer zu größerer Bewußtheit führt, weshalb es manchmal nötig ist, den Instinkten Widerstand zu leisten. Das hat den Vorteil, daß es einen Konflikt heraufbeschwört, aus dem heraus erst bewußte Realisation entspringen kann. Daß der Held den Ratschlägen von Fuchs oder Wolf nicht folgt, heißt, daß er einen bewußten Wunsch hineinbringt, z. B. daß ein goldener Vogel in einem goldenen Käfig sitzen sollte oder daß die Tochter ihren Eltern noch Lebewohl sagen darf. Das bringt eine menschlichere Ebene hinein, entfremdet jedoch von der Instinktbasis.

Das Paradox des hölzernen Käfigs zum goldenen Vogel und des Ledersattels zum wunderschönen Pferd bezieht sich auf jenes uralte Menschheitsproblem: was tut man mit einer kostbaren inneren Erfahrung? Wenn man eine solche Erfahrung hat, die das gesamte Leben gleichsam verändert, wäre das Natürlichste, daß man sie behält und sie nie jemandem erzählt. Aber viele Menschen, die eine überwältigende innere Erfahrung haben, »beißt der Teufel« und sagt, sie müsse in irgendeiner Weise außen in Erscheinung treten. Bei Introvertierten taucht dann selbstverständlich der extravertierte Schatten auf und fragt: »Welchen Nutzen bringt eine Erleuchtung, wenn niemand da ist, der sie bewundert?« Das ist absolut destruktiv, aber dem Menschen so angeboren, daß niemand, der nicht auch seine Gegenseite assimiliert hat, um diesen Fehler herumkommt. Und dann taucht die entsprechende Katastrophe auf. Alles geht wieder verloren.

Früher entstand dann oft auch die Versuchung, eine Sekte oder etwas ähnliches zu gründen. Bei uns ist es die Versuchung, andere Menschen zur gleichen Erfahrung zu führen und unerwünschten Rat zu erteilen an diejenigen, mit denen wir zu tun

haben, oder gar einen Beruf daraus zu machen, ohne von innen her dazu getrieben zu sein. All diese Schritte darf man aber nur tun, wenn einen der goldene Vogel selber dazu beauftragt.
Gewöhnlich ist es die ewige Unzufriedenheit und Ruhelosigkeit des Ego, die die Katastrophe herbeiführt. Frauen sündigen im allgemeinen in einer anderen Form: wenn sie eine glückliche Liebeserfahrung hatten, fragen sie gleich: »Wann sehen wir uns wieder?« Das macht Männer verrückt. – Wenn etwas positiv ist, muß der Teufel es stets verderben, indem er Ichgier hineinbringt und daraus etwas Andauerndes machen will.
Eine Anima- oder Selbsterfahrung unbeschadet zu behalten, ist ein großes Problem und hat mit dem Käfig zu tun. Die innere Erfahrung muß geschützt werden und einen Rahmen erhalten. Instinktratschläge sind der einfachste Rahmen, nämlich: es geheim, unverdächtig und unsichtbar für die Außenwelt zu halten, es sozusagen unter einem billigen und unauffälligen Schleier zu verbergen. Das ist der sicherste Weg, es unbeschadet zu erhalten. Ehrgeiz oder Ruhelosigkeit des Ich wird das nicht zulassen und durch Fehlhaltungen die innere Erfahrung zerstören. Man kann das natürlich auch eine »felix culpa« nennen, weil es zeigt, daß die Persönlichkeit einen größeren Rahmen besitzt und daß ein falsches Verlangen des Ich besteht, weil die Persönlichkeit ihre volle Entwicklung noch nicht erreicht hat. Dann sind solche Katastrophen immer wieder unvermeidbar.
Im Zusammenhang damit steht ein anderes Motiv. Es kommt im »Vogel Blumentriller« vor, wo der jüngste Sohn den Fisch nicht zu töten vermag, auf dessen Stirn das islamische Glaubensbekenntnis steht, und ihn daher ins Meer zurückwirft. Dies Motiv ist einzigartig und muß sich daher auf eine spezifisch nationale Situation beziehen. Wenn wir annehmen, daß der Sultan als ausgedienter Herrscher des kollektiven Bewußtseins der Erneuerung bedarf, dann ist der Rat des Arztes, daß dieser Fisch ihn heilen könnte, offensichtlich das Richtige. Denn der Fisch versinnbildet einen Inhalt, der spontan aus dem Unbewußten auftaucht. In der Alchemie ist der Fisch die erste Form der prima materia, er muß gekocht und in vier Teile geteilt werden, und aus

ihm entsteht dann der Stein der Weisen. Damit würde der Fisch wiederum den zentralen Inhalt darstellen. Und wenn es um das Beherrschende im kollektiven Bewußtsein jener Kultur geht, dann würde das heißen, daß die vorherrschende religiöse Einstellung veraltet ist, so daß der Fisch für eine Erneuerung benötigt wird.

Da der Fisch auf seiner Stirn das shiitische Glaubensbekenntnis trägt, führt der aus dem Unbewußten auftauchende neue Inhalt keine Veränderung der herrschenden Einstellung mit sich, sondern nur ein neues Verständnis einer bereits akzeptierten Wahrheit. Bekanntlich rasseln viele Menschen ihr angelerntes Glaubensbekenntnis ohne Nachdenken oder Verwirklichung herunter, bis sie eines Tages vielleicht eine innere Erfahrung haben und erst dann verstehen, was es bedeutet. Das wäre dem Fisch vergleichbar, der mit einer Botschaft an die Oberfläche kommt, die von der bereits bestehenden Weltanschauung nicht unterscheidet, sondern ihr eine neue Tiefe vermittelt. Das wäre ja gut, aber die Ärzte haben gesagt, daß der Fisch in Stücke zerschnitten werden müsse, die auf des Sultans Herz gelegt werden sollen. Darin liegt eine neue Feinheit. Wenn der Fisch zerschnitten werden muß, heißt das, daß er geopfert werden und, psychologisch gesprochen, ins Bewußtsein integriert werden muß. Für Ibrahim hieße das, daß er mit seiner Denkfunktion die Charakteristika des shiitischen Glaubensbekenntnisses neu analysieren müßte, wogegen er sich wehrt.

Die beiden islamischen Konfessionen sind Buchreligionen, d. h. ihr Glaube beruht auf einer Offenbarung in der Vergangenheit, die als absolut gültig angesehen wird und von der kein Iota verändert werden darf, sondern sie muß auswendig gelernt und befolgt werden. Es darf keine »Analyse« des ursprünglichen Geschehens stattfinden. Wenn man einen Muslim fragen würden, ob Mohammed in einem gesunden Zustand gewesen sei, als er die Offenbarung empfing, würde es ihn gleichsam um seinen Verstand bringen. Und: »Wie würdest du beweisen, daß die Offenbarung, die Mohammed erhielt, verschieden ist von derjenigen des Moses am Sinai?« Er würde einem an die Kehle springen und sagen, da gebe es absolut keinen Vergleich. Das eine sei wahr, und alle anderen Offenbarungen seien kleiner oder nur Schein, nur Mohammed habe das wahre und direkte Licht von Gott empfangen, was weder diskutiert noch analysiert werden dürfe. Es wäre ein absolutes Sakrileg, zu fragen, ob Mohammeds persönliche Probleme mit seiner Offenbarung verknüpft seien.

Eine solche grundsätzliche Tatsache zu analysieren, hieße in diesem Sinn: sie zu zerstören, weil man mit dem Opfermesser des Verstandes in sie eindringt. Im allgemeinen wäre es das Natürlichste von der Welt, bei einer Krise der herrschenden religiösen Einstellung zu den ursprünglichen Tatsachen zurückzugehen und sie zu analysieren, wie man es auch beim Einzelmenschen tut, wenn er mit seiner bewußten Haltung auf den falschen Weg geraten ist.

Offenbar ist eine solch schreckliche Tat nichts für Ibrahim, der, von seinem Gefühlsstandpunkt aus, sich weigert, den Fisch zu zerstören. Das müssen wir so nehmen, wie es ist, und ihn nicht als Feigling bezeichnen. Hätte er eine Art neuer Offenbarung erhalten, wäre er ein zweiter Mohammed geworden. Wir können ihm aber auch nicht recht geben darin, daß er den Fisch zurückwarf. Er verweigerte diese Möglichkeit der Bewußtwerdung, nahm dann aber die Verpflichtung auf sich, den Vogel Blumentriller zu finden. Die ursprüngliche Offenbarung, die in sich nicht angerührt oder verändert werden darf, erfordert einen neuen Gefühlsaspekt, der von dem Vogel kommen soll. Alle anderen Geschichten beziehen sich ebenfalls auf diese Erneuerung, jedoch nur Hatim geht wirklich dem Problem auf den Grund.

Wir können das aus dem kleinen Detail schließen, daß der zerschnittene Fisch auf das *Herz* des Sultans gelegt werden sollte. Er hatte also einen Herzenskummer – vielleicht Managerkrankheit! Das Herz ist jenes Organ, auf welches wir unsere Fühlfunktion projizieren, und sie braucht Heilung. Sein Gefühl ist krank, und daher heilt der Vogel, aus dessen Schnabel Blumen (= Gefühle) fallen, seine Herzkrankheit.

Wenn wir ganz naiv an die Geschichte herangehen, empfinden

wir es anders, denn dieses Motiv erinnert an jene vielen Märchen, in denen der Fisch den Mann, der ihn fängt, bittet, ihn zu schonen, so daß er ihn wieder zurückwirft. Später wird dann der Fisch zum hilfreichen Tier und bringt etwas aus den Tiefen des Wassers hoch. In einer solchen Situation wäre es stimmig, ihn wieder ins Wasser zu werfen. Hier jedoch erscheint der Fisch nicht mehr wieder. Von daher ist das Motiv sehr zweideutig. Man weiß nicht recht, wie man es einschätzen soll. Der Fisch gibt keine Belohnung für seine Schonung, er erscheint einfach und verschwindet wieder. In solchen Fällen gehe ich damit um wie mit einem seltsamen Traummotiv und lasse es offen.

Wenn wir dem Faden der Queste weiter folgen, stellen wir fest, daß der Held in allen fünf Märchen an eine Kreuzung kommt, die entweder zwei- oder dreigabelig ist. Dabei gibt es eine Wahlmöglichkeit zwischen zwei weniger unangenehmen Wegen und einem, der zum Tode führt, oder zwischen einem ungefährlichen und einem absolut hoffnungslosen.

Im persischen Märchen vom »Vogel Blumentriller« kommt ein zusätzliches Motiv hinzu: auf der Tafel erfährt der Held, er solle sie mitnehmen, wenn er den Weg zum Tod wähle, und mit ihrer Hilfe überwindet er die schrecklichen Angriffe der Hexen. Er nimmt einfach seine Tafel und folgt ihren Anweisungen. Am Schluß benutzt er sie sogar als Waffe, mit der er der Hexe über den Kopf schlägt und sie tötet. In Parallelgeschichten gibt die Tafel nur einen Hinweis darauf, welcher Weg einzuschlagen ist, und der Held geht ihn, sei es weil dies der einzige ist, der noch blieb, nachdem seine Brüder bereits den oder die anderen gewählt hatten, oder weil er fühlt, daß gerade dies der Weg ist, den er gehen muß.

Fragen wir nun, was diese geheimnisvolle, im Unbewußten gründende Tafel bedeutet. Immer weist sie den Weg zu den Brüdern, nachdem diese von zu Hause fort und in die Wüste gegangen sind. Und so können wir sagen, daß diese Tafel als die Schwelle zum Unbewußten erscheint. Da sie nie fehlgeht und stets vollkommene und absolute Orientierung vermittelt, klar angibt, was sich ereignen wird und wie die Lage aussieht,

könnten wir sie mit dem von Jung so genannten »absoluten Wissen« vergleichen. Ein solches Wissen steht auch hinter synchronistischen Ereignissen, das heißt: das bedeutsame Zusammenfallen äußerer und innerer Fakten ohne jeglichen kausalen Zusammenhang vermittelt den Eindruck von etwas Gewußtem außerhalb der Sphäre des Ich.
Das Problem der Synchronizität will ich für diejenigen, die damit noch nicht vertraut sind, hier an einem Beispiel veranschaulichen. Nehmen wir einmal an, einem Mann wird eine andere Stellung angeboten, und dann träumt er, daß er mit seinem Auto ein Kind überfährt. Er ist eine kreative Persönlichkeit, und die neue Tätigkeit würde zwar einträglich und auch sonst vorteilhaft sein, ihn aber in seiner Kreativität einengen. Wenn er also den Posten nicht annimmt, wird er weniger Geld haben, aber mehr Zeit für schöpferisches Tun, akzeptiert er hingegen die Stelle, so wird er viel verdienen, jedoch kaum Zeit für sich haben. Wenn er also jetzt träumt, daß er in einem sehr aufwendigen Wagen ein Kind überfährt, so ist dies eine deutliche Warnung, diesen hochdotierten Posten nicht zu übernehmen, weil er sonst seinen eigenen kindlich-schöpferischen Kern zerstören würde. Nehmen wir nun weiter an, daß an demselben Tag oder auf dem Weg zum Annehmen der Stelle tatsächlich ein Unglück passiert. Man kann dann sagen, daß es sich um ein Zusammentreffen innerer und äußerer Fakten handelt; die symbolische innere Situation des Betreffenden und das äußere Ereignis des ihm ins Auto laufenden Kindes treffen an diesem bestimmten Morgen zusammen.
Das also ist ein synchronistisches Ereignis. Weder können wir sagen, das Kind habe gehandelt und damit den Traum verursacht, denn die Reihenfolge war umgekehrt, noch ist anzunehmen, das Unbewußte des Mannes habe das Kind ins Auto laufen lassen, was auf eine ganz andere Kausalkette zurückginge. So etwas kann im Grunde nur geschehen, wenn eine tiefe Unbewußtheit über die Situation vorliegt, aber es sieht doch so aus, als war die Sache objektiv gewußt – irgendwo, aber jedenfalls nicht im Ich. Darum sagt Jung, daß es hinter der Bedeutung synchronistischer Ereignisse so etwas wie ein absolutes Wissen gebe.

Träume sagen normalerweise nicht die Zukunft voraus, oder doch nur in dem Sinn, daß unsere Zukunft in gewissem Ausmaß durch unsere psychische Einstellung bedingt ist. Aber dieses absolute Wissen erscheint in sogenannten telepathischen Träumen, die die Zukunft nicht nur in symbolischer, sondern sogar in völlig konkreter Form voraussagen. Das wäre auch ein Hinweis darauf, daß es ein absolutes Wissen über die Abfolge von Ereignissen gibt, als würden die Dinge im voraus gewußt – außerhalb der von uns identifizierbaren Quelle des Bewußtseins, d. h. unseres Ich.

Obwohl weniger direkt, tritt dieses absolute Wissen auch in unser Gesichtsfeld, wenn jemand eine deutliche Vorwarnung erhält, daß etwas ganz Bestimmtes sich ereignen wird, oder ein deutliches Gefühl hat, daß er – ohne rationalen Grund – etwas Bestimmtes tun muß. Im allgemeinen hat es eine positive Wirkung, wenn man sich auf ein solches Gefühl verläßt. Man kann jedoch nicht restlos darauf vertrauen, es zu erhalten. Denn sein Kommen und Gehen in der menschlichen Psyche ist absolut irrational und läßt sich nicht unter Kontrolle bringen.

Aus psychologischer Sicht ist die historische Parallele hierzu das, was wir in der Religionsgeschichte als absolute Offenbarung kennen, der man ohne Diskussion gehorcht. Dieselbe Vorstellung steht hinter der Tafel, die Moses vom Sinai als Gesetzestafel mitbrachte und die die absolute Grundlage der Religion des Alten Testaments darstellt.

Eine weitere Parallele findet sich in der Alchemie. Es heißt, daß Gott die Grundregeln der Alchemie auf eine Tafel geschrieben und diese einer der Gestalten des Alten Testaments bzw. im Islam einem der Propheten gegeben habe, in der griechisch-römischen Tradition dem ägyptischen Thot (Hermes-Merkur). Dieses Wissen wurde dann in der geheimen Tradition der Alchemie weitergegeben. Die Gründungslegende des Textes von der berühmten Tabula Smaragdina ist die gleiche: es ist eine smaragdgrüne Tafel, auf welcher der gesamte alchemistische Prozeß in zehn Sätzen von höchst symbolischem Charakter niedergelegt ist, enthüllt von Hermes Trismegistos. Es gibt eine Zusatzvariante, daß diese Tafel auch Sätze über die Herstellung des Steines der Weisen enthalte, und gleichzeitig gilt sie selbst als Stein der Weisen. Der Stein enthüllt seine eigene Natur und seine Entstehungsweise auf und durch sich selbst. Das ist ein wichtiges Motiv, weil im »Vogel Blumentriller« die Tafel ebenfalls in dieser doppelten Funktion benutzt wird. Sie erscheint einerseits als Orientierungsmittel und später als magische Waffe. Sie wird zu ihrer eigenen Weisheit und kann als Mittel in der Handlung eingesetzt werden, ist also auch ein übernatürliches Amulett.

Solche Enthüllungen, die auf der Erfahrung des »absoluten Wissens« beruhen, lassen sich auf doppelte Weise interpretieren. Einerseits sind sie Gesetze, und deshalb stehen sie auf Steintafeln, oder sie haben mit einer gewissen Absolutheit oder Starrheit zu tun, die etwas Negatives wäre. Sie sind starre Gesetze oder aber positive Einsichten, da sie einen führenden Blick nach innen gewähren, der auf den nächsten Schritt hinweist. Die Ähnlichkeit bei all diesen Tafeln, seien sie nun symbolischer oder ethischer Art, besteht darin, daß sie in einer besonders lapidaren (steinernen!) Art formuliert sind.

Sobald eine Einsicht oder ein Wort auf Stein geschrieben ist, bedeutet das symbolisch, daß diese Tatsache nun als absolut und unzerstörbar gilt. Vielleicht erhalten wir deshalb nach der Auferstehung, wie die Apokalypse (2,17) berichtet, einen neuen Namen, der auf einen weißen Stein geschrieben ist und den sonst kein anderer kennt. Er vermittelt eine absolute Identität, eine Einsicht in die wahre Persönlichkeit. Dieser weiße Stein in der Apokalypse war für die Alchemisten identisch mit dem Stein der Weisen.

Daß man eine Grundwahrheit auf Stein schreibt, ist für uns heutige Menschen, die wir so viel oberflächliche Wortfülle und gedankenlosen Wortreichtum gebrauchen, unverständlich. Um die Bedeutung dieser Symbolik zu verstehen, müssen wir noch etwas tiefer in andere innere Bedingungen eindringen.

Da ich selbst Wörter ziemlich geringschätze, hatte ich lange Zeit große Schwierigkeiten, diese Tafel zu verstehen. Zum erstenmal wurde es mir klar aufgrund des folgenden Ereignisses: Eine

Analysandin, ein schwerer Borderline-Fall, hatte großartige innere Erfahrungen, in denen »das Licht sie besuchte und sie sich der Gottheit nahe fühlte«. Sie war zutiefst davon überwältigt, und als ihr in der Anstalt, in die sie eingewiesen worden war, ungeschickt-peinliche und veraltete Fragen gestellt wurden, verschloß sie sich völlig und verharrte in Schweigen. Zur Zeit ihres Traumes, den ich hier mitteilen werde, hatte sie sich entschieden, über gar nichts mehr zu sprechen, sondern vollständig in jene innere religiöse Erfahrung einzutauchen, was – von außen gesehen – auf einen katatonen Zustand hinausgelaufen wäre. Unter diesen Umständen würde sie zum Verbleiben in der Anstalt gezwungen gewesen sein und hätte wahrscheinlich für lange Zeit im Bett liegen müssen, ohne irgend etwas von sich zu geben über das, was in ihr vorging.

Zu dieser Zeit träumte sie, daß sie eine Reihe von Indianern sah, die jeder einen goldenen Ring erhalten hatten. Sie hatten keine Münder, denn die Haut war darüber gewachsen. Dann kam jemand mit einem Messer und schnitt Münder in ihre Gesichter, und eine Stimme sagte: »Dies ist es, was getan werden muß«. Sie wachte auf, und ohne eine Interpretation von mir realisierte sie, daß sie mit jemandem über ihre innere Erfahrung reden müsse. Sie verstand, daß der goldene Ring, den die Indianer bekommen hatten, etwas ihrer Erfahrung Ähnliches war, und daß das Messer, das den Mund aufschnitt, wichtig war. Dies war der Wendepunkt, denn dank der Tatsache, daß wir dann über ihre Erfahrung reden konnten, wurde sie nicht katatonisch und brauchte deshalb nicht in die Anstalt zurück.

Die Stimme in diesem Traum war, so meine ich, eine Manifestation des absoluten Wissens. Wenn Menschen im Traum eine plötzliche Stimme hören, löst diese, wie Jung sagt, im allgemeinen das Problem mit absoluter Autorität und beseitigt jeden möglichen Zweifel. Eine solche Erfahrung wäre wohl einem telepathischen Traum ähnlich und bedeutet einen Einbruch aus der transzendenten Sphäre. Im erwähnten Fall sagte die Stimme ihr, daß sie es nötig habe, zu reden, und sie war völlig überzeugt, entsprechend handeln zu müssen. Fast noch interessanter, wenn auch von ihr nicht selbst erkannt, ist, daß die Leute, denen die Münder aufgeschnitten werden mußten, Indianer waren. Ihre eigenen religiösen Erfahrungen hatten einen leicht heidnischen Einschlag, waren also nicht ganz orthodox, was einer der Gründe war, weshalb sie Angst hatte, darüber zu sprechen. Deshalb mußte sie im Traum die Münder jener Indianer aufschneiden. Sie wußte nichts über Indianer, außer daß sie Heiden und Primitive seien. Man könnte deshalb sagen, daß diese religiöse Erfahrung aus der primitiven und in religiöser Hinsicht vorurteilsfreien heidnischen Schicht ihrer Persönlichkeit emporgekommen war, und daß es jetzt unabdingbar war, daß dieser Teil von ihr seinen Mund öffnete, um über das, was geschehen war, zu reden.

Dies gab mir, zum erstenmal in meinem Leben, mehr Respekt vor dem »Wort«. Erst jetzt verstand ich, was es bedeutet, auf primitive Weise von der emotionalen Intensität innerer Erfahrung überwältigt zu werden und unfähig zu sein, dies in Worten auszudrücken, so daß es wieder im Unbewußten verschwindet. Zum erstenmal verstand ich auch, daß das gesprochene Wort einen Akt der Bewußtwerdung und der Erhaltung der eigenen persönlichen Identität darstellt. Eine Einsicht, die formuliert wird, steht auf einer höheren Ebene als eine, die den Körper trifft, aber nicht mit der bewußten Ebene verbunden wird. Aus diesem Grund spielt wohl in allen Kulturen auf einer bestimmten Stufe das heilige Wort eine so große Rolle und wird zur Grundlage der bewußten Einstellung der jeweiligen Gruppe.

Wir können also die Tafel in unserem Märchen wohl als eine solche Offenbarung absoluten Wissens interpretieren, das führenden Charakter annimmt. In bestimmten Versionen bedeutet sie sogar noch mehr – das Rettende z. B. wie in unserer persischen Geschichte.

Ob eine Stimme im Traum die Stimme absoluten Wissens oder die einer Inflation und Täuschung ist, wissen wir nicht wirklich. Aber im allgemeinen läßt sich sagen, daß wir in der Erfahrung keinerlei Belege dafür haben, daß eine echte Stimme ins Unglück oder auf falschen Weg führt. Ist es eine irreführende Stimme, wird im allgemeinen der Charakter des Sprechenden im Traum beschrieben. Man muß dann seinen kritischen Verstand benutzen und fragen, *wer* das sagt. Es kann ein Animus oder ein Hexenschatten sein. Wenn man jedoch eine Stimme hört, die diese Absolutheit besitzt, hat man nicht das Gefühl, daß irgendein Wesen dahintersteht. Die Stimme ist formlos, einfach nur eine Stimme. Sogar bei Schizophrenen ist eine so absolute Stimme symbolisch richtig, nur die Interpretation des Patienten ist dann meistens falsch, weil Schizophrene ihre Kritikfähigkeit einbüßen und nicht erkennen, auf welcher Ebene die Anordnung einer solchen Stimme verwirklicht werden muß.

So hatte z. B. eine Frau eine Stimme, die manchmal enorm gütig war und sie aus vielen Unfällen rettete. Manchmal jedoch sagte sie völlig destruktive Dinge wie z. B. »Geh und stürze dich in den See!« Der Analytiker bedrängte sie, die Stimme zu fragen, wer sie sei, und sie sagte: »Ich bin Pan!« Da Pan sehr zweideutig ist und man ihm nicht einfach gehorchen kann, sagte ihr der Analytiker, sie solle sich ihm gegenüber verhalten, als wäre er Realität. Wenn er absolut verrückte Dinge sagte, mußte sie ihm entgegnen, er habe vor zweitausend Jahren gelebt, wir aber seien zivilisierter, und sie könne nicht so handeln wie er in seinem Ziegenparadies. Von da an verlor diese Gestalt ihre Absolutheit. Man kann sagen, daß dieser Pan eine Animusstimme war und nicht vom Selbst her kam. Wäre die Frau der Stimme unkritisch gefolgt, wäre sie verrückt geworden. Aber das war keine absolute Stimme, sondern eine besondere Gestalt.

Gerade Schizophrene hören häufig Stimmen, die ihnen befehlen, dies oder jenes zu tun. Solche Leute kann man dann fragen, ob es eine weibliche oder männliche Stimme war, in welchem Stil sie es gesagt hat und wie der Sprecher zu charakterisieren sei. Dann enthüllen die Stimmen plötzlich verschiedene Persönlichkeitsteile. Und wenn verschiedene Gestalten die Traumsprecher sind, ist das eben nicht *die Stimme*. Die Schwierigkeit besteht darin, daß das Ich das letzte Wort hat und entscheidet.

Nehmen wir z. B. Niklaus von Flüe, dem eine innere Stimme sagte, er solle seine Frau und seine zehn Kinder verlassen. Er folgte der Stimme, und ein berühmter katholischer Theologe schrieb einen Artikel, nie könne die Stimme Gottes einem verheirateten Mann befehlen, Frau und Kinder zu verlassen. Niklaus stellte sich natürlich dieselbe Frage. – Blindlings zu folgen, könnte gefährlich sein. Das Ich muß sich auch alle destruktiven Konsequenzen vorher anschauen. Niklaus war ein aufregendes Beispiel, wo das, was eine Stimme ihm befahl, vom üblichen Standpunkt aus verrückt war, und viele Menschen seiner Umgebung sagten das auch. Erst am Ende seines Lebens war es der consensus gentium und einige hundert Jahre später die Ansicht des Papstes, daß sein Schritt richtig war. Für eine bewußtere Persönlichkeit ist es wohl in einem solchen Fall das Beste, daß das Ich seinen Zweifel beibehält, wenn es der Stimme folgt. Niklaus zweifelte nie, aber er war nur ein einfacher Bauer. Wir würden eher sagen: »Nun gut, ich gehorche, aber ich behalte mir meine Zweifel vor.« Sie lassen die Tür offen, so daß man zurück kann, wenn man das Gefühl hat, daß die Dinge beginnen, destruktiv zu werden. Möglich ist auch, daß eine zweite Erfahrung die erste korrigiert, und man würde sie blockieren, wenn man die erste zu absolut nimmt.

Ein gutes Beispiel dafür ist Abraham, der von Gott den Befehl erhielt, seinen Sohn Isaak zu opfern. Hätte er nicht erhebliche persönliche Zweifel und Widerstände gehabt, hätte er vielleicht den rettenden Widder nicht bemerkt. Wenn er der Auffassung gewesen wäre, unbedingt Folge leisten zu müssen, hätte er gleichsam seine Augen geschlossen und das Kind getötet, um es hinter sich zu bringen. Er litt sehr und machte sich auf den Weg, weil er das Gefühl hatte, es tun zu müssen, aber seine Widerstände dagegen blieben ebenso bestehen wie sein natürliches Gefühl dagegen. Und so erblickte er in letzter Minute den Widder. Es scheint mir wesentlich, daß man seine natürlichen Widerstände und Zweifel behält, auch wenn man sich ergibt, denn es können sich seltsame Wendungen ereignen, wo im letzten Moment die Stimme eingreift und erneut spricht.

Als nächstes ist im »Vogel Blumentriller« wichtig, daß die Tafel speziell gegen die Hexe benutzt wird. In den anderen Märchen sind die Feinde meist Devs, im Balkanmärchen gibt es Tiger und

Löwen und im »Vogel Wehmus« Drachen auf dem Weg. Die Hexen im obigen Märchen wenden den besonderen Trick an, daß sie eine Fata Morgana erzeugen: zuerst ist ein wunderschönes Mädchen da, und sobald sie exorzisiert wird, zeigt sich, daß sie eine furchtbare alte Hexe ist; die Hand, die aus dem Wasser kommt, erweist sich dann als zu einer scheußlichen mörderischen Hexe gehörig. Zusätzlich benutzen sie Magie und erzeugen Illusionen. In Verbindung mit diesem Kontext müssen wir die Tafel sehen: die Fähigkeit, sich an die innerste Sicherheit des Selbst zu halten, wird vor allem im Umgang mit der Maya-Welt benötigt, die von der negativen Anima-Macht erzeugt wird, sowie vom negativen Mutterkomplex ganz allein.
Das Ich ist gewöhnlich gegen solche Teufelskunst nicht gerüstet, und es gibt keine andere Hilfe als die Beziehung zum eigenen Selbst, d. h. zu der Tafel. Heutzutage liegen die Dinge bis zu einem gewissen Grad umgekehrt: moderne Analysanden haben oft keine solche Tafel – die die Analyse eher überflüssig machen würde –, und dann fallen sie auf dies Hexenwerk der Anima herein, in das Netz von Illusionen und illusionären Gefühlen, mit falschen Projektionen nach außen oder falschem Enthusiasmus von innen. Das ist dann einer der Faktoren, die oft einen Mann zwingen, tiefer in sich selbst hineinzuhorchen, um die Stimme wiederzufinden.
Nach meiner Erfahrung ist es die Anima, die z. B. gern nach einer falschen Seite zieht. Folgt ihr der Mann, zieht sie auf der anderen, folgt er dorthin, zieht sie wieder auf der ersten, so daß es ein ständiger Wechsel zwischen Ja und Nein ist. Glaubt er schließlich zu wissen, wie es sein soll, weist ein Traum in die andere Richtung, und das zwingt ihn allmählich zur Entdeckung, daß in diesem Teufelsspiel ein konstanter statischer Faktor zugrunde liegt, der aber durch alles Leiden hindurch erst langsam entdeckt wird.
In unserem Märchen hat der Held die Tafel von Anfang an, und das macht die Geschichte ein wenig flach, da er bei jeder neuen Situation seine Tafel herauszieht, liest, was zu tun ist und danach handelt. Vielleicht spiegelt das eine Kultursituation, in der

Männer noch gewisse bewußte Führungsprinzipien gegen das Spiel der Anima benötigten. Sie konnten nicht direkt in das Spiel einsteigen und es für sich selbst entdecken. Betrachten wir es als absolutes Wissen, dann besitzt dieser Held eine Verbindung zu seinem Selbst, die ihm stets hilft. Er besitzt die Fähigkeit, die Form zu meditieren, in welcher er die innere Stimme unter der ganzen theatralischen emotionalen Schauspielerei der Hexen hervorholen kann.

Die ersten beiden Hexen lassen sich leicht verstehen, da sie eine Art Paradiesesillusion hervorzaubern, die er nur zu durchschauen braucht. Schwieriger ist die letzte Aufgabe, wo zwei Hexen Zauberei auf dem Friedhof treiben. Solche Hexen tun dasselbe wie die Hexe von Endor in der Bibel, und das war in der Antike im gesamten Mittelmeerraum einer der wesentlichen Züge der Hexenkunst. Durch Anrufungen und Gesänge belebten sie Leichen und benutzten diese dann auf zwei Arten. Einige stellten der Leiche Fragen, und ihre Antworten hielt man für absolute Wahrheit, so daß man durch die Leiche Wissen erhielt, was auf andere Weise nicht zu bekommen war. Oder die Leiche wurde aufgefordert, einen Mord zu begehen oder andere üble Dinge, die man selbst nie tun würde. Sie wurde also als Marionette behandelt, aber das kam seltener vor. Man hatte vermutlich die Vorstellung, eine Leiche sei der absoluten Wahrheit näher, da sie sich in den tiefsten Schichten des Unbewußten befindet und als Medium benutzt werden kann. In der ganzen Antike wurden solche Handlungen als absolutes Sakrileg, schauerlich und kriminell angesehen, als absolut tabu.

Wenn wir uns dieses Problem einmal tiefer anschauen und es symbolisch nehmen, dann bedeutet ein Toter ja auch, daß die Erscheinungsform eines psychologischen Faktors gestorben ist. Wir wissen, daß verschiedene psychische Komplexe sozusagen einen »Körper« benutzen, um sich zu zeigen. Wenn z. B. die Anima auf eine Frau projiziert wird, dann hat sie sich durch diese Projektion gleichsam inkarniert. So kann sich jeder psychologische unbewußte Komplex durch Projektion inkarnieren. Solange die Projektion wirkt, ist sie ein lebendiger Faktor, und wir müssen ihm folgen, wenn wir nicht einen Teil unserer Persönlichkeit verlieren wollen. Aus diesem Grund ist es absolut falsch, eine solche Projektion rational abzuschneiden. Man muß eine gewisse Beziehung mit diesem Faktor aufrechterhalten, so daß die Projektion zurückkommen kann. Wenn eine solche Verwirklichung gestorben und eine »Leiche« ist, würde das bedeuten, daß die Projektion zurückgekommen ist oder daß die Form, in welcher der Komplex sich bisher manifestierte, abgenutzt und nicht länger wirksam ist.

Nehmen wir einmal an, jemand komme an sein Gefühl durch das Erlernen des Klavierspiels, aber allmählich wird das zu einem leeren Zeitvertreib und verliert seinen numinosen Charakter. Dann könnte man mit einem Traum rechnen, der darauf besteht, daß der Betreffende seine Gefühle jetzt in anderer Form ausdrükken sollte. Wenn man jedoch einen Weg gefunden hat, Kontakt zu seinem Unbewußten durch gewisse Tätigkeiten zu erhalten, neigt man natürlich dazu, da hineinzuschlüpfen und nicht den Schritt zu einer neuen Inkarnation des Komplexes zu wagen. Von daher bedeutet jene Wiederbelebung von Leichen eine regressive Wiederbelebung früherer Aktivitäten, die nicht mehr erforderlich sind, und es wird oft begründet mit der Bemerkung: »aber es hat mir geholfen!« oder« »es hat mich damals gerettet«. Das ist alles wahr: es *war* einmal Leben, es war eine Weise des Kontakts zum Unbewußten. Aber die Toten sollen in ihren Gräbern ruhen! Wenn einmal etwas überwachsen ist, kann man nicht zu ihm zurückkehren.

Da hatte z. B. ein Mann in der Pubertät mit der Masturbation aufgehört. Bei einem bestimmten Ehestreit begann er wieder damit, anstatt mit seiner Frau zu sprechen. Daraufhin träumte er, daß er künstlich versuche, einen toten Adoleszenten wiederzubeleben, der aufzustehen versuchte, jedoch immer wieder zusammenbrach. Da sagte eine Stimme: »Um Himmels willen, laß ihn, er ist tot!« Dieser Alptraum zeugte deutlich, was es heißt, einen Leichnam wiederzubeleben. Diese pubertäre Gewohnheit wiederzubeleben, die bereits überwachsen war, hätte für den Mann eine Regression von seiner Verpflichtung, sich auf seine Frau zu beziehen, bedeutet. Er kämpfte gegen den neuen Schritt der Gefühlsentwicklung und zog sich auf das Frühere zurück. Er hatte einen großen Mutterkomplex, und dies war ein praktisches Beispiel für seine innere Hexe, die ihn verführte, Leichen wiederzubeleben, anstatt den nächsten Schritt zu tun.

Etwas anderes dagegen ist es, in die Unterwelt zu gehen. Die Toten in der Nekya, z. B. in der Odyssee, erhalten durch das Trinken von Blut nicht ihre Körper zurück, sondern nur eine Art subtle body, mit dem sie besser sprechen können. Das ist nicht das gleiche wie die Störung der Leichen auf der Oberfläche der Erde. Es geht ja auch um Wiedergeburt, und sie bedeutet, daß Libido, die in der alten Form drinsteckte, in einer neuen erscheinen möchte. Diese Wiedergeburt muß erwartet, nicht gestört werden.

Das nächste Motiv wäre das des hilfreichen Tieres, in der europäischen Version ein Fuchs, in der turkestanischen ein Wolf. Fuchs und Wolf sind jedoch mythologisch verwandt. (Das lateinische Wort für Fuchs, vulpes, ist auch unser Wort für Wolf!) In Ost und West wird der Fuchs häufig mit hysterischen Störungen in Verbindung gebracht. In abgelegenen Gebieten Japans glaubt man heute noch, daß hysterische Frauen von Füchsen besessen seien.

So berichtet ein deutscher Psychiater, Dr. E. Baelz, von einem interessanten Fall, den er in Tokio behandelte. Eine Bäuerin, die in eine Anstalt eingewiesen worden war, blieb absolut stumm und verharrte in diesem Zustand vollkommenen Schweigens, gerade daß sie ihren Namen angegeben hatte. Von Zeit zu Zeit aber sagte sie: »Jetzt kommt er!« Dann legte sie ihre Hand auf die Brust, und eine Art von Bellen kam hervor, wie das Bellen eines Fuchses. Ihre Augen begannen zu funkeln, wobei sie geradezu phantastisch sämtliche Ärzte beschimpfte. Sie wurde sogar mediumistisch und erzählte ihnen, daß einer der Ärzte eine außereheliche Affäre mit den und den Folgen gehabt hätte, und daß jemand anders wegen irgend etwas beunruhigt sei. In ihrem »Fuchs-Zustand« erwies sie sich als hochintelligent und äußerst aggressiv. Nach einiger Zeit begann sie wieder zu bellen, bis

auch das aufhörte, und dann verfiel sie wieder in absolutes Schweigen. Dies war 1907, aber es scheint sich um ein Phänomen zu handeln, das auch heute noch auftritt.
Einen ähnlichen Fall erlebte der Sinologe Richard Wilhelm. Er wurde eines Tages auf eine Farm gebeten, wo es einen Fall von Fuchsbesessenheit gab. Nie bekam er heraus, ob es eine Art Halluzination war oder nicht, aber als er zu der Farm ging, hörte er eine Frau hysterische Schreie ausstoßen und sah tatsächlich einen Fuchs, der auf der Lehmmauer rund um die Farm hin- und herging, sowie Menschen, die darauf zeigten und sagten: »Schau, das ist der Dämon!«
Der Fuchs ist nicht nur so etwas wie der destruktive Animus, ein Naturgeist, der in Frauen hineinschlüpft und sie besetzt, sondern er ist ebenso mit der Vorstellung der Bereitung des Lebenselixiers verknüpft. In der westlichen Alchemie gibt es die Idee, daß der Fuchs zum opus des Philosophen hinführt, weil man glaubt, daß es etwas mit natürlicher List und Schläue zu tun habe. Da er von roter Farbe ist, wird der Fuchs ferner mit Hautrötungen und Feuer in Zusammenhang gebracht. Wo Hexenfüchse auftauchen, entsteht plötzlich ohne Grund ein Feuer. Auch der Blitz wird mit ihnen assoziiert. Er hat also etwas mit dem »lumen naturae« zu tun in seiner positiven und seiner negativen Form. Fuchsbesessenheit hat jedoch auch mit der klaren Sicht des Naturgeistes im Menschen zu tun, weshalb er in Märchen oft das Tier ist, das die Dinge im voraus weiß und dem Held Hinweise geben kann.
Seltsamerweise hat auch der Wolf mit dem »lumen naturae« zu tun, obwohl er doch im allgemeinen als unheimlicher und destruktiver als der Fuchs angesehen wird. Apollo ist ein Wolf-Gott. In dieser Funktion hat der Wolf positive Bedeutung. Seine glänzenden Augen leuchten in der Dunkelheit, und er heult den Mond an, wenn das stimmt. Sicher jedoch ist er eines der Tiere des Sonnengottes Apoll in dessen nächtlichem, winterlichem Aspekt, so etwas wie die Wintersonne, die im dunkelsten Augenblick aus den Tiefen des Unbewußten aufsteigt. Ansonsten ist der Wolf in der Mythologie öfter destruktiv. Man braucht nur an den Fenriswolf der germanischen Mythologie zu denken, der am

Ende des Tages losgeht, und an die Wolfsdämonen, die während der Sonnenfinsternis versuchen, das Licht des Himmels zu verschlingen, und die man durch Lärm und Geklapper verjagen muß, damit sie nicht Sonne und Mond fressen.
Wie der Fuchs auf das weibliche Prinzip und als Dämon auf Frauen und Hexen, so ist der Wolf manchmal auf eigenartige Weise auf das Mutterprinzip bezogen, z. B. in Rotkäppchen. Als die Großmutter im Innern des Wolfes ist, wird sie gleichsam durch diesen ersetzt und zeigt ihre verschlingende Seite. Der Wolf gehört zum Kriegsgott Mars oder Ares, ist sein Tier und daher auch mit Eisen assoziiert. So heißt z. B. der Name des Wolfes in der germanischen Mythologie »Isegrimm«, d. h. Eisengrimm. Er stellt etwa den Typ dar, von dem man sagen könnte: er hat einen Zorn, der ihn kalt und grimmig macht. Wenn ein Zorn seinen Höhepunkt erreicht hat, wird er oft durch ein ruhiges, kaltes, mörderisches, grimmiges Gefühl von Groll ersetzt. Das ist der Wolf. Doch das ist nicht nur negativ. Es gibt so etwas wie einen heiligen Zorn, der Menschen anfallen kann, wenn sie schlimme Ungerechtigkeiten ihrer Welt wahrnehmen. Dann fühlen sie sich von heiligem Zorn aufgerufen, Ordnung wiederherzustellen und Licht in die Angelegenheit zu bringen. Von daher ist der Wolf nicht nur destruktiv.
Im Märchen von »Hassan Pasha« stellt der Wolf eindeutig eine positive Macht dar, da er immer als hilfreicher Geist erscheint und am Schluß am Hof des Sultans aufgenommen wird. Vermutlich liegt hier eine Kompensation vor, da Hassan Pasha etwas zu unschuldig und den bösen Tricks des Lebens nicht gewachsen ist. Da der Wolf selbst auf der dunklen Seite des Lebens steht, kann er ihm Hinweise geben. Er weiß, was geschehen wird, hat keine Illusionen und sieht die Dinge, wie sie sind. Jedoch wird dieser Wolf nicht verwandelt, er bleibt bis zum Ende das hilfreiche Tier.
Der Fuchs in dem naiven Märchen vom Vogel Wehmus hat viel interessantere Eigenschaften. Er macht einen Purzelbaum und verwandelt sich in einen Juwelierladen, um auf diese Weise die Prinzessinnen zu entführen. Er hat also einen regelrecht merkurialen Aspekt. Zu Beginn war er menschlich, und nur dadurch,

daß er beleidigt und als Fuchs und Zauberer beschimpft wurde, konnte der Fluch gebrochen werden. Am Schluß wird er erlöst und in menschliche Gestalt verwandelt.

Im Grimmschen Märchen »Der goldene Vogel«, das eine Parallele zu den fünf Märchen hier darstellt, findet ebenfalls eine Verwandlung statt: der Fuchs bittet am Ende den Helden, ihm Kopf und Pfoten abzuschlagen. Dieser entgegnet, das könne er nicht, weil der Fuchs ihm aus der Not geholfen habe. Daraufhin schüttelt der Fuchs traurig seinen Kopf und erwidert: »Dann werde ich nie mehr glücklich sein!« und kehrt in die Wälder zurück. Als er später zurückkommt und den Helden noch einmal darum bittet, gehorcht dieser mit traurigem Herzen, und in dem Augenblick, wo er das tut, steht ein wunderschöner Prinz da. Hier wie im »Vogel Wehmus« endet das Märchen mit einem Heiratsquaternio. Wir haben in diesen beiden Märchen einen Pseudo-Fuchs, der verhext wurde und am Ende erlöst wird. Das ist ein häufiges Märchenmotiv, und wir müssen fragen, was es psychologisch bedeutet, wenn ein hilfreiches Tier erscheint und ein solches bleibt, oder wenn es am Schluß sich als ein vorher verfluchtes, nun aber menschliches Wesen erweist und erlöst wird.

Bei seiner Darstellung der psychischen Struktur skizzierte Jung den psychischen Prozeß einmal als ein Spektrum mit einem infraroten und einem ultravioletten Ende. Das infrarote setzte er dem somatischen Bereich parallel, dem Bereich instinktiver Reaktionen und bedingter Reflexe. Am ultravioletten Ende wäre der Bereich der Archetypen an sich, die archetypischen Verhaltensweisen oder Bilder.

Wenn ein Tier mythologisch als wirkliches Tier erscheint, nicht als Pseudo-Tier, dann stellt es ein instinktives Muster, einen Impuls dar, wobei verschiedene Tiere verschiedenen Formen instinktiven Verhaltens entsprechen. Offensichtlich würde der Fuchs eine mehr instinkthafte Schlauheit und List repräsentieren, der Stier dagegen mehr die brutale Impulsivität, die durch Kraft agiert. Jedes Tier, in seinem mythologischen, zoologischen und biologischen Kontext amplifiziert, steht für ein menschliches

Verhaltensmuster, jedoch stets mit dem Akzent auf dem instinkthaften, infraroten Bereich der menschlichen Psyche.
Wenn jedoch ein geistiger Impuls am instinkthaften Ende auftaucht, wohin er nicht gehört, dann wurde er verflucht und gezwungen, als Tier, d. h. als instinkthafte Form, zu erscheinen. Dann repräsentiert das Tiersymbol nicht wirklich einen Instinkt, sondern auch einen archetypischen oder geistigen Impuls, der gelebt und auf einer menschlichen Ebene verwirklicht werden möchte. Das entspricht buchstäblich dem, was der Fuchs sagte: er sei ein menschliches Wesen gewesen und von einem Zauberer verflucht und damit auf animalisches Verhalten reduziert worden. In einem solchen Fall haben wir mit einem Unterdrückungsprozeß zu rechnen, in dem dieser psychische Inhalt auf eine instinktive Reaktion reduziert wurde und diese alles ist, was übrigblieb.
Der Fuchs wäre also ein Geist der Natur, parallel dem Gott Merkurius der Alchemisten. Bis zum 17. Jahrhundert war das ein anerkannter Begriff bei den Alchemisten. Niemand dachte an die Natur als eine tote Materie. Für jene Menschen war sie belebt durch einen Geist von eigener Art bzw. durch das sogenannte »lumen naturae«, das als lebendige geistige Manifestation in Naturerscheinungen galt. Erst im 17. Jahrhundert wurde dies durch die wissenschaftliche Sichtweise als Aberglaube hingestellt und eliminiert, und von dieser Zeit an konnte der Naturgeist, d. h. das Unbewußte, sich nicht länger zeigen oder direkt zu Menschen sprechen. Er wurde in den Bereich instinkthafter Reaktionen zurückverwiesen – was vermutlich der Fluch ist, der auf dem Fuchs liegt und von dem er nun erlöst werden möchte.
Der Erlösungsprozeß ist sehr brutal: in einer Version besteht er in einer erneuten Verfluchung, in der anderen im Abschneiden von Kopf und Pfoten. Etwas mit Messer oder Schwert abzuschneiden steht für die analytische Diskrimination eines Objekts, wodurch man es anscheinend zerstört, aber zur gleichen Zeit gelangt man dadurch auch an das Wesen, den Kern. Wenn man Kopf und Pfoten eines Tieres abschneidet, trennt man gleichsam seine Intelligenz, seine Verschlagenheit ab. Die Pfoten stehen allge-

mein für aktive Bewegung und das Ergreifen von Gegenständen. Man könnte also sagen: zuerst muß seine Aktivität gestoppt werden, weil es sonst seine animalische Ebene beibehalten würde, und dann könnte man die *Bedeutung* nicht erkennen. Wenn jemand, um ein Beispiel zu bringen, z. B. einen knurrenden Wolf, einen Isegrimm, in sich trägt, würde die natürliche Handlungsweise dieses Komplexes stets sein, durch Verfolgen von Ideen eine Auseinandersetzung zu beginnen, wodurch man in einen emotionalen Streit oder eine instinkthafte aggressive Stimmung gerät. In dieser Form wird der Wolf nie erlöst, weil die Libido in diesem Komplex eine Neigung besitzt, sich instinktmäßig auszuagieren. Darum neigen paranoide Menschen dazu, den Schatten zu projizieren und überall Streit auszulösen. Erst wenn sie mit Streiten aufhören, können sie erkennen, was sich hinter solchen Projektionen verbirgt, z. B. eine riesige Gier. In seinen Ausführungen zur Übertragung spricht Jung davon, daß in manchen Menschen eine solche Gier erwacht, daß sie jeden und alles auffressen möchten, auch ihren Analytiker. Das geschieht nicht auf der sexuellen, sondern auf einer noch primitiveren Ebene, weil es um den »Besitz« des anderen geht. Hat ein anderer ein Auto, müssen sie es auch haben, oder eine Freundschaft usw. Dieser Wunsch, alles zu »essen«, ist sehr oft das Ergebnis einer großen Frustration in der Kindheit, die einerseits eine Art bitteren Groll bewirkt hat, der sich verbunden hat mit einem gierigen Bedürfnis, alles zu haben. Da erscheint der »Grimm« dann eher als schmollender Groll, weil man nicht haben kann, was man möchte. Solche Menschen schwanken ständig hin und her zwischen dem Versuch, alles zu verschlingen und infolge dessen eins aufs Dach zu kriegen, und dem Rückzug in passiven Groll und Frustration. Sie geraten in eine Art circulus vitiosus von kaltem Ärger und Gier, der oft sehr passend durch einen Wolf charakterisiert werden kann.
Hat jemand hingegen einen unerlösten »Fuchs« in sich, erscheint dieser mehr als jener Geist, der schlau jeder Situation durch einen Schwindel entwischt, um ja nicht festgelegt, z. B. nicht wirklich mit seiner dunklen Seite und seinem eigenen Wesen konfrontiert zu

werden. Es gibt viele solcher Analysanden, die beklagenswert klug darin sind, ständig den wesentlichen Punkt zu vermeiden, indem sie einen schlauen Ausweg finden, andere Möglichkeiten entdecken und nie in die Ecke oder gegen die Wand gedrängt werden können. Durch ihr Entweichen finden sie natürlich nie heraus, worin der innere Fuchs besteht: jene Neigung, sich clever über Situationen hinwegzumogeln.

Wenn man z. B. eine Frau auf das Problem ihrer Kreativität energisch hinweisen will, wird sie gewiß damit kommen, daß sie ein weiteres Kind erwarte, und damit entgeht sie für die nächsten drei Jahre dem Problem, weil während einer Schwangerschaft alles durch dieses Lebensereignis ausgefüllt ist. Sie wird natürlich beim gleichen Problem wieder anlangen, wenn das Kind weniger abhängig von ihr ist. Das ist eine berühmte und häufige Weise, wie Frauen dem Problem ihrer Kreativität entfliehen und wie eine Menge unglücklicher Kinder zu einem relativ späten Zeitpunkt geboren werden, wenn die Mutter wirklich etwas anderes tun sollte. Männer suchen dann gewöhnlich nach irgendeiner äußeren Möglichkeit, finden z. B. plötzlich eine Stelle weit weg vom Analytiker, eine, die sie natürlich nehmen *müssen,* da sie eine so besondere Gelegenheit bietet und die richtige zu sein scheint usw. So hüpfen sie genau im wesentlichen Moment aus dem heißen Kessel heraus. Ein schlauer Instinkt in ihnen läßt sie das tun, und darum muß jemand, der den Fuchs erlösen möchte, ihm zuerst die Pfoten abschlagen, um ihn zum Stillehalten zu zwingen und dadurch zu nötigen, seine tiefergehende Bedeutung zu enthüllen.

In beiden Märchen ist ein Zauberer verantwortlich für die Reduzierung eines menschlichen in ein Fuchsdasein, und im »Vogel Wehmus« tat er das, weil er wollte, daß der Prinz seine Tochter heiraten sollte. Diese Gestalt des Zauberers entspricht dem »alten Vater der Anima«, im Mythos einem älteren Gottesbild. Im Mittelmeerbereich wäre das ein alter heidnischer Gott, z. B. Nereus, im germanischen Wotan, in Griechenland Kronos-Saturn, bei den Juden eine archaische Jahwe-Gestalt. Dieser »Vater der Anima« hat sich in einen negativen Zauberer verwandelt und, indem er gleichsam die Psyche von unten her besetzt, ihr einen regressiven Trend verliehen. Wenn man ein wenig darüber nachdenkt, wird man entdecken, daß es für einen unterdrückten Inhalt nur natürlich ist, zu regredieren und in archaischere Schichten der Persönlichkeit zurückzufallen. Entsprechend der Unterdrückung durch das Bewußtsein fällt er in die Klauen eines dunklen Gottesbildes im Unbewußten, eines dunklen regressiven Aspektes des Selbst.

Interessanter noch als dieses ist das Motiv des Fuchses, der sich in einen Juwelierladen verwandelt und auf diese Weise die Prinzessinnen entführt. Eine einzigartige Parallele dazu scheint mir im Grimmschen Märchen »Der treue Johannes« vorzuliegen, wo Johannes, der Diener des Prinzen, eine Art Trickster-Gestalt ist, der die Sprache der Tiere versteht. Er rät dem Prinzen, goldene Tiere und kleine goldene Statuen herstellen zu lassen, bringt sie auf ein Schiff, wo es noch mehrere solcher goldenen Gegenstände gibt, und auf diese Weise entführt er die Prinzessin, indem er sie an Bord lockt. Aber es ist der treue Johannes, der diese Idee hat, ähnlich dem Fuchs in unserer Geschichte, wobei er sich jedoch nicht selbst in den Juwelierladen verwandelt. Es liegt so auf der Hand, daß dies eine Möglichkeit ist, eine Frau zu fangen, daß man zu fragen vergißt, was es symbolisch bedeutet. Der »Treue Johannes« gibt uns einen Hinweis, weil er im Schiff kleine kunstvolle goldene Gefäße, Gebrauchsgegenstände, Vögel und wunderbare Tiere hat. Diese Art magischer Erzeugnisse künstlerischer Phantasie ziehen also die Animagestalt an.

Nehmen wir die Anima als innere Figur, so wäre es der beste Weg, ihrer habhaft zu werden, wenn der Mann innere Bilder erzeugen und damit seine eigene Seele »fangen« könnte. Genau das versuchen wir eigentlich mit der Technik der Aktiven Imagination: wir bringen Bilder hervor und werden so unserer unbewußten Psyche bewußt. Die Anima zu locken, würde eine Abwandlung dessen sein, was wir das Konstellieren des Unbewußten durch Aktive Imagination nennen. Bekanntlich hat Jung diese Technik wiederentdeckt, indem er mit konkreten Materialien spielte, durch Malen seiner Traumbilder und sogar durch spielerisches Bauen, wobei er seiner unbewußten Phantasie freien Lauf ließ und so an sein Unbewußtes herankam. Einer der königlichen Wege, sein eigenes Unbewußtes zu konstellieren und anzulocken, besteht darin, zu spielen und auf diese Weise Bilder kommen zu lassen.

So wird erkennbar, daß der Fuchs nicht nur den merkurialen Geist der Natur darstellt, sondern auch die Fähigkeit, in der richtigen Weise Phantasien hervorzubringen. Die Gabe der Phantasie schafft einen Bereich, durch den die Anima, die Seele, angelockt wird, denn nur durch unsere Phantasien können wir tatsächlich »greifen«, was in unserem Unbewußten, der dunklen Seite unserer Persönlichkeit, vor sich geht. Träume sind im Vergleich ein nur passiver Weg zum selben Ziel. Wir erhalten einige Botschaften von ihnen, aber wenn wir einen aktiveren Kontakt zu den unbewußten Botschaften haben und nicht nur davon abhängig sein wollen ob sie kommen oder nicht, können wir dies durch die »imaginatio vera« erreichen, wie die Alchemisten sie im Gegensatz zur »imaginatio phantastica« nannten (letztere korrespondiert dem, was wir passives Tagträumen nennen, das nirgendwohin führt). Die »imaginatio vera« dagegen ist ein Heraufbringen von Bildern des Unbewußten, mit großer Anstrengung und Wahrhaftigkeit, die zu einer Auseinandersetzung, einer wirklichen Konfrontation führt. Nur durch sie kann man wirklich seiner Seele habhaft werden. Der Juwelierladen stellt dies bildlich dar, und der Fuchs ist jener Geist, der das vermag und den Helden damit konfrontiert. Der Fuchs ist es, der die Phantasie erzeugt, aber der Mensch muß sich als ein Gefäß dafür hergeben. Wenn man keinen Pinsel oder Bleistift nimmt, um seiner Phantasie ein Gefäß zur Verfügung zu stellen, geschieht gar nichts, oder alles verbleibt im Zustand passiver Phantasie.

Schluß: Das Vogel-Motiv

Wir kehren nun zu unserem Haupt-Motiv, dem des Vogels, zurück, denn ich habe nach der ersten Geschichte vom weißen Papagei die anderen fünf erzählt, um durch sie das Problem des Papageis weiter zu amplifizieren.

In dem Märchen von Hassan Pasha heißt der Vogel »Anka-Kusch«. »Anka« ist das arabische Wort für das persische »Simurg«, einen Vogel, der dem deutschen Vogel Greif entspricht. Im allgemeinen trägt er den Helden bis an Ende der Welt, über das Meer, oder er bringt ihn zurück. Der Held muß auf seinen Rücken steigen und immer eine Menge Nahrung und Wasser mitnehmen, um ihn zu füttern. Manchmal hat er nicht genug Nahrung, und dann muß er von seinen eigenen Beinen Fleisch wegschneiden, um den Vogel zu füttern, damit er ihn nicht fallen läßt. Der Vogel verlangt also manchmal große Opfer. Da er jedoch grundsätzlich wohlwollend ist, heilt er die Wunde wieder mit seinem Schnabel.

Simurg ist ein Vogel von silberner Farbe, Anka einer mit langem Hals. In der Folklore sind beide riesengroß: wenn sie ihre Flügel ausbreiten, sieht man das Sonnenlicht nicht mehr, denn sie verdunkeln den ganzen Horizont. In manchen Versionen hat ein solcher Vogel die Farben aller anderen Vögel der Welt, darum ist er manchmal der »dreißigste Vogel«. Von daher läßt sich die Bezeichnung »Tausend« für die Nachtigall verstehen: sie stellt die kollektive Seele aller Vögel dar. Sie ist *der* Supervogel, der – als Totemgeist – alle Vögel der Welt enthält bzw. die Qualitäten aller lebenden Vögel in sich vereint. Sie lebt tausend Jahre, legt riesige Eier und kann sogar ein Kamel oder einen Elefanten tragen, hat in manchen orientalischen Varianten sogar ein menschliches Gesicht. Das bringt uns in die Nähe des Papageis, der eine menschliche Stimme hat.

Der gleiche Wundervogel erscheint in österreichischen Märchen als Phönix (»Wehmus« ist nur eine Verzerrung davon).
Wenn der Phönix sein Alter nahen spürt, baut er sich ein Nest aus aromatischen Pflanzen, hauptsächlich Myrrhe, und verbrennt sich darin. In der Asche wird ein kleiner Wurm geboren, der wie eine Raupe umherkriecht, langsam Federn bekommt und sich dann zu einem neuen Phönix entwickelt. Aus diesem Grund wurde der Phönix oft als Symbol für Christus benutzt: Auferstehung und ewiges Leben.
Ein Alchemist des 17. Jahrhunderts, Michael Maier, berichtet, wie er durch alle Länder reist und nach einem Vogel mit dem Namen »Ortus« sucht. Ortus heißt: aufgehende Sonne, ist also der Name für den Osten. Er findet den Vogel nicht, jedoch am Ende der Geschichte eine seiner Federn. Nach Jung ist dieser Ortus ebenso wie der Phönix ein wohlbekanntes Symbol für die Auferstehung Christi und der Toten und damit ein Symbol der Wandlung. Dieser Phönix, zu dem Maier dann von der erythräischen Sibylle geführt wird, wird von Maier als »Heilmittel gegen Zorn und Trauer« bezeichnet. Damit wird eine Möglichkeit geistiger Überschreitung inneren Leidens angedeutet. Das Ziel von Maiers Reise ist also keine menschliche Gestalt, wie z. B. Christus oder Merkurius, sondern ein Vogel, ein unpersönliches Symbol. Damit werden die nur persönlichen Verkörperungen der christlichen Religion kompensiert.
Die Ähnlichkeit mit einem menschlichen Wesen wird jedoch bei all diesen Vögeln betont. In einer antiken Adlersage heißt es, daß Adler ihre Federn essen und so bewirken können, daß sie zur Erde fallen. Dieses Motiv geriet in die Alchemie und wurde dort ein Symbol für den Niederschlag einer flüchtigen Substanz, d. h. des Dampfes, in eine flüssige Form. Damit verkörpert der Vogel einen Prozeß, in dem der geistige Aspekt oder die prima materia sichtbar wird und gereinigt zurückkommt, in flüssiger oder fester Form. Das würde psychologisch einem Prozeß der Verwirklichung entsprechen. In der Vogelgestalt ist er wie eine geistige Ahnung oder Wahrnehmung in einem mehr oder weniger ekstatischen Augenblick. Er bezieht sich auf eine innere geistige

Erfahrung, die vorübergehend bleibt, wenn sie nicht wieder »zur Erde zurückkehrt«, d. h. in die Tat umgesetzt wird.
Es ist bekannt, daß die meisten Menschen manchmal in ihrem Leben einen Augenblick haben, in dem sie wirklich etwas ausgesprochen Bedeutungsvolles erfahren oder eine Art religiöser Erfahrung machen, durch die sie emotional sehr betroffen und entrückt werden. Dann haben sie das Gefühl, alles sei in Ordnung. Ärgerlicherweise dauert die Sache jedoch nicht an, und allmählich kehrt das alte Elend zurück, bis zwei oder drei Jahre später die innere Erfahrung ganz verloren ist. Das kommt, aus alchemistischer Sicht, daher, daß der Vogel erst der Anfang ist und nur ein Führer zur inneren Erfahrung. Er symbolisiert eines der ersten erhebenden Erlebnisse, die man haben kann, aber er muß dann noch seine Flügel fressen und in einer solideren Form zur Erde zurückkehren. Erst dann festigt sich die innere Erfahrung und wird, statt nur emotional-geistig zu bleiben, buchstäblich »realisiert«, d. h. sie wird für immer eine innere Wirklichkeit. Darum wird Merkur in der Alchemie oft mit dem Vogel verglichen – er wird Gans, Huhn, Schwan, Adler, Geier, Phönix genannt. Im Märchen vom »Schloß des Nichtseins« muß er daher auch zuerst als Papagei getötet werden, ehe der Diamant gefunden werden kann. Letzterer würde die endgültige Verwirklichung bedeuten, jene innere Erfahrung des Selbst, die absolut wirklich geworden ist und nicht mehr »flüchtig«.
Ein Sufi-Mystiker, Farudin Attar, schrieb ein Buch »Der dreißigste Vogel«. Dieser Vogel, so berichtet er, fliege auf einer langen Reise zu Gott. Dieser sei ein Spiegel, in welchem jeder sich selbst erkenne. Als der Vogel sich dem Spiegel nähert, sieht er sich zum erstenmal selbst und verschwindet dann für immer, wie der Schatten in der Sonne verschwindet.
Der Vogel wird wie eine Wolke vom Sonnenlicht aufgesogen oder wie der Schatten der Nacht von der aufgehenden Sonne. Unter diesem Gesichtspunkt wäre der Vogel erst eine subjektive intuitive Erfahrung der Gottheit, die zur eigentlichen Erfahrung hinführt, ähnlich wie Paulus sagt: »Jetzt schauen wir noch dunkel wie durch einen Spiegel, aber dann von Angesicht zu Ange-

sicht.« Der Vogel ist also die Wandlungssubstanz, der Individuationsprozeß, und der Diamant oder Spiegel der Gottheit wäre das Ziel, was eine absolute konkrete Verwirklichung des Selbst beinhalten würde.
Es zeigt sich beim Gesamtüberblick nun ein interessantes Phänomen: manchmal erscheint der Vogel selbst als Ziel, ohne daß etwas anderes dahintersteht, so z. B. in »Der Vogel Blumentriller«, »Die Nachtigall Gisar«, »Der Vogel Wehmus« und in »Prinz Hassan Pasha«, ebenso im »Weißen Papagei«. In den persischen Geschichten mit shiitischem oder Sufi-Einfluß dagegen muß der Vogel getötet werden, um das *Dahinterliegende* zu finden oder um sich in die Erfahrung der Gottheit aufzulösen. Man könnte also sagen, daß der Vogel einiges von seiner tieferen Bedeutung durch seine Wanderung nach Europa verlor, aber er hat dafür auch etwas anderes hinzugewonnen.
Wenn wir uns noch einmal an die Skizze von Graf, Gräfin und den beiden Kindern erinnern mit dem Papagei als neuem Zentrum des Quaternio, nachdem das Böse überwunden war, und wenn wir in dem orientalischen Märchen »Der Vogel Blumentriller« die Personen zählen, so haben wir dort zu Beginn den Sultan mit seinen drei Söhnen und am Schluß Ibrahim und die beiden Frauen. Wenn wir den Vogel als Mitte ansetzen, sind nur drei Personen um ihn gruppiert. Auch bei den anderen Märchen haben wir eine Verarmung in bezug auf dic Anzahl der Figuren: sie nehmen am Schluß ab. Im Märchen vom »Schloß des Nichtseins« ist es interessanter: Hatim hat den Diamanten, die Königin und ihr Liebhaber heiraten, aber die beiden Gruppen fallen auseinander. Sehr kompliziert ist es in »Der Vogel Wehmus«. Dort gibt es zu Beginn den Pfarrer und seine Frau, sowie die drei Söhne. Dann entsteht ein Zwillingspaar aus dem einen Sohn und dem Fuchs. Beide gewinnen je eine Prinzessin, und am Schluß gibt es eine Doppelhochzeit, während die älteren Figuren, Pfarrer und Frau sowie der König, im Hintergrund bleiben und keine Rolle mehr spielen.
Was die Anzahl der Personen angeht, so kann man aufgrund der unterschiedlichen Verläufe schwerlich sagen, dies sei eine gute

und jene eine weniger gute Variation. Vielmehr zeigt sich, daß der Verlust eines Motivs auf der einen Seite oft mit der Bereicherung durch ein neues auf der anderen Seite einhergeht. Solange eine Version lebendig ist, besitzt sie im allgemeinen noch eine wirksame Botschaft, die man als solche nehmen und nicht um einer anderen willen, die einem mehr gefällt, wegwischen sollte. Das Licht wird jeweils auf ein anderes Thema geworfen, was sicherlich im Zusammenhang mit der bewußten Einstellung einer Kultur steht, in der das Märchen erzählt wird. Bei den östlichen Märchen steht das religiöse Geheimnis des Vogels dem Bewußtsein näher. In Europa verlor das Vogelmotiv etwas von dem religiösen Hintergrund, dafür wird der Vogel das Zentrum für einen Heiratsquaternio, womit die Betonung mehr auf der menschlichen Verwirklichung liegt. Das Problem menschlicher Beziehung zwischen Mann und Frau ist für unsere Vorstellung vom Individuationsprozeß wichtig, weil das nach unserer Auffassung ein größeres Menschlich-Werden der unbewußten Mächte bedeutet. Bei uns wird nicht ein sehr hoch entwickeltes geistiges Bewußtsein mit einem praktisch unmenschlichen und dämonischen Unbewußten konfrontiert, sondern in den Gestalten von Animus und Anima ist das Unbewußte eher halb-menschlich geworden, oder es gibt für uns eine menschengestaltige Gottheit, auf die wir uns in zuverlässiger Weise beziehen können. Dadurch wird die Beziehung zum Unbewußten eine Art dauerhafte lebendige Erscheinung, im Gegensatz zu einer ekstatischen, einseitig geistigen Erfahrung. Für uns wäre es z. B. auch unmöglich, daß in einer religiösen Gesellschaft die Frau völlig von geistlicher Erfahrung ausgeschlossen würde.
Der Individuationsprozeß, wie Jung ihn versteht, kann nur im Einzelmenschen stattfinden und kann insofern nicht tatsächlich in einem kollektiven Märchen gespiegelt werden. Daher läßt sich niemals sagen, daß das Märchen in sich den Individuationsprozeß spiegelt, denn das kann es gar nicht. Der Individuationsprozeß hat stets eine einzigartige Gestalt, ist ein einzigartiges Ereignis in einem einzigartigen Menschen. Trotzdem gibt es darin typische, wiederkehrende Züge, die in jedem Individuationspro-

zeß ähnlich sind. Unter diesem Gesichtspunkt kann man sagen, daß Märchen typische Phasen in diesem Prozeß spiegeln und daß die typischen Phasen je nach der kollektiven bewußten Einstellung der Menschen, für die sie erzählt werden, betont sind. Das herrschende religiöse System einer Menschengruppe enthält stets wichtige Aspekte des Individuationsprozesses. Aber oft fehlen ihm bestimmte andere Akzente oder es geht nicht mehr auf die menschlichen Bedürfnisse einer veränderten Zivilisation ein. Dann entstehen kompensatorische Märchen, die betonen oder ans Licht befördern, was fehlt. Ein wichtiges Motiv dieser Art scheint in Europa das der *coniunctio* zu sein.

Wunderbar beleuchtet wird in den ausgeführten Märchen die Beziehung zwischen alchemistischer Symbolik und Märchen. Beide sind nach Jung kompensatorische Unterströmungen, ein Bemühen des Unbewußten, die vorherrschende religiöse Symbolik zu bereichern und zu vervollständigen. Im Osten ist dies unterstützt durch die Tatsache, daß Weisheit stets durch das Medium von Parabeln und Geschichten vermittelt wurde. Dort wußte man auch mehr als bei uns darum, daß das alchemistische Werk einen inneren Prozeß symbolisiert, der zu individueller religiöser Erfahrung führt.

Register